新法シリーズ試案編2

民法改正中間試案
〔確定全文〕+〔概要付き〕

2013(平成25)年2月26日法制審議会民法(債権関係)部会**決定**
2013(平成25)年3月11日確定全文Web公表/法務省民事局参事官室
2013(平成25)年3月　　法務省民事局参事官室

> ＊パブリック・コメントに付されているものに事務当局の文責によるポイントを要約して説明した〔概要〕欄を付したものである。
> ＊広く学生・実務家・一般市民の皆さんにも関心をもっていただけるようになっている。
> ＊座右において便利な3冊。
> ① 〔確定全文〕：民法改正中間試案
> ② 〔確定全文+概要〕：民法改正中間試案〔概要付き〕
> ③ 〔確定全文+概要+補足説明〕：民法改正中間試案の補足説明

信山社
ブックス
7042-6-01011

《目　次》

(前注)
1 この中間試案において主な検討対象とした民法の規定は，つぎのとおりである。
　　第1編(総則)第90条(法律行為)から第174条の2(判決で確定した権利の消滅時効)まで
　　第3編(債権)第399条(債権の目的)から第696条まで(和解の効力)
2 この中間試案では，上記1の民法の規定に関して，現時点で改正が検討されている項
　目のみを取り上げており特に言及していない規定は維持することが想定されている。

【現行の民法総則部分±】
第1　法律行為総則
第2　意思能力
第3　意思表示
第4　代理
第5　無効及び取消し
第6　条件及び期限
第7　消滅時効

【現行の債権総論部分±】
第8　債権の目的
第9　履行請求権等
第10　債務不履行による損害賠償
第11　契約の解除
第12　危険負担
第13　受領(受取)遅滞
第14　債権者代位権
第15　詐害行為取消権
第16　多数当事者の債権及び債務
　　　 (保証債務を除く。)
第17　保証債務
第18　債権譲渡
第19　有価証券
第20　債務引受
第21　契約上の地位の移転
第22　弁済
第23　相殺

第24　更改
第25　免除

【現行の債権各論部分±】
第□□　契約に関する基本原則等
第27　契約交渉段階
第28　契約の成立
第29　契約の解釈
第30　約款
第31　第三者のためにする契約
第32　事情変更の法理
第33　不安の抗弁権
第34　継続的契約
第35　売買
第36　贈与
第37　消費貸借
第38　賃貸借
第39　使用貸借
第40　請負
第41　委任
第42　雇用
第43　寄託
第44　組合
第45　終身定期金
第46　和解

民法（債権関係）の改正に関する
中間試案（概要付き）

この文書は，法制審議会民法（債権関係）部会が平成25年2月26日に決定した「民法（債権関係）の改正に関する中間試案」の全文を掲載した上で，各項目ごとにそのポイントを要約して説明する「（概要）」欄を付したものである。「（概要）」欄は，同部会における審議の対象とされたものではなく，専ら事務当局（法務省民事局参事官室）の文責において，中間試案の内容を理解していただく一助とする趣旨で記載したものである。

平成25年3月
法務省民事局参事官室

民法(債権関係)の改正に関する中間試案(概要付き)

目　次

(前注) 1
第1　法律行為総則 1
　1　法律行為の意義（民法第1編第5章第1節関係） 1
　2　公序良俗（民法第90条関係） 1
第2　意思能力 2
第3　意思表示 3
　1　心裡留保（民法第93条関係） 3
　2　錯誤（民法第95条関係） 4
　3　詐欺（民法第96条関係） 6
　4　意思表示の効力発生時期等（民法第97条関係） 7
　5　意思表示の受領能力（民法第98条の2関係） 8
第4　代理 8
　1　代理行為の要件及び効果（民法第99条第1項関係） 8
　2　代理行為の瑕疵（民法第101条関係） 9
　3　代理人の行為能力（民法第102条関係） 10
　4　代理人の権限（民法第103条関係） 10
　5　復代理人を選任した任意代理人の責任（民法第105条関係） 11
　6　自己契約及び双方代理等（民法第108条関係） 11
　7　代理権の濫用 13
　8　代理権授与の表示による表見代理（民法第109条関係） 14
　9　権限外の行為の表見代理（民法第110条関係） 14
　10　代理権消滅後の表見代理（民法第112条関係） 15
　11　無権代理人の責任（民法第117条関係） 15
　12　授権（処分権授与） 16
第5　無効及び取消し 17
　1　法律行為の一部無効 17
　2　無効な法律行為の効果 18
　3　追認の効果（民法第122条関係） 20
　4　取り消すことができる行為の追認（民法第124条関係） 20
　5　法定追認（民法第125条関係） 21
　6　取消権の行使期間（民法第126条関係） 22
第6　条件及び期限 22
　1　条件 22
　2　期限 23

第7	消滅時効	24
1	職業別の短期消滅時効の廃止	24
2	債権の消滅時効における原則的な時効期間と起算点	24
3	定期金債権の消滅時効（民法第168条第1項関係）	26
4	不法行為による損害賠償請求権の消滅時効（民法第724条関係）	26
5	生命・身体の侵害による損害賠償請求権の消滅時効	27
6	時効期間の更新事由	27
7	時効の停止事由	28
8	時効の効果	31

第8	債権の目的	31
1	特定物の引渡しの場合の注意義務（民法第400条関係）	31
2	種類債権の目的物の特定（民法第401条第2項関係）	32
3	外国通貨債権（民法第403条関係）	32
4	法定利率（民法第404条関係）	33
	(1) 変動制による法定利率	33
	(2) 法定利率の適用の基準時等	34
	(3) 中間利息控除	35
5	選択債権（民法第406条ほか関係）	35

第9	履行請求権等	36
1	債権の請求力	36
2	契約による債権の履行請求権の限界事由	36
3	履行の強制（民法第414条関係）	37

第10	債務不履行による損害賠償	38
1	債務不履行による損害賠償とその免責事由（民法第415条前段関係）	38
2	履行遅滞の要件（民法第412条関係）	39
3	債務の履行に代わる損害賠償の要件（民法第415条後段関係）	39
4	履行遅滞後に履行請求権の限界事由が生じた場合における損害賠償の免責事由	41
5	代償請求権	41
6	契約による債務の不履行における損害賠償の範囲（民法第416条関係）	42
7	過失相殺の要件・効果（民法第418条関係）	43
8	損益相殺	44
9	金銭債務の特則（民法第419条関係）	44
10	賠償額の予定（民法第420条関係）	46

第11	契約の解除	46
1	債務不履行による契約の解除の要件（民法第541条ほか関係）	46
2	複数契約の解除	48
3	契約の解除の効果（民法第545条関係）	48
4	解除権の消滅（民法第547条及び第548条関係）	50

第12	危険負担	51

1 危険負担に関する規定の削除（民法第５３４条ほか関係） 51
   2 債権者の責めに帰すべき事由による不履行の場合の解除権の制限（民法第５３６条第２項関係） 52
第13 受領（受取）遅滞 52
第14 債権者代位権 53
   1 責任財産の保全を目的とする債権者代位権 53
   2 代位行使の範囲 54
   3 代位行使の方法等 55
   4 代位債権者の善管注意義務 56
   5 債権者代位権の行使に必要な費用 56
   6 代位行使の相手方の抗弁 56
   7 債務者の処分権限 56
   8 訴えの提起による債権者代位権の行使の場合の訴訟告知 57
   9 責任財産の保全を目的としない債権者代位権 57
第15 詐害行為取消権 58
   1 受益者に対する詐害行為取消権の要件 58
   2 相当の対価を得てした行為の特則 60
   3 特定の債権者を利する行為の特則 61
   4 過大な代物弁済等の特則 62
   5 転得者に対する詐害行為取消権の要件 62
   6 詐害行為取消しの効果 64
   7 詐害行為取消しの範囲 64
   8 逸出財産の返還の方法等 65
   9 詐害行為取消権の行使に必要な費用 67
  10 受益者の債権の回復 68
  11 受益者が現物の返還をすべき場合における受益者の反対給付 68
  12 受益者が金銭の返還又は価額の償還をすべき場合における受益者の反対給付 ... 69
  13 転得者の前者に対する反対給付等 70
  14 詐害行為取消権の行使期間 71
第16 多数当事者の債権及び債務（保証債務を除く。） 72
   1 債務者が複数の場合 72
   2 分割債務（民法第４２７条関係） 73
   3 連帯債務者の一人について生じた事由の効力等 73
     (1) 履行の請求（民法第４３４条関係） 73
     (2) 更改，相殺等の事由（民法第４３５条から第４４０条まで関係） ... 73
     (3) 破産手続の開始（民法第４４１条関係） 75
   4 連帯債務者間の求償関係 75
     (1) 連帯債務者間の求償権（民法第４４２条第１項関係） 75
     (2) 連帯債務者間の通知義務（民法第４４３条関係） 76

(3) 負担部分を有する連帯債務者が全て無資力者である場合の求償関係（民法第４４４条本文関係） 76
　　　(4) 連帯の免除をした場合の債権者の負担（民法第４４５条関係） 77
　　5　不可分債務 77
　　6　債権者が複数の場合 77
　　7　分割債権（民法第４２７条関係） 78
　　8　連帯債権 78
　　9　不可分債権 79
第17　保証債務 79
　　1　保証債務の付従性（民法第４４８条関係） 79
　　2　主たる債務者の有する抗弁（民法第４５７条第２項関係） 80
　　3　保証人の求償権 80
　　　(1) 委託を受けた保証人の求償権（民法第４５９条・第４６０条関係） 80
　　　(2) 保証人の通知義務 81
　　4　連帯保証人に対する履行の請求の効力（民法第４５８条関係） 82
　　5　根保証 82
　　6　保証人保護の方策の拡充 83
　　　(1) 個人保証の制限 83
　　　(2) 契約締結時の説明義務，情報提供義務 84
　　　(3) 主たる債務の履行状況に関する情報提供義務 85
　　　(4) その他の方策 85
第18　債権譲渡 86
　　1　債権の譲渡性とその制限（民法第４６６条関係） 86
　　2　対抗要件制度（民法第４６７条関係） 88
　　　(1) 第三者対抗要件及び権利行使要件 88
　　　(2) 債権譲渡が競合した場合における規律 90
　　3　債権譲渡と債務者の抗弁（民法第４６８条関係） 92
　　　(1) 異議をとどめない承諾による抗弁の切断 92
　　　(2) 債権譲渡と相殺の抗弁 93
　　4　将来債権譲渡 94
第19　有価証券 95
第20　債務引受 97
　　1　併存的債務引受 97
　　2　免責的債務引受 98
　　3　免責的債務引受による引受けの効果 99
　　4　免責的債務引受による担保権等の移転 100
第21　契約上の地位の移転 100
第22　弁済 101
　　1　弁済の意義 101

2　第三者の弁済（民法第474条関係） 101
　3　弁済として引き渡した物の取戻し（民法第476条関係） 102
　4　債務の履行の相手方（民法第478条，第480条関係） 103
　5　代物弁済（民法第482条関係） 104
　6　弁済の方法（民法第483条から第487条まで関係） 104
　7　弁済の充当（民法第488条から第491条まで関係） 105
　8　弁済の提供（民法第492条関係） 106
　9　弁済の目的物の供託（民法第494条から第498条まで関係） 107
　10　弁済による代位 108
　　(1)　任意代位制度（民法第499条関係） 108
　　(2)　法定代位者相互間の関係（民法第501条関係） 108
　　(3)　一部弁済による代位の要件・効果（民法第502条関係） 110
　　(4)　担保保存義務（民法第504条関係） 110
第23　相殺 111
　1　相殺禁止の意思表示（民法第505条第2項関係） 111
　2　時効消滅した債権を自働債権とする相殺（民法第508条関係） 111
　3　不法行為債権を受働債権とする相殺の禁止（民法第509条関係） 112
　4　支払の差止めを受けた債権を受働債権とする相殺（民法第511条関係） ... 112
　5　相殺の充当（民法第512条関係） 113
第24　更改 114
　1　更改の要件及び効果（民法第513条関係） 114
　2　債務者の交替による更改（民法第514条関係） 114
　3　債権者の交替による更改（民法第515条・第516条関係） 114
　4　更改の効力と旧債務の帰すう（民法第517条関係） 115
　5　更改後の債務への担保の移転（民法第518条関係） 115
　6　三面更改 116
第25　免除 117
第26　契約に関する基本原則等 117
　1　契約内容の自由 117
　2　履行請求権の限界事由が契約成立時に生じていた場合の契約の効力 118
　3　付随義務及び保護義務 118
　4　信義則等の適用に当たっての考慮要素 119
第27　契約交渉段階 120
　1　契約締結の自由と契約交渉の不当破棄 120
　2　契約締結過程における情報提供義務 121
第28　契約の成立 122
　1　申込みと承諾 122
　2　承諾の期間の定めのある申込み（民法第521条第1項・第522条関係） ... 122
　3　承諾の期間の定めのない申込み（民法第524条関係） 122

		4	対話者間における申込み	123
		5	申込者及び承諾者の死亡等（民法第５２５条関係）	124
		6	契約の成立時期（民法第５２６条第１項・第５２７条関係）	125
		7	懸賞広告	126
	第29	契約の解釈		127
	第30	約款		128
		1	約款の定義	128
		2	約款の組入要件の内容	129
		3	不意打ち条項	130
		4	約款の変更	130
		5	不当条項規制	131
	第31	第三者のためにする契約		132
		1	第三者のためにする契約の成立等（民法第５３７条関係）	132
		2	要約者による解除権の行使（民法第５３８条関係）	133
	第32	事情変更の法理		133
	第33	不安の抗弁権		134
	第34	継続的契約		135
		1	期間の定めのある契約の終了	135
		2	期間の定めのない契約の終了	136
		3	解除の効力	137
	第35	売買		137
		1	売買の予約（民法第５５６条関係）	137
		2	手付（民法第５５７条関係）	137
		3	売主の義務	138
		4	目的物が契約の趣旨に適合しない場合の売主の責任	139
		5	目的物が契約の趣旨に適合しない場合における買主の代金減額請求権	140
		6	目的物が契約の趣旨に適合しない場合における買主の権利の期間制限	141
		7	買主が事業者の場合における目的物検査義務及び適時通知義務	142
		8	権利移転義務の不履行に関する売主の責任等	143
		9	競売における買受人の権利の特則（民法第５６８条及び第５７０条ただし書関係）	144
		10	買主の義務	146
		11	代金の支払場所（民法第５７４条関係）	146
		12	権利を失うおそれがある場合の買主による代金支払の拒絶（民法第５７６条関係）	147
		13	抵当権等の登記がある場合の買主による代金支払の拒絶（民法第５７７条関係）	147
		14	目的物の滅失又は損傷に関する危険の移転	147
		15	買戻し（民法第５７９条ほか関係）	148
	第36	贈与		149
		1	贈与契約の意義（民法第５４９条関係）	149
		2	贈与者の責任（民法第５５１条関係）	149

3	贈与契約の解除による返還義務の特則	150
4	贈与者の困窮による贈与契約の解除	151
5	受贈者に著しい非行があった場合の贈与契約の解除	151

第37 消費貸借 ... 152
  1 消費貸借の成立等（民法第587条関係） ... 152
  2 消費貸借の予約（民法第589条関係） ... 153
  3 準消費貸借（民法第588条関係） ... 154
  4 利息 ... 154
  5 貸主の担保責任（民法第590条関係） ... 155
  6 期限前弁済（民法第591条第2項，第136条第2項関係） ... 155

第38 賃貸借 ... 156
  1 賃貸借の成立（民法第601条関係） ... 156
  2 短期賃貸借（民法第602条関係） ... 156
  3 賃貸借の存続期間（民法第604条関係） ... 156
  4 不動産賃貸借の対抗力，賃貸人たる地位の移転等（民法第605条関係） ... 157
  5 合意による賃貸人たる地位の移転 ... 158
  6 不動産の賃借人による妨害排除等請求権 ... 159
  7 敷金 ... 159
  8 賃貸物の修繕等（民法第606条第1項関係） ... 160
  9 減収による賃料の減額請求等（民法第609条・第610条関係） ... 161
  10 賃借物の一部滅失等による賃料の減額等（民法第611条関係） ... 161
  11 転貸の効果（民法第613条関係） ... 162
  12 賃借物の全部滅失等による賃貸借の終了 ... 163
  13 賃貸借終了後の収去義務及び原状回復義務（民法第616条，第598条関係） ... 164
  14 損害賠償及び費用償還の請求権に関する期間制限（民法第621条，第600条関係） ... 164
  15 賃貸借に類似する契約 ... 165

第39 使用貸借 ... 167
  1 使用貸借の成立等（民法第593条関係） ... 167
  2 使用貸借の終了（民法第597条関係） ... 168
  3 使用貸借終了後の収去義務及び原状回復義務（民法第598条関係） ... 169
  4 損害賠償及び費用償還の請求権に関する期間制限（民法第600条関係） ... 169

第40 請負 ... 170
  1 仕事が完成しなかった場合の報酬請求権・費用償還請求権 ... 170
  2 仕事の目的物が契約の趣旨に適合しない場合の請負人の責任 ... 171
    (1) 仕事の目的物が契約の趣旨に適合しない場合の修補請求権の限界（民法第634条第1項関係） ... 171
    (2) 仕事の目的物が契約の趣旨に適合しないことを理由とする解除（民法第635条関係） ... 171
    (3) 仕事の目的物が契約の趣旨に適合しない場合の注文者の権利の期間制限（民法第63

　　　　　７条関係）..172
　　　（４）仕事の目的物である土地工作物が契約の趣旨に適合しない場合の請負人の責任の存続
　　　　　期間（民法第６３８条関係）..173
　　　（５）仕事の目的物が契約の趣旨に適合しない場合の請負人の責任の免責特約（民法第６４
　　　　　０条関係）..174
　　３　注文者についての破産手続の開始による解除（民法第６４２条関係）............174
第41　委任..175
　　１　受任者の自己執行義務..175
　　２　受任者の金銭の消費についての責任（民法第６４７条関係）....................176
　　３　受任者が受けた損害の賠償義務（民法第６５０条第３項関係）..................176
　　４　報酬に関する規律..177
　　　（１）無償性の原則の見直し（民法第６４８条第１項関係）......................177
　　　（２）報酬の支払時期（民法第６４８条第２項関係）............................177
　　　（３）委任事務の全部又は一部を処理することができなくなった場合の報酬請求権（民法第
　　　　　６４８条第３項関係）..177
　　５　委任の終了に関する規定..178
　　　（１）委任契約の任意解除権（民法第６５１条関係）............................178
　　　（２）破産手続開始による委任の終了（民法第６５３条第２号関係）................179
　　６　準委任（民法第６５６条関係）..181
第42　雇用..182
　　１　報酬に関する規律（労務の履行が中途で終了した場合の報酬請求権）............182
　　２　期間の定めのある雇用の解除（民法第６２６条関係）..........................182
　　３　期間の定めのない雇用の解約の申入れ（民法第６２７条関係）..................183
第43　寄託..183
　　１　寄託契約の成立等..183
　　　（１）寄託契約の成立（民法第６５７条関係）..................................183
　　　（２）寄託者の破産手続開始の決定による解除................................184
　　２　寄託者の自己執行義務（民法第６５８条関係）................................185
　　３　受寄者の保管に関する注意義務（民法第６５９条関係）........................186
　　４　寄託物についての第三者の権利主張（民法第６６０条関係）....................186
　　５　寄託者の損害賠償責任（民法第６６１条関係）................................187
　　６　報酬に関する規律（民法第６６５条関係）....................................188
　　７　寄託物の損傷又は一部滅失の場合における寄託者の損害賠償請求権の短期期間制限..188
　　８　寄託者による返還請求（民法第６６２条関係）................................189
　　９　寄託物の受取後における寄託者の破産手続開始の決定........................189
　　10　混合寄託..189
　　11　消費寄託（民法第６６６条関係）..190
第44　組合..191
　　１　組合契約の無効又は取消し..191

8

2	他の組合員が出資債務を履行しない場合	191
3	組合の財産関係（民法第６６８条ほか関係）	191
4	組合の業務執行（民法第６７０条関係）	192
5	組合代理	193
6	組合員の加入	194
7	組合員の脱退（民法第６７８条から第６８１条まで関係）	194
8	組合の解散事由（民法第６８２条関係）	195
9	組合の清算	195

第45 終身定期金 196
第46 和解 196

（前注）
1　この中間試案において主な検討対象とした民法の規定は，次のとおりである。
　　第1編（総則）　第90条から第174条の2まで
　　第3編（債権）　第399条から第696条まで
2　この中間試案では，上記1の民法の規定に関して，現時点で改正が検討されている項目のみを取り上げており，特に言及していない規定は維持することが想定されている。

第1　法律行為総則
1　法律行為の意義（民法第1編第5章第1節関係）
(1) 法律行為は，法令の規定に従い，意思表示に基づいてその効力を生ずるものとする。
(2) 法律行為には，契約のほか，取消し，遺言その他の単独行為が含まれるものとする。
（注）これらのような規定を設けないという考え方がある。

（概要）
　法律行為という概念は，これを維持するものとする。その上で，法律行為という概念は難解である等の批判があることから，その意義を国民一般に分かりやすく示すための基本的な規定を新たに設ける必要があると考えられる。
　本文(1)は，契約，取消し，遺言などの法律行為は，要件や手続などを定めた法令の規定に従って効力を生ずること，その効力の根拠が意思表示にあることを明らかにするものであり，法律行為に関する異論のない基本原則を明文化する新たな規定を設けるものである。
　本文(2)は，法律行為とは主として民法第3編で定める契約を指すことを明らかにするとともに，そのほか単独行為が含まれる旨の規定を新たに設けるものである。
　これに対し，他の規定との関係や規定の有用性等に疑問があるとして本文のような規定を設けないという考え方があり，（注）で取り上げている。

2　公序良俗（民法第90条関係）
　民法第90条の規律を次のように改めるものとする。
(1) 公の秩序又は善良の風俗に反する法律行為は，無効とするものとする。
(2) 相手方の困窮，経験の不足，知識の不足その他の相手方が法律行為をするかどうかを合理的に判断することができない事情があることを利用して，著しく過大な利益を得，又は相手方に著しく過大な不利益を与える法律行為は，無効とするものとする。
（注）上記(2)（いわゆる暴利行為）について，相手方の窮迫，軽率又は無経験に乗じて著しく過当な利益を獲得する法律行為は無効とする旨の規定を設けるという考え方がある。また，規定を設けないという考え方がある。

（概要）
　本文(1)は，民法第９０条を維持した上で，同条のうち「事項を目的とする」という文言を削除するものである。同条に関する裁判例は，公序良俗に反するかどうかの判断に当たって，法律行為が行われた過程その他の諸事情を考慮しており，その法律行為がどのような事項を目的としているかという内容にのみ着目しているわけではない。このような裁判例の考え方を条文上も明確にしようとするものである。
　本文(2)は，いわゆる暴利行為を無効とする旨の規律を設けるものである。大判昭和９年５月１日民集１３巻８７５頁は，他人の窮迫，軽率又は無経験を利用し，著しく過当な利益を獲得することを目的とする法律行為は公序良俗に反して無効であるとし，さらに，近時の裁判例においては，必ずしもこの要件に該当しない法律行為であっても，不当に一方の当事者に不利益を与える場合には暴利行為として効力を否定すべきとするものが現れている。しかし，このような法理を民法第９０条の文言から読み取ることは，極めて困難である。そこで，本文(2)では，これらの裁判例を踏まえ，「困窮，経験の不足，知識の不足その他の相手方が法律行為をするかどうかを合理的に判断することができない事情」という主観的要素と，「著しく過大な利益を得，又は相手方に著しく過大な不利益を与える」という客観的要素によって暴利行為に該当するかどうかを判断し，暴利行為に該当する法律行為を無効とするという規律を明文化するものである。これに対しては，上記大判昭和９年５月１日の定式に該当するもののみを暴利行為とすべきであるという立場からこれをそのまま明文化するという考え方や，暴利行為の要件を固定化することは判例の柔軟な発展を阻害するとしてそもそも規定を設けないという考え方があり，これらを(注)で取り上げている。

第２　意思能力

　　法律行為の当事者が，法律行為の時に，その法律行為をすることの意味を理解する能力を有していなかったときは，その法律行為は，無効とするものとする。
　　（注１）意思能力の定義について，「事理弁識能力」とする考え方や，特に定義を設けず，意思能力を欠く状態でされた法律行為を無効とすることのみを規定するという考え方がある。
　　（注２）意思能力を欠く状態でされた法律行為の効力について，本文の規定に加えて日常生活に関する行為についてはこの限りでない（無効とならない）旨の規定を設けるという考え方がある。

（概要）
　意思能力を欠く状態でされた法律行為の効力については，民法上規定が設けられていないが，その効力が否定されることは判例上確立しており（大判明治３８年５月１１日民録１１輯７０６頁），学説上も異論がない。そこで，このルールを明文化する規定を新たに設けるものである。
　意思能力に関する規定を設けるに当たって，これをどのように定義するかが問題になる

が，本文では，意思能力に関する一般的な理解を踏まえて，「その法律行為をすることの意味を理解する能力」としている。意思能力の有無は画一的に定まるものではなく，当事者の行った法律行為の性質，難易等に関する考慮をも加味した上で判断されるという考え方が有力であり，従来の裁判例においても，意思能力の有無の判断に当たっては当該法律行為の性質が考慮されてきたとの指摘がある。本文の「その法律行為（をすることの意味）」という文言は，このような考え方に従うことを表している。もっとも，その法律行為の性質が考慮されるとしても，意思能力の程度は一般に7歳から10歳程度の理解力であって，取引の仕組みなどを理解した上で自己の利害得失を認識して経済合理性に則った判断をする能力までは不要であると言われている。本文は，法律行為の性質をも考慮することを前提としているが，要求される理解の程度については従来の判断基準を変更するものではない。

これに対し，行為能力に関する規定を参考に，意思能力を「事理弁識能力」と理解する考え方もある。また，意思能力の内容を規定上は明確にせず，意思能力を欠く状態でされた法律行為は無効とすることのみを規定する考え方もある。これらの考え方を（注1）で取り上げている。

また，意思能力を欠く状態でされた法律行為の効力については，これまでの判例・学説に従い，無効としている。

本文は，日常生活に関する行為であっても，その意味を理解することができなかった以上無効とする考え方であるが，意思能力を欠く状態にある者が日常生活を営むことができるようにするため，民法第9条と同様に，日常生活に関する行為は意思能力を欠く状態でされても有効とする考え方があり，これを（注2）で取り上げている。

第3　意思表示
1　心裡留保（民法第93条関係）
民法第93条の規律を次のように改めるものとする。
(1) 意思表示は，表意者がその真意ではないことを知ってしたときであっても，そのためにその効力を妨げられないものとする。ただし，相手方が表意者の真意ではないことを知り，又は知ることができたときは，その意思表示は，無効とするものとする。
(2) 上記(1)による意思表示の無効は，善意の第三者に対抗することができないものとする。

（概要）

本文(1)は，民法第93条本文を維持した上で，心裡留保の意思表示が無効となるための相手方の認識の対象（同条ただし書）について，「表意者の真意」から「表意者の真意ではないこと」に改めるものである。相手方が表意者の真意の内容まで知ることができなくても，意思表示に対応する内心の意思がないことを知り，又は知ることができたときは相手方を保護する必要はないという解釈が一般的であることから，このような理解に従って規定内容の明確化を図るものである。

本文(2)は，民法第９３条に，心裡留保による意思表示を前提として新たに法律関係に入った第三者が保護されるための要件に関する規定を新たに設けるものである。判例は，心裡留保の意思表示を前提として新たに法律関係に入った第三者について民法第９４条第２項を類推適用するとしており（最判昭和４４年１１月１４日民集２３巻１１号２０２３頁），学説も，同様の見解が有力である。同項の「善意」について，判例（大判昭和１２年８月１０日法律新聞４１８１号９頁）は，善意であれば足り，無過失であることを要しないとしている。これらを踏まえ，本文では，心裡留保の意思表示を前提として新たな法律関係に入った第三者が保護されるための要件として，善意で足りるものとしている。
　なお，心裡留保の規定は，これまで代理権の濫用の場面に類推適用されてきたが，代理権の濫用については規定を設けることが検討されており（後記第４，７），これが設けられれば，心裡留保の規定を類推適用することは不要になる。

２　錯誤（民法第９５条関係）
　民法第９５条の規律を次のように改めるものとする。
(1) 意思表示に錯誤があった場合において，表意者がその真意と異なることを知っていたとすれば表意者はその意思表示をせず，かつ，通常人であってもその意思表示をしなかったであろうと認められるときは，表意者は，その意思表示を取り消すことができるものとする。
(2) 目的物の性質，状態その他の意思表示の前提となる事項に錯誤があり，かつ，次のいずれかに該当する場合において，当該錯誤がなければ表意者はその意思表示をせず，かつ，通常人であってもその意思表示をしなかったであろうと認められるときは，表意者は，その意思表示を取り消すことができるものとする。
　　ア　意思表示の前提となる当該事項に関する表意者の認識が法律行為の内容になっているとき。
　　イ　表意者の錯誤が，相手方が事実と異なることを表示したために生じたものであるとき。
(3) 上記(1)又は(2)の意思表示をしたことについて表意者に重大な過失があった場合には，次のいずれかに該当するときを除き，上記(1)又は(2)による意思表示の取消しをすることができないものとする。
　　ア　相手方が，表意者が上記(1)又は(2)の意思表示をしたことを知り，又は知らなかったことについて重大な過失があるとき。
　　イ　相手方が表意者と同一の錯誤に陥っていたとき。
(4) 上記(1)又は(2)による意思表示の取消しは，善意でかつ過失がない第三者に対抗することができないものとする。
　（注）上記(2)イ（不実表示）については，規定を設けないという考え方がある。

（概要）
　本文(1)は，いわゆる表示行為の錯誤について，要素の錯誤がある場合にはその意思表示

の効力が否定されるという民法第９５条の規律内容を基本的に維持した上で，「要素の錯誤」の内容を判例法理に従って規定上明確にするものである。「要素の錯誤」について，判例（大判大正７年１０月３日民録２４輯１８５２頁等）は，その錯誤がなかったならば表意者は意思表示をしなかったであろうと考えられ（主観的因果性），かつ，通常人であってもその意思表示をしないであろうと認められる（客観的重要性）ものをいうとしており，このような定式化は学説上も支持されている。

　また，本文(1)では，錯誤による意思表示の効果を取消しに改めている。判例（最判昭和４０年９月１０日民集１９巻６号１５１２頁）は，原則として表意者以外の第三者は錯誤無効を主張することができないとしており，相手方からの無効主張をすることができない点で取消しに近似している上，無効を主張すべき期間についても取消しと扱いを異にする理由はないと考えられるからである。

　本文(2)は，いわゆる動機の錯誤について規定を設けるものである。

　動機に錯誤があったとしても意思表示の効力は妨げられないのが原則であるが，一定の場合には動機の錯誤が顧慮されることには判例上も学説上も異論がない。本文(2)アは，判例（最判昭和２９年１１月２６日民集８巻１１号２０８７頁等）は，動機が法律行為の内容になっていることを重視しているという理解に従い，動機すなわち意思表示の前提となる事項が法律行為の内容になっていたときは，表示行為の錯誤と同様に，主観的因果性と客観的重要性という要件を満たせば取消可能であることを明示することとしている。

　また，本文(2)イでは，表意者の錯誤が相手方が事実と異なる表示をしたことによって引き起こされたときにも誤認のリスクは相手方が負うべきであるという考え方に従い，このような場合にも，表示行為の錯誤と同様に，主観的因果性と客観的重要性という要件を満たせば意思表示を取り消すことができることとしている。これに対し，相手方が事実と異なる表示をしたからと言って誤認のリスクが常に相手方に転嫁されるべきではないなどとして，このような規定を設けるべきではないという考え方があり，この考え方を（注）で取り上げている。このほか，詐欺（後記３(2)及びその（注））におけるのと同様に，相手方と同視される者が事実と異なる表示をしたことによって錯誤が生じた場合について規定を設けるという考え方がある。

　本文(3)は，表意者に重過失があったときは錯誤を主張することができないという民法第９５条ただし書を原則として維持するとともに，その例外として，相手方が表意者の錯誤について悪意又は重過失がある場合と共通錯誤の場合には，表意者に重過失があっても錯誤を理由として意思表示を取り消すことができるとするものである。これらの場合には，表意者の錯誤主張を制約する必要はないという有力な見解に従うものである。

　本文(4)は，民法第９５条に，錯誤による意思表示を前提として新たな法律関係に入った第三者が保護されるための要件に関する規定を新たに設けるものである。これは，自ら錯誤に陥った者よりも詐欺によって意思表示をした者のほうが帰責性が小さく保護の必要性が高いのに，第三者が現れた場合に錯誤者のほうにより厚い保護が与えられるのはバランスを失することを理由に，民法第９６条第３項を類推適用する見解に従い，これを明文化するものである。詐欺については，学説の多数に従って善意無過失の第三者を保護することを提案しており（後記３），錯誤による意思表示を前提として新たに法律関係に入った第

三者についても,善意無過失であることを要件として保護するものとしている。

 3 詐欺(民法第96条関係)
　民法第96条の規律を次のように改めるものとする。
(1) 詐欺又は強迫による意思表示は,取り消すことができるものとする。
(2) 相手方のある意思表示において,相手方から契約の締結について媒介をすることの委託を受けた者又は相手方の代理人が詐欺を行ったときも,上記(1)と同様とする(その意思表示を取り消すことができる)ものとする。
(3) 相手方のある意思表示について第三者が詐欺を行った場合においては,上記(2)の場合を除き,相手方がその事実を知り,又は知ることができたときに限り,その意思表示を取り消すことができるものとする。
(4) 詐欺による意思表示の取消しは,善意でかつ過失がない第三者に対抗することができないものとする。
　(注) 上記(2)については,媒介受託者及び代理人のほか,その行為について相手方が責任を負うべき者が詐欺を行ったときも上記(1)と同様とする旨の規定を設けるという考え方がある。

(概要)
　本文(1)は,民法第96条第1項を維持するものである。
　本文(2)は,相手方のある意思表示において,相手方の代理人が詐欺を行った場合には相手方本人が悪意であるかどうかにかかわらず意思表示を取り消すことができるという判例法理(大判明治39年3月31日民録12輯492頁)を明文化するとともに,相手方から契約締結の媒介の委託を受けた者が詐欺を行った場合にも,同様に,相手方本人が悪意であるかどうかにかかわらず意思表示を取り消すことができる旨の新たな規定を設けるものである。相手方から媒介の委託を受けた者が詐欺を行った場合に相手方の悪意を要件とせずに取消しを認めるのは,この場合も,代理人の場合と同様に相手方が契約の締結に当たって使用した者であることから,相手方が詐欺を知らなかったことを理由に取消権の行使を阻むのは公平に反すると考えられるからである。さらに,媒介受託者及び代理人に限るのでは狭すぎるとして,相手方が当該意思表示に関して使用した補助者としての地位にある者が詐欺を行った場合には,相手方本人が詐欺を行った場合と同視すべきであるという考え方があり,この考え方を(注)で取り上げている。もっとも,この考え方を採るのであれば,相手方本人の詐欺と同視し得る者の基準が明確になるよう,更に検討が必要である。
　本文(3)は,第三者による詐欺が行われた場合に表意者が意思表示を取り消すことができるのは,相手方本人が第三者による詐欺を知っていたときだけでなく,知ることができたときも含むこととするものである。第三者の詐欺について善意の相手方に対して意思表示を取り消すことができないこととするのは,当該意思表示が有効であるという信頼を保護するためであるから,その信頼が保護に値するもの,すなわち相手方が無過失であることが必要であると指摘されている。また,表意者の心裡留保については,相手方が善意であ

っても過失があれば意思表示が無効とされることとのバランスから，第三者の詐欺による意思表示についても，相手方本人がそれを知ることができたときは取消しが認められるべきであるという指摘がある。本文(3)は，これらの指摘を理由とするものである。

　本文(4)は，詐欺による意思表示を前提として新たに法律関係に入った第三者が保護されるための要件について，第三者の信頼は保護に値するものである必要があり，第三者の無過失を要するという学説の多数に従い，善意無過失という要件に改めるものである。

4　意思表示の効力発生時期等（民法第９７条関係）
　民法第９７条の規律を次のように改めるものとする。
　(1) 相手方のある意思表示は，相手方に到達した時からその効力を生ずるものとする。
　(2) 上記(1)の到達とは，相手方が意思表示を了知したことのほか，次に掲げることをいうものとする。
　　ア　相手方又は相手方のために意思表示を受ける権限を有する者（以下この項目において「相手方等」という。）の住所，常居所，営業所，事務所又は相手方等が意思表示の通知を受けるべき場所として指定した場所において，意思表示を記載した書面が配達されたこと。
　　イ　その他，相手方等が意思表示を了知することができる状態に置かれたこと。
　(3) 相手方のある意思表示が通常到達すべき方法でされた場合において，相手方等が正当な理由がないのに到達に必要な行為をしなかったためにその意思表示が相手方に到達しなかったときは，その意思表示は，通常到達すべきであった時に到達したとみなすものとする。
　(4) 隔地者に対する意思表示は，表意者が通知を発した後に死亡し，意思能力を喪失し，又は行為能力の制限を受けたときであっても，そのためにその効力を妨げられないものとする。

（概要）
　本文(1)は，民法第９７条第１項は隔地者でなくても相手方がある意思表示一般に適用されるという通説に従って，「隔地者に対する意思表示」を「相手方のある意思表示」に改めるものである。また，同項を対話者間にも適用することに伴い，ここでは意思表示の「通知」という概念を使わないで，意思表示が相手方に到達した時にその効力が生ずるものとしている。

　本文(2)は，どのような場合に「到達」が生じたと言えるのか，その基準を明らかにするための新たな規定を設けるものである。これまでの判例における基本的な考え方（最判昭和４３年１２月１７日民集２２巻１３号２９９８頁等）に従い，意思表示が相手方に到達したと言えるのは，相手方又は相手方のために意思表示を受領する権限を有する者の了知可能な状態に置かれた時であるとしている。その代表的な場合として，相手方等の住所や相手方等が指定した場所に通知が配達されたことを例示している。

本文(3)は，本文(2)の意味での「到達」が生じたとは言えない場合であっても，到達しなかったことの原因が相手方側にあるときは到達が擬制される旨の新たな規定を設けるものである。従来から，相手方側が正当な理由なく意思表示の受領を拒絶し，又は受領を困難若しくは不能にした場合には，意思表示が到達したとみなす裁判例（最判平成１０年６月１１日民集５２巻４号１０３４頁）など，意思表示が相手方に到達したとは必ずしも言えない場合であっても，相手方側の行為態様などを考慮して到達を擬制する裁判例が見られることを踏まえたものである。

　本文(4)は，民法第９７条第２項のうち「行為能力の喪失」には保佐及び補助が含まれることが異論なく認められていることから，これをより適切に表現するために「行為能力の制限」に改めるとともに，意思能力に関する規定を新たに設けること（前記第２）に伴い，表意者が意思表示の発信後意思能力を喪失した場合であっても意思表示の効力は影響を受けない旨の規律を同項に付け加えるものである。

　５　意思表示の受領能力（民法第９８条の２関係）
　　民法第９８条の２の規律に付け加えて，次のような規定を設けるものとする。
　　意思表示の相手方がその意思表示を受けた時に意思能力を欠く状態であったときは，その意思表示をもってその相手方に対抗することができないものとする。ただし，意思能力を欠く状態であった相手方が意思能力を回復した後にその意思表示を知った後は，この限りでないものとする。

（概要）
　意思能力に関する規定を新たに設けること（前記第２）に伴い，民法第９８条の２について意思表示の相手方がその意思表示を受けた時に意思能力を欠く状態であった場合の規律を付け加えるものである。同条ただし書を参照して，相手方が意思能力を回復した後にその意思表示を知ったときは，その後，表意者はその意思表示をもって相手方に対抗することができる旨の規定も設けている。

第４　代理
　１　代理行為の要件及び効果（民法第９９条第１項関係）
　　民法第９９条第１項の規律を次のように改めるものとする。
　　(1)　代理人がその権限内において本人のためにすることを示してした意思表示は，本人に対して直接にその効力を生ずるものとする。
　　(2)　代理人がその権限内において自らを本人であると称してした意思表示もまた，本人に対して直接にその効力を生ずるものとする。

（概要）
　本文(1)は，民法第９９条第１項の規定を維持するものである。
　本文(2)は，代理人が自らを本人であると称してした意思表示を，本人のためにすることを示してした意思表示と同様に扱う旨を定めるものである。民法上の代理行為の方法とし

ては，①代理人Aが本人Bのためにすることを示してする方法，②代理人Aが自分は本人Bではないことを前提に本人Bの名義の署名をしてする方法，③代理人Aが自分を本人Bであると称してする方法が考えられるが，本文(2)は，上記③の方法に関する規律を定めるものである（後記9(2)，最判昭和44年12月19日民集23巻12号2539頁参照）。なお，上記②は，上記①と同様に本文(1)の範ちゅうに属するものと考えられる。

2 代理行為の瑕疵（民法第101条関係）
民法第101条の規律を次のように改めるものとする。
(1) 代理人が相手方に対してした意思表示の効力が，意思の不存在，詐欺，強迫又はある事情を知っていたこと若しくは知らなかったことにつき過失があったことによって影響を受けるべき場合には，その事実の有無は，代理人について決するものとする。
(2) 相手方が代理人に対してした意思表示の効力が，意思表示を受けた者がある事情を知っていたこと又は知らなかったことにつき過失があったことによって影響を受けるべき場合には，その事実の有無は，代理人について決するものとする。
(3) 本人が知っていた事情について，本人がこれを任意代理人に告げることが相当であった場合には，本人は，任意代理人がその事情を知らなかったことを主張することができないものとする。
(4) 本人が過失によって知らなかった事情について，本人がこれを知って任意代理人に告げることが相当であった場合には，本人は，任意代理人がその事情を過失なく知らなかったことを主張することができないものとする。

（概要）
本文(1)(2)は，民法第101条第1項の規定を，代理人の意思表示に関する部分と相手方の意思表示に関する部分とに分けて整理することにより，同項の規律の内容を明確にすることを意図するものである。古い判例には，代理人が相手方に対して詐欺をした場合における相手方の意思表示に関しても同項が適用されるとしたものがあるが（大判明治39年3月31日民録12輯492頁），これに対しては，端的に詐欺取消しに関する同法第96条第1項を適用すべきであるとの指摘がされている。本文(1)(2)のように同法第101条第1項の規律の内容を明確にすれば，代理人が相手方に対して詐欺をした場合における相手方の意思表示に関しては同項は適用されないことが明確になる（前記第3，3参照）。なお，意思能力に関する明文規定（前記第2参照）や動機の錯誤に関する明文規定（前記第3，2参照）等が設けられる際には，それらに相当する文言を本文(1)の「意思の不存在，詐欺，強迫」に追加することが考えられる。
本文(3)(4)は，民法第101条第2項の規定を，本人が知っていた事情に関する部分と本人が過失によって知らなかった事情に関する部分とに分けて整理するとともに，同項の①特定の法律行為を委託したこと，②代理人が本人の指図に従って行為をしたことという要件を拡張する方向で改め，本人がその事情を代理人に告げることが相当であったことを

新たな要件とするものである。同項の現在の要件については，狭きに失するとの批判があり，本人が代理人の行動をコントロールする可能性があることを要件とすべきであるとの指摘がされている。判例にも，上記①の特定の法律行為の委託があれば，上記②の本人の指図があったことは要件としないとするものがある（大判明治４１年６月１０日民録１４輯６６５頁）。本文(3)(4)は，以上を踏まえ，同項の要件を拡張するものである。

3 代理人の行為能力（民法第１０２条関係）
民法第１０２条の規律を次のように改めるものとする。
(1) 制限行為能力者が代理人である場合において，その者が代理人としてした行為は，行為能力の制限によっては取り消すことができないものとする。
(2) 上記(1)にかかわらず，制限行為能力者が他の制限行為能力者の法定代理人である場合において，当該法定代理人が代理人としてした行為が当該法定代理人を当事者としてした行為であるとすれば取り消すことができるものであるときは，本人又は民法第１２０条第１項に規定する者は，当該行為を取り消すことができるものとする。

（概要）
本文(1)は，民法第１０２条の規律の内容を維持しつつ，制限行為能力者が代理人である場合における具体的な規律の内容を明確にすることを意図するものである。
本文(2)は，本文(1)の例外として，制限行為能力者が他の制限行為能力者の法定代理人である場合に関する規律を定めるものである。制限行為能力者が他の制限行為能力者の法定代理人であることは想定され得る事態であるため，一定の要件の下で取消しを認める必要があるとの指摘がされていることから，民法第１０２条の例外を定めることとしている。

4 代理人の権限（民法第１０３条関係）
民法第１０３条の規律を次のように改めるものとする。
(1) 任意代理人は，代理権の発生原因である法律行為によって定められた行為をする権限を有するものとする。
(2) 法定代理人は，法令によって定められた行為をする権限を有するものとする。
(3) 上記(1)及び(2)によって代理人の権限が定まらない場合には，代理人は，次に掲げる行為のみをする権限を有するものとする。
ア 保存行為
イ 代理の目的である物又は権利の性質を変えない範囲内において，その利用又は改良を目的とする行為

（概要）
本文(1)(2)は，代理人の権限の範囲に関する基本的な規律を定めるものであり，本文(3)の権限の定めのない代理人の権限の範囲に関する規律に先立って，原則的な規律を明確に

することを意図するものである。
　本文(3)は，民法第１０３条の規律の内容を維持しつつ，本文(1)(2)を設けたことに伴う表現の修正をするものである。

5　復代理人を選任した任意代理人の責任（民法第１０５条関係）
　民法第１０５条を削除するものとする。

（概要）
　復代理人を選任した任意代理人が本人に対して負う内部的な責任について，原則として復代理人の選任及び監督の点に軽減される旨を定めている民法第１０５条第１項，例外的に更に責任が軽減される旨を定めている同条第２項の規定をいずれも削除するものである。一般の債権者と債務者との関係（例えば売買に基づく目的物引渡債務の債権者である買主と債務者である売主との関係）においては，債権者が債務者に対してその履行を補助する第三者の選任を許諾した場合，債務者がやむを得ない事由によりその履行を補助する第三者を選任した場合（同条第１項参照），さらには債権者の指名に従ってその履行を補助する第三者を選任した場合（同条第２項参照）であっても，債務者が自己の債務を履行しないことにより債務不履行責任を負うかどうかは，債務不履行責任の一般原則に従って判断されるのであり，同条の場合にのみ一律に責任が軽減されるとする合理的な理由がないからである。同条のように任意代理人と本人との内部的な関係に関する規律は，契約各則の委任の箇所に移すこととしているが（後記第４１，１参照），同条については委任の箇所に移すことなく削除することとしている。

6　自己契約及び双方代理等（民法第１０８条関係）
　民法第１０８条の規律を次のように改めるものとする。
　(1) 代理人が自己を相手方とする行為をした場合又は当事者双方の代理人として行為をした場合には，当該行為は，代理権を有しない者がした行為とみなすものとする。
　(2) 上記(1)は，次のいずれかに該当する場合には，適用しないものとする。
　　ア　代理人がした行為が，本人があらかじめ許諾したものである場合
　　イ　代理人がした行為が，本人の利益を害さないものである場合
　(3) 代理人がした行為が上記(1)の要件を満たさない場合であっても，その行為が代理人と本人との利益が相反するものであるときは，上記(1)及び(2)を準用するものとする。
　　（注１）上記(1)については，無権代理行為とみなして本人が追認の意思表示をしない限り当然に効果不帰属とするのではなく，本人の意思表示によって効果不帰属とすることができるという構成を採るという考え方がある。
　　（注２）上記(3)については，規定を設けない（解釈に委ねる）という考え方がある。

（概要）
　本文(1)は，民法第１０８条本文が自己契約及び双方代理を対象とする規定であることをより明確にするとともに，自己契約及び双方代理の効果について，これを無権代理と同様に扱って本人が追認の意思表示をしない限り当然に効果不帰属とするという判例法理（最判昭和４７年４月４日民集２６巻３号３７３頁等）を明文化するものである。自己契約及び双方代理の性質上，代理行為の相手方との関係で表見代理の規定の適用が問題となることはない。他方，代理行為の相手方からの転得者との関係では，本人が転得者の悪意を主張立証した場合に限り本人は代理行為についての責任を免れることができるとする判例（上記最判昭和４７年４月４日等）が引き続き参照されることを想定している。もっとも，以上の判例法理に対しては，自己契約及び双方代理は対外的には飽くまで代理権の範囲内の行為であるから無権代理と同様に扱うのは相当でないとの指摘があり，この指摘を踏まえ，本人が効果不帰属の意思表示をすることによって効果不帰属とすることができるという構成を採るべきであるとの考え方（代理権の濫用に関する後記７参照）がある。この考え方を（注１）で取り上げている。
　本文(2)アは，民法第１０８条ただし書の規定のうち本人が許諾した行為に関する部分を維持するものである。
　本文(2)イは，民法第１０８条ただし書の規定のうち「債務の履行」に関する部分を「本人の利益を害さない行為」に改めるものである。債務の履行には裁量の余地があるものもあるため，一律に本人の利益を害さないものであるとは言えない。そこで，同条ただし書がもともと本人の利益を害さない行為について例外を認める趣旨の規定であることを踏まえ，端的にその旨を明文化するものである。
　本文(3)は，自己契約及び双方代理には該当しないが代理人と本人との利益が相反する行為について，自己契約及び双方代理の規律を及ぼすことを示すものである。一般に，自己契約及び双方代理に該当しなくても代理人と本人との利益が相反する行為については民法第１０８条の規律が及ぶと解されており（大判昭和７年６月６日民集１１巻１１１５頁等参照），この一般的な理解を明文化するものである。本文(3)の利益相反行為に該当するかどうかは，代理行為自体を外形的・客観的に考察して判断するものであり（最大判昭和４２年４月１８日民集２１巻３号６７１頁等参照），他方，本文(2)イの「本人の利益を害さないもの」に該当するかどうかは，より実質的な観点から当該代理行為が本人の利益を害するものかどうかを判断するものである。そのため，本文(3)の利益相反行為に該当するものであっても，本文(2)イの「本人の利益を害さないもの」に該当することがあり得る。また，代理行為の相手方や転得者との関係については，本人が相手方や転得者の悪意を主張立証した場合に限り本人は代理行為についての責任を免れることができるとする判例（最判昭和４３年１２月２５日民集２２巻１３号３５１１頁等）が引き続き参照されることを想定している。もっとも，以上に対しては，自己契約及び双方代理に該当しない利益相反行為はその態様が様々であることから，その規律全体を引き続き解釈に委ねるべきであるという考え方があり，これを（注２）で取り上げている。

7 代理権の濫用
　(1) 代理人が自己又は他人の利益を図る目的で代理権の範囲内の行為をした場合において、相手方が当該目的を知り、又は重大な過失によって知らなかったときは、本人は、相手方に対し、当該行為の効力を本人に対して生じさせない旨の意思表示をすることができるものとする。
　(2) 上記(1)の意思表示がされた場合には、上記(1)の行為は、初めから本人に対してその効力を生じなかったものとみなすものとする。
　(3) 上記(1)の意思表示は、第三者が上記(1)の目的を知り、又は重大な過失によって知らなかった場合に限り、第三者に対抗することができるものとする。
　（注）上記(1)については、本人が効果不帰属の意思表示をすることができるとするのではなく、当然に無効とするという考え方がある。

（概要）
　本文(1)は、代理権の濫用に関する規律を定めることによって、ルールの明確化を図るものである。判例（最判昭和４２年４月２０日民集２１巻３号６９７頁）は、代理権濫用行為について民法第９３条ただし書を類推適用するとしており、この判例を踏まえて代理権濫用行為を無効とするという考え方を（注）で取り上げている。しかし、この場合の代理人は代理行為の法律効果を本人に帰属させる意思でその旨の意思表示をしているから、立法に当たってその効果を無効とする理由はないとの指摘がされている。また、代理権濫用行為は飽くまで代理権の範囲内の行為である。そこで、本人が効果不帰属とする旨の意思表示をすることによって、効果不帰属という効果が生ずるものとしている。
　効果不帰属の意思表示は、相手方が代理権濫用の事実（代理人の目的）について悪意又は重過失である場合に限りすることができるものとしている。重過失の相手方を保護しないのは、本人自身が代理権濫用行為をしたわけではないからであり、軽過失の相手方を保護するのは、代理権濫用の事実が本人と代理人との間の内部的な問題にすぎないからである。軽過失の相手方を保護する点で上記判例と結論を異にしている。また、本人の側が相手方の悪意又は重過失の主張立証責任を負担することを想定しているが、これは、代理権濫用行為に該当するかどうかは外形的・客観的に判断されるものではないから相手方においてこれを認識するのは容易でないことを理由とする。なお、効果不帰属の意思表示がされた場合には無権代理と同様に扱うことになるから、無権代理人の責任に関する規定（民法第１１７条、後記１１参照）等が適用されることになる。
　本文(2)は、効果不帰属の意思表示に遡及効を与えるものである。効果不帰属の意思表示の期間制限については、特段の規定を設けることはせず、形成権の行使期間の一般原則に委ねることとしている。また、期間制限の問題とは別に、相手方が本人に対して効果不帰属の意思表示をするかどうかを確答すべき旨の催告をすることができるものとするかどうかについて、引き続き検討する必要がある（民法第１１４条、第２０条参照）。
　本文(3)は、第三者の保護について定めるものである。判例（上記最判昭和４２年４月２０日）は、代理権濫用行為について民法第９３条ただし書を類推適用するとしているため、第三者の保護についても、同条ただし書の適用を前提として、同法第９４条第２項の類推

適用や同法第192条の即時取得などの制度によることを想定していると考えられるが，本文(3)は，本文(1)の効果不帰属の意思表示の構成を採ることを前提として，第三者の保護に関する規律を明らかにするものである。

8 代理権授与の表示による表見代理（民法第109条関係）
民法第109条の規律を次のように改めるものとする。
(1) 本人が相手方に対して他人に代理権を与えた旨を表示した場合において，その他人がその表示された代理権の範囲内の行為をしたときは，本人は，当該行為について，その責任を負うものとする。ただし，相手方が，その他人がその表示された代理権を与えられていないことを知り，又は過失によって知らなかったときは，この限りでないものとする。
(2) 上記(1)の他人がその表示された代理権の範囲外の行為をした場合において，相手方が当該行為についてその他人の代理権があると信ずべき正当な理由があるときは，本人は，当該行為について，その責任を負うものとする。ただし，相手方が，その他人がその表示された代理権を与えられていないことを知り，又は過失によって知らなかったときは，この限りでないものとする。

（概要）
本文(1)は，民法第109条の規律の内容を維持しつつ，同条の「第三者」という規定ぶり等をより明確に表現することを意図するものである。
本文(2)は，民法第109条と同法第110条の重畳適用に関する規律を定めるものであり，判例法理（最判昭和45年7月28日民集24巻7号1203頁）を明文化するものである。

9 権限外の行為の表見代理（民法第110条関係）
民法第110条の規律を次のように改めるものとする。
(1) 代理人がその権限外の行為をした場合において，相手方が代理人の権限があると信ずべき正当な理由があるときは，本人は，当該行為について，その責任を負うものとする。
(2) 代理人が自らを本人であると称してその権限外の行為をした場合において，相手方が代理人の行為が本人自身の行為であると信ずべき正当な理由があるときは，本人は，当該行為について，その責任を負うものとする。

（概要）
本文(1)は，民法第110条の規律の内容を維持しつつ，同条の「準用する」という規定ぶり等をより明確に表現することを意図するものである。
本文(2)は，代理人が自らを本人であると称して権限外の行為をした場合に関する規律を定めるものであり，この場合について民法第110条の類推適用を認める判例法理（最判

昭和44年12月19日民集23巻12号2539頁)を明文化するものである。なお，代理人が自らを本人であると称して権限内の行為をした場合については，前記1(2)参照。

10 代理権消滅後の表見代理(民法第112条関係)
民法第112条の規律を次のように改めるものとする。
(1) 代理人であった者が代理権の消滅後にその代理権の範囲内の行為をした場合において，相手方がその代理権の消滅の事実を知らなかったときは，本人は，当該行為について，その責任を負うものとする。ただし，相手方がその代理権の消滅の事実を知らなかったことにつき過失があったときは，この限りでないものとする。
(2) 代理人であった者が代理権の消滅後にその代理権の範囲外の行為をした場合において，相手方が，その代理権の消滅の事実を知らず，かつ，当該行為についてその者の代理権があると信ずべき正当な理由があるときは，本人は，当該行為について，その責任を負うものとする。ただし，相手方がその代理権の消滅の事実を知らなかったことにつき過失があったときは，この限りでないものとする。

(概要)
本文(1)は，民法第112条の規律の内容を維持しつつ，同条の「善意」の意味を明らかにするなど，その規律の内容を明確にすることを意図するものである。同条の「善意」の意味については，「代理行為の時に代理権が存在しなかったこと」についての善意ではなく，「過去に存在した代理権が代理行為の時までに消滅したこと」についての善意であると解すべきであるとの指摘があり，また，判例(最判昭和32年11月29日民集11巻12号1994頁，最判昭和44年7月25日集民96号407頁)もそのように解しているとの指摘があることから(部会資料29第3，2(3)アの補足説明[78頁]参照)，後者の考え方を採ることを明確にしている。
本文(2)は，民法第112条と同法第110条の重畳適用に関する規律を定めるものであり，判例法理(大連判昭和19年12月22日民集23巻626頁)を明文化するものである。

11 無権代理人の責任(民法第117条関係)
民法第117条の規律を次のように改めるものとする。
(1) 他人の代理人として契約をした者は，その代理権を有していた場合又は本人の追認を得た場合を除き，相手方の選択に従い，相手方に対して履行又は損害賠償の責任を負うものとする。
(2) 上記(1)は，次のいずれかに該当する場合には，適用しないものとする。
ア 他人の代理人として契約をした者が代理権を有しないことを相手方が知っていた場合
イ 他人の代理人として契約をした者が代理権を有しないことを相手方が過

失によって知らなかった場合。ただし，他人の代理人として契約をした者
　　　が自己に代理権がないことを自ら知っていたときを除くものとする。
　　ウ　他人の代理人として契約をした者が自己に代理権がないことを知らなか
　　　った場合。ただし，重大な過失によって知らなかったときを除くものとす
　　　る。
　　エ　他人の代理人として契約をした者が行為能力を有しなかった場合

（概要）
　本文(1)は，民法第１１７条第１項の規律の内容を維持しつつ，同項の「自己の代理権を証明することができず」という規定ぶり等をより明確に表現することを意図するものである。
　本文(2)アは，民法第１１７条第２項の規定のうち相手方が悪意である場合に関する部分を維持するものである。
　本文(2)イは，民法第１１７条第２項の規定のうち相手方に過失がある場合に関する部分を維持しつつ，これにただし書を付加して，相手方に過失がある場合でも，無権代理人自身が悪意であるときは，無権代理人の免責を否定する旨を新たに定めるものである。有力な学説を踏まえ，相手方と無権代理人との間の利益衡量をより柔軟にすることを意図するものである。
　本文(2)ウは，無権代理人が自己に代理権がないことを知らなかった場合の免責に関する規律を定めるものである。民法第１１７条第１項の無権代理人の責任は無過失責任とされているが，これに対しては，無権代理人が自己に代理権がないことを知らなくても常に責任を負うのでは無権代理人に酷な結果を生じかねないとの指摘がされている（例えば，代理行為の直前に本人が死亡したため無権代理となった場合等）。そこで，学説上のこのような指摘を踏まえ，錯誤に関する民法第９５条の規定を参考にして新たな規律を定めることとするものである。
　本文(2)エは，民法第１１７条第２項の規定のうち代理人の行為能力に関する部分を維持するものである。

12　授権（処分権授与）
　(1)　他人に対し，その他人を当事者とする法律行為によって自己の所有権その
　　他の権利を処分する権限を与えた場合において，その他人が相手方との間で
　　当該法律行為をしたときは，当該権利は，相手方に直接移転するものとする。
　　この場合において，当該権利を有していた者は，相手方に対し，その他人と
　　相手方との間の法律行為においてその他人が相手方に対して主張することの
　　できる事由を，主張することができるものとする。
　(2)　上記(1)の場合については，その性質に反しない限り，代理に関する規定を
　　準用するものとする。
　　（注）授権に関する規定は設けない（解釈に委ねる）という考え方がある。

(概要)
　本文(1)は，いわゆる授権（処分授権）に関する規律を定めることによって，ルールの明確化を図るものである。処分授権とは，①授権者Aが被授権者Bに対して，被授権者Bを当事者とする法律行為によって授権者Aの権利を処分する権限を与え，②被授権者Bが第三者Cとの間で，授権者Aの権利を処分する内容の法律行為をすることによって，③授権者Aと第三者Cとの間において，当該権利の処分という効果（授権者Aから第三者Cに当該権利が移転し，又は授権者Aの当該権利の上に第三者Cの権利が設定されるという効果）が生ずるとともに，④被授権者Bと第三者Cとの間において，当該法律行為の効果のうち上記権利処分の効果を除くもの（売買契約であれば被授権者Bの第三者Cに対する代金支払請求権の発生や，第三者Cの被授権者Bに対する目的物引渡請求権等の発生という効果）が生ずるものをいう。授権者Aの第三者Cに対する債権は一切発生しない。また，第三者Cの授権者Aに対する債権も一切発生しないが，第三者Cは授権者Aに対して上記権利処分の効果によって取得した権利（売買契約であれば所有権）に基づく物権的請求権を行使することができる。この制度によれば，授権者Aは，自らを契約の当事者としないでその権利を直接第三者Cに処分することが可能となるため，例えば委託販売の実務において，委託者Aの受託者Bに対する所有権の移転（売却等）を経ない方法を採ることが可能となり，それぞれの局面に応じた柔軟な取引形態を選択することが可能となるとの指摘がされている。この制度の名称については，「授権」という用語が様々な場面で用いられていることから（民事訴訟法第28条，破産法第247条第3項，特許法第9条等），「授権」や「処分授権」とするのは相当でないとの指摘がある。そこで，例えば「処分権授与」とすることが考えられる。
　本文(2)は，授権に関して，その性質に反しない限り代理と同様の規律が及ぶことを示すものである。代理の規定を包括的に準用しつつ，性質に反するかどうかを解釈に委ねることとしている。例えば，前記4(3)（権限の範囲が定まらない代理人は保存行為及び利用・改良行為の権限のみを有する旨の規定）については，被授権者に処分の権限を授与する制度である処分授権にはなじまないと考えられることから，解釈上準用されないと考えられる。
　もっとも，以上に対しては，授権の概念の明確性や有用性にはなお疑問があるとして，授権に関する規定は設けずに引き続き解釈に委ねるべきであるという考え方があり，これを（注）で取り上げている。

第5　無効及び取消し
1　法律行為の一部無効
　法律行為の一部が無効となる場合であっても，法律行為のその余の部分の効力は妨げられないものとする。ただし，当該一部が無効であることを知っていれば当事者がその法律行為をしなかったと認められる場合には，その法律行為は無効とするものとする。
　（注）このような規定を設けないという考え方がある。

（概要）
　一部の契約条項が無効であるなど法律行為の一部が無効となる場合であっても，無効となるのは当該一部のみであり，その余の部分の効力には影響が及ばないのが原則である。本文第1文は，このことを明示する新たな規定を設けるものである。もっとも，当事者が当該一部を除く部分のみであればその法律行為をしなかったと認められる場合には，残部の効力を認めると当事者が本来意図しなかった法律関係に拘束されることになるため，本文第2文では，このような場合には例外的に法律行為全体が無効になる旨の新たな規定を併せて設けることとしている。
　これに対し，法律行為の一部が無効である場合のその余の部分の効力は一律には定められないなどとして規定を設けないという考え方があり，（注）で取り上げている。

2　無効な法律行為の効果
(1) 無効な法律行為（取り消されたために無効であったとみなされた法律行為を含む。）に基づく債務の履行として給付を受けた者は，その給付を受けたもの及びそれから生じた果実を返還しなければならないものとする。この場合において，給付を受けたもの及びそれから生じた果実の返還をすることができないときは，その価額の償還をしなければならないものとする。
(2) 上記(1)の無効な法律行為が有償契約である場合において，給付を受けた者が給付を受けた当時，その法律行為の無効であること又は取り消すことができることを知らなかったときは，給付を受けたものの価額の償還義務は，給付を受けた者が当該法律行為に基づいて給付し若しくは給付すべきであった価値の額又は現に受けている利益の額のいずれか多い額を限度とするものとする。
(3) 上記(1)の無効な法律行為が有償契約以外の法律行為である場合において，給付を受けた者が給付を受けた当時，その法律行為の無効であること又は取り消すことができることを知らなかったときは，給付を受けた者は，それを知った時点でその法律行為によって現に利益を受けていた限度において上記(1)の返還の義務を負うものとする。
(4) 民法第121条ただし書の規律に付け加えて，次のような規定を設けるものとする。
　　意思能力を欠く状態で法律行為をした者は，その法律行為によって現に利益を受けている限度において，返還の義務を負うものとする。ただし，意思能力を欠く状態で法律行為をした者が意思能力を回復した後にその行為を了知したときは，その了知をした時点でその法律行為によって現に利益を受けていた限度において，返還の義務を負うものとする。
（注）上記(2)については，「給付を受けた者が当該法律行為に基づいて給付し若しくは給付すべきであった価値の額又は現に受けている利益の額のいずれか多い額」を限度とするのではなく，「給付を受けた者が当該法律行為に基づいて給付し若しくは給付すべきであった価値の額」を限度とするとい

う考え方がある。

(概要)
　法律行為に基づく履行として給付がされたが，その法律行為が無効であるか取り消された場合の返還請求権の範囲について定めるものである。法律行為が無効であったり，取り消された場合の原状回復については，民法第７０３条及び第７０４条は適用されないという考え方が有力に主張されており，この場合の法律関係が不明確であることから，新たな規定を設けるものである。この規定は，民法第７０３条及び第７０４条に対する特則と位置づけられることになる。
　本文(1)は，返還義務の内容についての原則を定めるものである。法律行為が無効である場合は，給付の原因がなく，互いにその法律行為が存在しなかったのと同様の状態を回復することが原則になる。したがって，給付されたもの自体やその果実の返還ができる場合にはその返還を，その返還が不可能であるときはその客観的な価額を償還しなければならない。ここにいう果実には天然果実・法定果実を含むが，いわゆる使用利益が給付を受けた物の価額とは別に返還の対象となるかどうかについては，目的物の性質にもよることから，解釈に委ねることとしている。
　本文(2)は，無効な法律行為が有償契約である場合について，給付されたものの返還に代わる価額償還義務の上限を定めるものである。本文(1)の返還義務は本来的には受領した給付の客観的な価値によって定まるが，この原則を貫徹すると，その法律行為が無効であること又は取り消すことができることを知らなかった給付受領者が予想外に高額の償還義務を負う場合があることから，本文(2)は，有力な見解に従い，受領したものそれ自体の価額償還について一定の上限を設けることとしたものである。これに対し，受領者が，受領の時点で法律行為が無効であること又は取り消すことができることを知っていたときは，本文(1)の原則に戻り，価額が反対給付の額を上回る場合であっても，全額の償還義務を負うことになる。
　償還義務に設けられる上限は，反対給付又は現存利益のうち大きい方である。受領した給付の客観的な額がこの上限よりも大きいときは，この上限を超える償還義務を負わないことになる。反対給付が現存利益よりも大きい場合に反対給付の額を上限とするのは，給付受領者がその給付を受けるためには反対給付を負担する必要があったのであり，その限度で償還義務を負担させても給付受領者の期待に反しないと考えられるからである。現存利益が反対給付よりも大きい場合に現存利益を上限とするのは，無効な法律行為によって現に利益を受けている以上，給付の客観的な価額の範囲内でその返還をさせても不合理ではないからである。現存利益が反対給付よりも大きい場合としては，給付を受領した者が，その客観的な価額には至らないが自分が負担した反対給付を上回る金額で第三者に転売してその代金を受領した場合などが考えられる。これに対しては，現存利益の額を考慮する考え方は一般的に確立したものではないとして，反対給付のみを上限とすべきであるとの考え方があり，これを（注）で取り上げている。
　本文(3)は，無効な法律行為が無償契約や単独行為である場合に，善意の受領者がいわゆる利得消滅の抗弁を主張することができることを定めるものである。すなわち，受領者が，

給付の受領当時，法律行為が無効であること又は取り消すことができることを知らなかったときは，善意であった間に失われた利得について返還義務を免れ，悪意になった時点で現に利益を受けていた限度で返還すれば足りることを定めている。善意の受領者は，その給付が自分の財産に属すると考えており，費消や処分の後に現存利益を超える部分の返還義務を負うとするとこのような期待に反することになるからである。

なお，善意の受領者が利得消滅の抗弁を主張することができるのは，無効であった法律行為が有償契約以外の法律行為である場合に限られる。有償契約が無効又は取消可能であったとしても，それに基づく双方の債務は，当初は対価的な牽連性を有するものとして合意されていたものであるから，その原状回復においても，主観的事情や帰責事由の有無にかかわらず，自分が受領した給付を返還しないで，自分がした給付についてのみ一方的に返還を求めるのは，均衡を失し公平でないと考えられるからである。

本文(4)は，民法第121条ただし書を維持するとともに，意思能力に関する規定を設けること（前記第2）に伴い，意思能力を欠く状態で法律行為をした者がその法律行為に基づく債務の履行として給付を受けた場合についても，制限行為能力者と同様にその返還義務を軽減するものである。もっとも，意思能力を欠く状態で契約を締結した者がその後意思能力を回復し，意思能力を欠いている間に法律行為をしたことを了知したときは，その後返還すべき給付を適切に保管すべきであると考えられるから，この場合の免責を認めないものとしている。

3 追認の効果（民法第122条関係）
民法第122条ただし書を削除するものとする。

（概要）

追認は，不確定ではあるものの有効であると扱われている法律行為を確定的に有効とするに過ぎず，第三者の権利を害することはないから，民法第122条ただし書は適用場面がなく不要な規定であると理解されている。本文は，このような考え方に基づき，同条ただし書を削除するものである。

4 取り消すことができる行為の追認（民法第124条関係）
民法第124条の規律を次のように改めるものとする。
(1) 取り消すことができる行為の追認は，取消しの原因となっていた状況が消滅し，かつ，追認権者が取消権を行使することができることを知った後にしなければ，その効力を生じないものとする。
(2) 次に掲げるいずれかの場合には，上記(1)の追認は，取消しの原因となっていた状況が消滅した後にすることを要しないものとする。
　ア　法定代理人又は制限行為能力者の保佐人若しくは補助人が追認をする場合
　イ　制限行為能力者（成年被後見人を除く。）が法定代理人，保佐人又は補助人の同意を得て追認をする場合

（概要）
　本文(1)は、取り消すことができる法律行為の追認をするには法律行為を取り消すことができるものであることを知ってする必要があるという判例法理（大判大正５年１２月２８日民録２２輯２５２９頁）を明文化するため、民法第１２４条第１項に「追認権者が取消権を行使することができることを知った後」という要件を付け加えるものである。これに伴い、同条第２項が定める「行為能力者となった後にその行為を了知したとき」という要件は、本文(1)の要件と重複することとなるので、同条第２項を削除することとしている。
　この改正は、法定追認の要件にも影響を及ぼすものと考えられる。判例（大判大正１２年６月１１日民集２巻３９６頁）は、民法第１２５条の規定は取消権者が取消権の存否を知っていると否とを問わずその適用があるとしていたが、法定追認は同法第１２４条の規定により追認をすることができる時以後にする必要がある（同法第１２５条）とされているため、同法第１２４条を本文のように改正すると、この判例法理を変更することになる。
　本文(2)は、本文(1)の追認の要件のうち「取消しの原因となっていた状況が消滅した後」であることを要しない場合に関する規律であり、本文(2)アが現在の民法第１２４条第３項の規律内容を維持するものである。他方、同イは、制限行為能力者（成年被後見人を除く。）が法定代理人、保佐人又は補助人の同意を得て取り消すことができる行為の追認をすることができることは異論なく認められていることを踏まえて、このことを明文化するものである。いずれの場合でも、「追認権者が取消権を行使することができることを知った後」という要件は必要であることとしている。

５　法定追認（民法第１２５条関係）
　　民法第１２５条の規律に、法定追認事由として、「弁済の受領」及び「担保権の取得」を付け加えるものとする。
　　（注）「弁済の受領」及び「担保権の取得」を付け加えないという考え方がある。

（概要）
　取消権を有する側の当事者が相手方から弁済を受領した場合及び相手方から担保権を取得した場合を、法定追認事由に付け加えるものである。「弁済の受領」を付け加えるのは、民法第１２５条第１号の「全部又は一部の履行」は、自ら履行する場合だけでなく相手方の履行を受領する場合を含むという判例法理（大判昭和８年４月２８日民集１２巻１０４０頁）を明文化するものである。「担保権の取得」を付け加えるのは、「弁済の受領」と同程度又はそれ以上に当事者の追認意思を推認させるものであり、学説上も、これが同条第４号の「担保の供与」に含まれるという見解が有力であるからである。これに対して、相手方による弁済や担保権の押しつけによって意思表示の有効性が確定するおそれがあるとして、これらの事由を付け加えるべきでないという考え方があり、これを（注）で取り上げている。

6 取消権の行使期間（民法第126条関係）
　民法第126条の規律を改め，取消権は，追認をすることができる時から3年間行使しないときは時効によって消滅するものとし，行為の時から10年を経過したときも，同様とするものとする。
　（注）民法第126条の規律を維持するという考え方がある。

（概要）
　取消権の行使期間を定める民法第126条の規律を改め，追認可能時から3年，法律行為の時から10年とするものである。同条は，追認可能時を起算点とする期間制限と法律行為時を起算点とする期間制限とを設けているが，このうち，追認可能時は，取消原因となっていた状況が消滅し，かつ，その行為に取消原因があることを知った時であるから（前記3），これは不法行為による損害賠償請求権の消滅時効における主観的起算点（民法第724条前段）に相当すると考えられる。消滅時効における時効期間と起算点の見直しとも関連するが，現在の民法第126条の5年と20年という期間は長すぎるという指摘があることを踏まえ，それぞれの期間を短期化するものである。

第6　条件及び期限
　1　条件
　　条件に関する民法第127条から第134条までの規律は，基本的に維持した上で，次のように改めるものとする。
　　(1)　民法第127条に条件という用語の定義を付け加え，条件とは，法律行為の効力の発生・消滅又は債務の履行を将来発生することが不確実な事実の発生に係らしめる特約をいうものとする。
　　(2)　民法第130条の規律を次のように改めるものとする。
　　　ア　条件が成就することによって不利益を受ける当事者が，条件を付した趣旨に反して故意にその条件の成就を妨げたときは，相手方は，その条件が成就したものとみなすことができるものとする。
　　　イ　条件が成就することによって利益を受ける当事者が，条件を付した趣旨に反して故意にその条件を成就させたときは，相手方は，その条件が成就しなかったものとみなすことができるものとする。

（概要）
　本文(1)は，条件という用語の意義を，その一般的理解に従って明文化するものである。条件という文言は，日常用語として多義的に用いられているため，その法律用語としての意義を明らかにする必要があるという問題意識による。民法第127条に関しては，このような定義規定を設けることのほか，例えば，「停止条件」のうち法律行為の効力発生に関するものを「効力発生条件」，債務の履行に関するものを「履行条件」に，「解除条件」を「効力消滅条件」に，それぞれ用語を改めることも検討課題となり得る。
　本文(2)アは，民法第130条の要件に，「条件を付した趣旨に反して」という文言を付

加するものである。例えば，相手方が窃盗の被害に遭った場合には見舞金を贈与すると約束していた者が，相手方の住居に侵入しようとしている窃盗犯を発見して取り押さえたとしても，それをもって条件の成就を妨害したと評価するのは適当ではないところ，「故意に」というだけでは，こうした事例であっても要件を満たしてしまうことになってしまうという指摘があることを踏まえたものである。

本文(2)イは，条件の成就によって利益を受ける当事者が故意にその条件を成就させたときは，民法130条の類推適用により，相手方は，その条件が成就していないものとみなすことができるという判例法理（最判平成6年5月31日民集48巻4号10頁）を明文化するものである。もっとも，入試に合格するという条件を故意に成就させた場合のように，それだけでは何ら非難すべきでない場合があることから，本文(1)と同様に，「条件を付した趣旨に反して」という要件を付加している。

2 期限
　期限に関する民法第135条から第137条までの規律は，基本的に維持した上で，次のように改めるものとする。
(1) 民法第135条に期限という用語の定義を付け加え，期限とは，法律行為の効力の発生・消滅又は債務の履行を将来発生することが確実な事実の発生に係らしめる特約をいうものとする。
(2) 民法第135条第1項の規律を次のように改めるものとする。
　ア　法律行為に始期を付したときは，その法律行為の効力は，期限が到来した時に発生するものとする。
　イ　債務の履行に始期を付したときは，期限が到来するまで，その履行を請求することができないものとする。
(3) 民法第137条第2号の規律を改め，債務者が，その義務に反して，担保を滅失させ，損傷させ，又は減少させたときは，債務者は，期限の利益を主張することができないものとする。

（概要）
本文(1)は，期限という用語の意義を，その一般的な理解に従って明文化するものである。条件という用語の定義（前記1(1)）と同様の問題意識による。

本文(2)は，民法第135条第1項が債務の履行期限を定めたものか，法律行為の効力発生に関する期限を定めたものか判然としないことから，その規定内容の明確化を図るものである。本文(2)アでは法律行為の効力発生に関する期限について定め，同イでは債務の履行期限について定めている。このほか，同項の「始期」という用語も多義的であるため，これを同アでは「効力発生期限」か「停止期限」などと改め，同イでは「履行期限」などと改めることも検討課題となり得る。その際には，同条第2項の「終期」という用語についても「効力消滅期限」か「解除期限」などと改めることが考えられる。

本文(3)は，民法第137条第2号の期限の利益喪失事由（債務者が担保を滅失させ，損傷させ，又は減少させたとき）には，形式的には，動産売買先取特権の目的動産を買主が

費消した場合なども該当してしまい，適当ではないという指摘があることから，その要件を適切に画するため，同号の適用場面を，債務者が担保を滅失，損傷又は減少させない義務を負う場合において，これを滅失，損傷又は減少させたときに限定するものとしている。

第7 消滅時効
1 職業別の短期消滅時効の廃止
民法第170条から第174条までを削除するものとする。

(概要)

職業別の細かい区分に基づき3年，2年又は1年という時効期間を定めている短期消滅時効（民法第170条から第174条まで）を廃止するものである。この制度に対しては，対象となる債権の選別を合理的に説明することが困難である上，実務的にもどの区分の時効期間が適用されるのかをめぐって煩雑な判断を強いられている等の問題点が指摘されていることを考慮したものである。

2 債権の消滅時効における原則的な時効期間と起算点
【甲案】 「権利を行使することができる時」（民法第166条第1項）という起算点を維持した上で，10年間（同法第167条第1項）という時効期間を5年間に改めるものとする。

【乙案】 「権利を行使することができる時」（民法第166条第1項）という起算点から10年間（同法第167条第1項）という時効期間を維持した上で，「債権者が債権発生の原因及び債務者を知った時（債権者が権利を行使することができる時より前に債権発生の原因及び債務者を知っていたときは，権利を行使することができる時）」という起算点から［3年間／4年間／5年間］という時効期間を新たに設け，いずれかの時効期間が満了した時に消滅時効が完成するものとする。

(注)【甲案】と同様に「権利を行使することができる時」（民法第166条第1項）という起算点を維持するとともに，10年間（同法第167条第1項）という時効期間も維持した上で，事業者間の契約に基づく債権については5年間，消費者契約に基づく事業者の消費者に対する債権については3年間の時効期間を新たに設けるという考え方がある。

(概要)
1 職業別の短期消滅時効は，「生産者，卸売商人又は小売商人」の売買代金債権（民法第173条第1号）を始め，契約に基づく債権のかなりの部分に適用されている。このため，職業別の短期消滅時効を廃止して時効期間の単純化・統一化を図った上で（前記1），債権の消滅時効における原則的な時効期間と起算点を単純に維持した場合には，多くの事例において時効期間が長期化することになるという懸念が示されている。そこで，時効期間をできる限り単純化・統一化しつつ，時効期間の大幅な長期化への懸念に対応す

るための方策が検討課題となる。
2　本文の甲案は、「権利を行使することができる時」（民法第１６６条第１項）という消滅時効の起算点については現状を維持した上で、１０年間（同法第１６７条第１項）という原則的な時効期間を単純に短期化し、商事消滅時効（商法第５２２条）を参照して５年間にするという考え方である。これは、現行制度の変更を最小限にとどめつつ時効期間の単純化・統一化を図るものであるが、他方で、事務管理・不当利得に基づく債権や、契約に基づく債権であっても安全配慮義務違反に基づく損害賠償請求権のように、契約に基づく一般的な債権とは異なる考慮を要すると考えられるものについて、その時効期間が１０年間から５年間に短縮されるという問題点が指摘されている。

　このような問題に対しては、原則的な時効期間の定め方とは別に、生命又は身体に生じた損害に係る損害賠償請求権の消滅時効について特則を設けることによって（後記５）、一定の解決を図ることが考えられるが、それとは別に、「権利を行使することができる時」という起算点のみならず、１０年間という原則的な時効期間についても現状を維持した上で、事業者間の契約に基づく債権については５年間、消費者契約に基づく事業者の消費者に対する債権については３年間の時効期間を新たに設けることによって解決を図るという考え方が示されており、これを（注）で取り上げている。

3　本文の乙案は、「権利を行使することができる時」から１０年間という現行法の時効期間と起算点の枠組みを維持した上で、これに加えて「債権者が債権発生の原因及び債務者を知った時（債権者が権利を行使することができる時より前に債権発生の原因及び債務者を知っていたときは、権利を行使することができる時）」から［３年間／４年間／５年間］という短期の時効期間を新たに設け、いずれかの時効期間が満了した時に消滅時効が完成するとする考え方である。契約に基づく一般的な債権については、その発生時に債権者が債権発生の原因及び債務者を認識しているのが通常であるから、その時点から［３年間／４年間／５年間］という時効期間が適用されることになり、時効期間の大幅な長期化が回避されることが想定されている。もっとも、契約に基づく一般的な債権であっても、履行期の定めがあるなどの事情のために、債権者が債権発生の原因及び債務者を知った時にはまだ権利を行使することができない場合があるので、この［３年間／４年間／５年間］という短期の時効期間については、権利を行使することができる時から起算されることが括弧書きで示されている。他方、事務管理・不当利得に基づく一定の債権などには、債権者が債権発生の原因及び債務者を認識することが困難なものもあり得ることから、現状と同様に１０年の時効期間が適用される場合も少なくないと考えられる。このような長短２種類の時効期間を組み合わせるという取扱いは、不法行為による損害賠償請求権の期間の制限（民法第７２４条）と同様のものである。

　安全配慮義務違反に基づく損害賠償請求権のように、不法行為構成を採用した場合の時効期間が短いために、債務不履行構成を採用することに意義があるとされているものについては、原則的な時効期間の定め方とは別に、生命又は身体に生じた損害に係る損害賠償請求権の消滅時効について特則を設けることによって（後記５）、現在よりも時効期間が短くなるという事態の回避を図ることが考えられる。

3 定期金債権の消滅時効（民法第１６８条第１項関係）
  (1) 民法第１６８条第１項前段の規律を改め，定期金の債権についての消滅時効は，次の場合に完成するものとする。
    ア 第１回の弁済期から［１０年間］行使しないとき
    イ 最後に弁済があった時において未払となっている給付がある場合には，最後の弁済の時から［１０年間］行使しないとき
    ウ 最後に弁済があった時において未払となっている給付がない場合には，次の弁済期から［１０年間］行使しないとき
  (2) 民法第１６８条第１項後段を削除するものとする。

（概要）
　本文(1)アは，現在の民法第１６８条第１項前段の規律のうち，その時効期間を［１０年間］に改めるものである。定期金債権の時効期間は，債権の原則的な時効期間よりも長期であることが適当と考えられるが，その具体的な期間の設定については，前記２でどのような案が採用されるかによって考え方が異なり得る。本文(1)イ及びウは，定期金債権の弁済が１回もされない場合のみを定めている民法第１６８条第１項前段には，１回でも支払がされた場合の処理が不明確であるという問題があることから，この点についての規律を付け加えるものである。最後に弁済があった時において未払の支分権がある場合（本文(1)イ）には，債権者はその時から権利行使をすることができるのに対して，その時において未払の支分権がない場合（本文(1)ウ）には，債権者は次の弁済期から権利行使をすることができることから，これに応じて規律を書き分けている。
　本文(2)は，「最後の弁済期から十年間行使しないときも」定期金債権が消滅することを定めている民法第１６８条第１項後段について，独自の存在意義が認められないことから，これを削除するものである。

4 不法行為による損害賠償請求権の消滅時効（民法第７２４条関係）
　民法第７２４条の規律を改め，不法行為による損害賠償の請求権は，次に掲げる場合のいずれかに該当するときは，時効によって消滅するものとする。
  (1) 被害者又はその法定代理人が損害及び加害者を知った時から３年間行使しないとき
  (2) 不法行為の時から２０年間行使しないとき

（概要）
　民法第７２４条後段の不法行為の時から２０年という期間制限に関して，中断や停止の認められない除斥期間であるとした判例（最判平成元年１２月２１日民集４３巻１２号２２０９頁）とは異なり，同条後段も同条前段と同様に時効期間についての規律であることを明らかにするものである。上記判例のような立場に対して，被害者救済の観点から問題があるとの指摘があり，停止に関する規定の法意を援用して被害者の救済を図った判例（最判平成２１年４月２８日民集６３巻４号８５３頁）も現れていることを考慮したものであ

る。除斥期間ではないことを表すために，同条後段の「同様とする」という表現を用いない書き方を提示しているが，これはあくまで一例を示したものである。

5 生命・身体の侵害による損害賠償請求権の消滅時効
　　生命・身体［又はこれらに類するもの］の侵害による損害賠償請求権の消滅時効については，前記2における債権の消滅時効における原則的な時効期間に応じて，それよりも長期の時効期間を設けるものとする。
　　（注）このような特則を設けないという考え方がある。

（概要）
　生命・身体の侵害による損害賠償請求権について，被害者を特に保護する必要性が高いことから，債権の消滅時効における原則的な時効期間よりも長期の時効期間を設けるとするものである。その対象は，生命・身体の侵害に限る考え方のほか，これらに類するもの（例えば，身体の自由の侵害）も含むという考え方をブラケットで囲んで示している。
　具体的な長期の時効期間の設定については，前記2でどのような案が採用されるかによって考え方が異なってくる。前記2で乙案が採用される場合には，一般の債権と不法行為による損害賠償請求権とで時効期間と起算点の枠組みが共通のものとなる（したがって，民法第724条の削除も検討課題となる。）ので，生命・身体の侵害による損害賠償請求権の発生原因が債務不履行であるか不法行為であるかを問わず，例えば，権利を行使することができる時から［20年間／30年間］，債権者が債権発生の原因及び債務者を知った時から［5年間／10年間］という時効期間を設けることが考えられる。他方，前記2で甲案が採用される場合には，一般の債権と不法行為による損害賠償請求権とで時効期間と起算点の枠組みが異なるので，不法行為による損害賠償請求権について上記の例と同様の時効期間を設定した上で，債務不履行に基づく損害賠償請求権について生命・身体の侵害に関する時効期間をどのように設定するかを検討することが考えられる。
　他方，現状よりも長期の時効期間を設ける必要性はないという考え方があり，これを（注）で取り上げている。

6 時効期間の更新事由
　　時効の中断事由の規律（民法第147条ほか）を次のように改めるものとする。
　（1）時効期間は，次に掲げる事由によって更新されるものとする。
　　ア　確定判決によって権利が確定したこと。
　　イ　裁判上の和解，調停その他確定判決と同一の効力を有するものによって権利が確定したこと。
　　ウ　強制執行又は担保権の実行としての競売の手続が終了したこと（権利の満足に至らない場合に限る。）。ただし，当該手続が権利者の請求により又は法律の規定に従わないことにより取り消されたときを除くものとする。
　　エ　相手方の権利を承認したこと。

(2) 上記(1)ア又はイに該当するときは，それぞれその確定の時から，新たに［１０年間］の時効期間が進行を始めるものとする。
(3) 上記(1)ウに該当するときは当該手続が終了した時から，上記(1)エに該当するときはその承認があった時から，新たに前記２又は４の原則的な時効期間と同一の時効期間が進行を始めるものとする。ただし，従前の時効期間の残存期間が原則的な時効期間より長い場合には，時効期間の更新の効力が生じないものとする。

（概要）
　民法第１４７条以下に規定されている時効の中断事由に対しては，ある手続の申立て等によって時効が中断された後，その手続が途中で終了すると中断の効力が生じないとされるなど，制度として複雑で不安定であるという指摘がある。本文は，こうした問題意識を踏まえて，その効果が確定的に覆らなくなり，新たな時効期間が進行を始める時点（同法第１５７条）を捉えて，時効の中断事由を再構成するものである。ここで再構成された事由は，従前と同様に取得時効にも適用可能なものと考えられる。なお，「時効の中断事由」という用語は，時効期間の進行が一時的に停止することを意味するという誤解を招きやすいと指摘されており，適切な用語に改めることが望ましい。ここでは，差し当たり「時効期間の更新事由」という用語を充てている。
　本文(1)ア，イは，「請求」（民法第１４７条第１号）に対応するものであり，裁判上の請求等がされた時ではなく，権利を認める裁判等が確定して新たに時効期間の進行が始まる時（同法第１５７条第２項参照）を捉えて，これを更新事由としている。この場合に，現在は時効の中断事由とされている訴えの提起などの事由は，時効の停止事由とすることが考えられる（後記７）。
　本文(1)ウは，「差押え，仮差押え又は仮処分」（民法第１４７条第２号）に対応するものである。手続が取り消された場合をただし書で除外しているのは，同法第１５４条の規律を維持したものである。他方，仮差押えや仮処分は，その暫定性に鑑みて更新事由から除外している。
　本文(1)エは，「承認」（民法第１４７条第３号）に対応するものである。
　本文(2)は，確定判決等による更新後の時効期間について，民法第１７４条の２の規律を維持するものである。
　本文(3)は，更新後の時効期間を前記２又は４の原則的な時効期間と同一のものとするものである。これは，時効期間に特則が設けられている場合であっても，一たび時効が更新されたときには，その特則が置かれた趣旨は妥当しなくなるという考え方によるものである。もっとも，時効期間が更新されたために従前の時効期間の残存期間よりも新たに進行を始める時効期間の方が短くなることを避ける必要があるため，その場合には時効期間の更新の効力が生じないものとしている。

７　時効の停止事由
　　時効の停止事由に関して，民法第１５８条から第１６０条までの規律を維持

するほか，次のように改めるものとする。
(1) 次に掲げる事由がある場合において，前記6(1)の更新事由が生ずることなくこれらの手続が終了したときは，その終了の時から6か月を経過するまでの間は，時効は，完成しないものとする。この場合において，その期間中に行われた再度のこれらの手続については，時効の停止の効力を有しないものとする。
　ア　裁判上の請求
　イ　支払督促の申立て
　ウ　和解の申立て又は民事調停法・家事事件手続法による調停の申立て
　エ　破産手続参加，再生手続参加又は更生手続参加
　オ　強制執行，担保権の実行としての競売その他の民事執行の申立て
　カ　仮差押命令その他の保全命令の申立て
(2) 上記(1)アによる時効の停止の効力は，債権の一部について訴えが提起された場合であっても，その債権の全部に及ぶものとする。
(3) 民法第155条の規律を改め，上記(1)オ又はカの申立ては，時効の利益を受ける者に対してしないときは，その者に通知をした後でなければ，時効の停止の効力を生じないものとする。
(4) 民法第153条の規律を改め，催告があったときは，その時から6か月を経過するまでの間は，時効は，完成しないものとする。この場合において，その期間中に行われた再度の催告は，時効の停止の効力を有しないものとする。
(5) 民法第161条の規律を改め，時効期間の満了の時に当たり，天災その他避けることのできない事変のため上記(1)アからカまでの手続を行うことができないときは，その障害が消滅した時から6か月を経過するまでの間は，時効は，完成しないものとする。
(6) 当事者間で権利に関する協議を行う旨の［書面による］合意があったときは，次に掲げる期間のいずれかを経過するまでの間は，時効は，完成しないものとする。
　ア　当事者の一方が相手方に対して協議の続行を拒絶する旨の［書面による］通知をした時から6か月
　イ　上記合意があった時から［1年］
　(注) 上記(6)については，このような規定を設けないという考え方がある。

(概要)
　時効の停止事由に関して，時効の中断事由の見直し（前記6）を踏まえた再編成等を行うものである。ここで再編成された事由も，従前と同様に取得時効にも適用可能なものと考えられる。
　本文(1)第1文は，現在は時効の中断事由とされている裁判上の請求（民法第149条），支払督促の申立て（同法第150条）などの事由を，新たに時効の停止事由とするもので

ある。これらの手続が進行して所期の目的を達した場合（認容判決が確定した場合など）には，前記6(1)の更新事由に該当することになる。他方，その手続が所期の目的を達することなく終了した場合には，本文(1)第1文の時効停止の効力のみを有することとなる。この規律は，いわゆる裁判上の催告に関する判例法理（最判昭和45年9月10日民集24巻10号1389頁等）を反映したものである。本文(1)第2文は，これらの手続の申立てと取下げを繰り返すことによって時効の完成が永続的に阻止されることを防ぐため，本文(1)第1文の時効停止の期間中に行われた再度のこれらの手続については，時効停止の効力を有しないものとしている（後記(4)第2文と同趣旨）。

　本文(2)は，債権の一部について訴えが提起された場合の取扱いを定めるものである。判例（最判昭和34年2月20日民集13巻2号209頁）は，債権の一部についてのみ判決を求める旨を明示して訴えが提起された場合には，時効中断の効力もその一部についてのみ生ずるとしているが，裁判上の請求が時効の停止事由と改められること（本文(1)ア）も考慮の上，判例と異なる結論を定めている。これにより，一部請求を明示して債権の一部についての訴えを提起した場合に，その後に請求の拡張をしようとしても，その時までに既に当該債権の残部について時効が完成しているという事態は，生じないことになる。

　本文(3)は，差押え，仮差押え又は仮処分は，時効の利益を受ける者に対してしないときは，その者に通知をした後でなければ，時効の中断の効力を生じないという民法第155条の規律について，これらの事由を時効の中断事由（同法第154条）から停止事由に改めること（上記(1)オ，カ）に伴い，その効果を時効の停止の効力を生じないと改めるものである。

　本文(4)第1文は，民法第153条の「催告」について，実質的には時効の完成間際に時効の完成を阻止する効力のみを有すると理解されていたことを踏まえ，時効の停止事由であることを明記するものである。また，本文(4)第2文では，催告を重ねるのみで時効の完成が永続的に阻止されることを防ぐため，催告によって時効の完成が阻止されている間に行われた再度の催告は，時効停止の効力を有しないものとしている。催告を繰り返しても時効の中断が継続するわけではないとする判例法理（大判大正8年6月30日民録25輯1200頁）を反映したものである。

　本文(5)は，天災等による時効の停止を規定する民法第161条について，現在の2週間という時効の停止期間は短すぎるという指摘があることから，その期間を6か月に改めるものである。

　本文(6)は，当事者間の協議を時効の停止事由とする制度を新設するものである。これは，当事者間で権利に関する協議が継続している間に，時効の完成を阻止するためだけに訴えを提起する事態を回避できるようにすることは，当事者双方にとって利益であることによる。この事由の存否を明確化する観点から，協議の合意が存在することを要求した上で，書面を要するという考え方をブラケットで囲んで提示している。また，時効障害が解消される時点を明確化する観点から，協議続行を拒絶する旨の通知がされた時という基準を用意した上で，ここでも書面を要するという考え方をブラケットで囲んで提示している（本文(6)ア）。さらに，実際上，協議されない状態が継続する事態が生じ得ることから，これへの対応として，当事者間で権利に関する協議を行う旨の合意があった時から［1年］と

いう別の基準も用意している（本文(6)イ）。協議が実際に行われていれば，その都度，この合意があったと認定することが可能なので，本文(6)イの起算点もそれに応じて更新されることになる。以上に対し，当事者間の協議を時効の停止事由とする制度を設ける必要性はないという考え方があり，これを（注）で取り上げている。

8 時効の効果
消滅時効に関して，民法第144条及び第145条の規律を次のように改めるものとする。
(1) 時効期間が満了したときは，当事者又は権利の消滅について正当な利益を有する第三者は，消滅時効を援用することができるものとする。
(2) 消滅時効の援用がされた権利は，時効期間の起算日に遡って消滅するものとする。
（注）上記(2)については，権利の消滅について定めるのではなく，消滅時効の援用がされた権利の履行を請求することができない旨を定めるという考え方がある。

（概要）
消滅時効の効果について定めるものである。ここでの規律を取得時効にも及ぼすかどうかは，今後改めて検討される。
本文(1)は，消滅時効の援用権者について定めるものである。民法第145条は「当事者」が援用するとしているが，判例上，保証人（大判昭和8年10月13日民集12巻2520頁）や物上保証人（最判昭和43年9月26日民集22巻9号2002頁）などによる援用が認められている。本文(1)は，こうした判例法理を踏まえて援用権者の範囲を明文化するものである。判例（最判昭和48年12月14日民集27巻11号1586頁）が提示した「権利の消滅により直接利益を受ける者」という表現に対しては，「直接」という基準が必ずしも適切でないという指摘があるので，それに替わるものとして「正当な利益を有する第三者」という文言を提示しているが，従前の判例法理を変更する趣旨ではない。
本文(2)は，消滅時効の効果について，援用があって初めて権利の消滅という効果が確定的に生ずるという一般的な理解を明文化するものである。判例（最判昭和61年3月17日民集40巻2号420頁）もこのような理解を前提としていると言われている。もっとも，このような理解に対しては，消滅時効の援用があってもなお債権の給付保持力は失われないと解する立場からの異論があり，消滅時効の援用が実務で果たしている機能を必要な限度で表現するという趣旨から，消滅時効の援用がされた権利の履行を請求することができない旨を定めるという考え方が示されており，これを（注）で取り上げた。

第8 債権の目的
1 特定物の引渡しの場合の注意義務（民法第400条関係）
民法第400条の規律を次のように改めるものとする。
(1) 契約によって生じた債権につき，その内容が特定物の引渡しであるときは，

債務者は，引渡しまで，［契約の性質，契約をした目的，契約締結に至る経緯その他の事情に基づき，取引通念を考慮して定まる］当該契約の趣旨に適合する方法により，その物を保存しなければならないものとする。
(2) 契約以外の原因によって生じた債権につき，その内容が特定物の引渡しであるときは，債務者は，引渡しまで，善良な管理者の注意をもって，その物を保存しなければならないものとする。
（注）民法第400条の規律を維持するという考え方がある。

（概要）
　本文(1)は，特定物の引渡しの場合の注意義務（保存義務）の具体的内容が契約の趣旨を踏まえて画定される旨を条文上明記するものである。契約によって生じた債権に関して，保存義務の内容が契約の趣旨を踏まえて画定されることには異論がない。それを条文上も明らかにするものである。
　本文(1)の「契約の趣旨」とは，合意の内容や契約書の記載内容だけでなく，契約の性質（有償か無償かを含む。），当事者が当該契約をした目的，契約締結に至る経緯を始めとする契約をめぐる一切の事情に基づき，取引通念を考慮して評価判断されるべきものである。裁判実務において「契約の趣旨」という言葉が使われる場合にも，おおむねこのような意味で用いられていると考えられる。このことを明らかにするために，契約の性質，契約をした目的，契約締結に至る経緯や取引通念といった「契約の趣旨」を導く考慮要素を条文上例示することも考えられることから，本文ではブラケットを用いてそれを記載している。
　本文(2)は，契約以外の原因によって生じた債権については，特定物の引渡しの場合の保存義務につき現行の規定内容を維持するものである。
　以上に対して，契約の趣旨に依拠するのみで保存義務の内容を常に確定できるかには疑問があるとして，本文(1)の場合及び本文(2)の場合を通じて，一般的に保存義務の内容を定めている現状を維持すべきであるという考え方があり，これを（注）で取り上げている。

2　種類債権の目的物の特定（民法第401条第2項関係）
　種類債権の目的物の特定（民法第401条第2項）が生ずる事由につき，「債権者と債務者との合意により目的物を指定したとき」を付加するものとする。

（概要）
　民法第401条第2項が定める種類債権の目的物の特定が生ずる事由に，債権者と債務者との合意により目的物を指定したときを付加するものである。一般に異論がないとされる解釈に従って，規定内容の明確化を図るものである。

3　外国通貨債権（民法第403条関係）
　民法第403条の規律を次のように改めるものとする。
(1) 外国の通貨で債権額を指定した場合において，別段の意思表示がないときは，債務者は，その外国の通貨で履行をしなければならないものとする。

(2) 外国の通貨で債権額を指定した場合において，別段の意思表示がないときは，債権者は，その外国の通貨でのみ履行を請求することができるものとする。

(概要)
　本文(1)は，民法第４０３条の規定内容を改め，外国の通貨で債権額を指定した場合には，債務者は，別段の意思表示がない限り，その外国の通貨で弁済をしなければならないものとしている。この場合について，同条は，履行地の為替相場により日本の通貨で弁済をすることができるとしているが，この規律については，外国の通貨で債権額を指定したときは，特約がない限りその通貨でのみ弁済をするというのが当事者の合理的意思であって，同条の規定内容は合理性に乏しいとの指摘がある。これを踏まえ，同条の規定内容を改めるものとしている。
　本文(2)は，外国の通貨で債権額を指定した場合には，債権者は，別段の意思表示がない限り，指定に係る外国の通貨でのみ履行を請求することができるとするものである。判例（最判昭和５０年７月１５日民集２９巻６号１０２９頁）は，外国の通貨で債権額を指定した場合であっても，債権者が債務者に対し，履行地の為替相場により日本の通貨での支払を請求することができるとするが，外国の通貨で債権額を指定した場合は，特約がない限りその通貨のみで決済されるとするのが当事者の合理的意思であるとの前記指摘を踏まえ，この判例法理とは異なる内容の規定を設けるものである。
　なお，本文(1)(2)については，金銭債権に基づく強制執行の解釈運用に与える影響の有無等につき慎重な検討が必要であるとの指摘がある。

4　法定利率（民法第４０４条関係）
　(1) 変動制による法定利率
　　　民法第４０４条が定める法定利率を次のように改めるものとする。
　　ア　法改正時の法定利率は年［３パーセント］とするものとする。
　　イ　上記アの利率は，下記ウで細目を定めるところに従い，年１回に限り，基準貸付利率（日本銀行法第３３条第１項第２号の貸付に係る基準となるべき貸付利率をいう。以下同じ。）の変動に応じて［０．５パーセント］の刻みで，改定されるものとする。
　　ウ　上記アの利率の改定方法の細目は，例えば，次のとおりとするものとする。
　　　(ｱ)　改定の有無が定まる日（基準日）は，１年のうち一定の日に固定して定めるものとする。
　　　(ｲ)　法定利率の改定は，基準日における基準貸付利率について，従前の法定利率が定まった日（旧基準日）の基準貸付利率と比べて［０．５パーセント］以上の差が生じている場合に，行われるものとする。
　　　(ｳ)　改定後の新たな法定利率は，基準日における基準貸付利率に所要の調整値を加えた後，これに［０．５パーセント］刻みの数値とするための

所要の修正を行うことによって定めるものとする。
(注1) 上記イの規律を設けない(固定制を維持する)という考え方がある。
(注2) 民法の法定利率につき変動制を導入する場合における商事法定利率(商法第514条)の在り方について、その廃止も含めた見直しの検討をする必要がある。

(概要)

本文アは、低金利の状況が長期間にわたって続いている現下の経済情勢を踏まえ、年5パーセントという法定利率が高すぎるとの指摘がされていることから、当面これを引き下げることとするものである。ここでは、具体的な数値の一つの案として、年3パーセントという数値をブラケットで囲んで提示している。

本文イは、法定利率につき、利率の変動制を採用するものである。法定利率については、一般的な経済情勢の変動等に連動して適切な水準を確保するために、基準貸付利率(日本銀行法第15条第1項第2号、第33条第1項第2号)を指標とする変動制を採用するものとした上で、その具体的な改定の仕組みにつき、緩やかに変動を生じさせる観点から、年1回に限り、かつ、例えば0.5パーセント刻みで改定されるものとしている。これに対して、法定利率の変更は法律改正によるのが相当であるとして、法定利率につき固定制を維持すべきであるとの考え方があり、これを(注1)で取り上げている。

本文ウは、法定利率の改定の仕組みに関する細目として定めるべき内容を例示するものである。具体的な検討事項として、①改定の有無が定まる基準日の在り方(本文ウ(ア))、②法定利率の改定を直前に法定利率が定まった日の基準貸付利率と比べて乖離幅が一定の数値以上であったときに限ることの要否(同(イ)。その乖離幅として、差し当たり0.5パーセントをブラケットで囲んで提示している。)、③基準貸付利率に所定の数値を加えた上、それが小数点以下の数値を0.5刻みとするための所要の修正の在り方(同(ウ))を挙げている。

(注2)では、商事法定利率(商法第514条)の見直しを取り上げている。現在年6パーセントの固定制とされている商事法定利率については、民法の法定利率を変動制へと改めるのに伴い、①廃止する、②変動制による同法の法定利率に年1パーセントを加えたものとするなどの見直しの要否を検討する必要があると考えられる。

(2) 法定利率の適用の基準時等
　ア　利息を生ずべき債権について別段の意思表示がないときは、その利率は、利息を支払う義務が生じた最初の時点の法定利率によるものとする。
　イ　金銭の給付を内容とする債務の不履行については、その損害賠償の額は、当該債務につき債務者が遅滞の責任を負った最初の時点の法定利率によるものとする。
　ウ　債権の存続中に法定利率の改定があった場合に、改定があった時以降の当該債権に適用される利率は、改定後の法定利率とするものとする。

(概要)
　本文アは，民法第404条を改め，利息を生ずべき債権について別段の意思表示がないときは，その利率は，利息を支払う義務（支分権たる具体的な利息債権）が生じた最初の時点の法定利率によるものとしている。
　本文イは，民法第419条第1項本文を改め，金銭の給付を目的とする債務の不履行については，その損害賠償の額は，当該債務につき債務者が遅滞の責任を負った最初の時点の法定利率によることとしている。なお，同項ただし書は維持することを前提としている。
　本文ウは，法定利率が適用される債権が存続している間に法定利率の改定があった場合に，当該債権に適用される利率も改定するものとしている。

(3) 中間利息控除
　損害賠償額の算定に当たって中間利息控除を行う場合には，それに用いる割合は，年[5パーセント]とするものとする。
　　（注）このような規定を設けないという考え方がある。また，中間利息控除の割合についても前記(1)の変動制の法定利率を適用する旨の規定を設けるという考え方がある。

(概要)
　損害賠償の額を算定するに当たって中間利息控除をするか否かは解釈に委ねることを前提に，現行の法定利率に代えて中間利息控除をする場合に用いるべき割合（固定割合）を定めるものである。判例（最判平成17年6月14日民集59巻5号983頁）は，損害賠償額の算定に当たっての中間利息控除には，法定利率を用いなければならないとするが，前記(1)のとおり法定利率を変動制に改める場合には，法定利率をそのまま中間利息控除に利用する根拠が希薄になるほか，実際上，どの時点の法定利率を参照すべきであるか等の疑義が生じ得る。そこで，本文では，現在参照されている固定制の法定利率をそのまま維持する規定を設けることとし，その具体的な数値として現行の年5パーセントをブラケットで囲んで示している。
　これに対しては，規定を設けるべきでないという考え方がある。これは，変動制であっても引き続き法定利率を参照すればよいという理解を含め，解釈論に委ねるという立場である。また，前記(1)の変動制の法定利率（具体的には，不法行為の時などの基準時の法定利率）を適用する旨の明文規定を設けるべきであるという考え方がある。これらの考え方を（注）で取り上げている。

5　選択債権（民法第406条ほか関係）
　選択債権に関する民法第406条から第411条までの規律を基本的に維持した上で，次のように改めるものとする。
　(1) 民法第409条の規律に付け加えて，第三者が選択をすべき場合には，その選択の意思表示は，債権者及び債務者の承諾がなければ撤回することができないものとする。

(2) 民法第410条を削除するものとする。
(3) 選択の対象である給付の中に履行請求権の限界事由（後記第9，2に掲げる事由をいう。）があるものがある場合（第三者が選択をすべき場合を除く。）において，その事由が選択権を有する当事者による選択権付与の趣旨に反する行為によって生じたときは，その選択権は，相手方に移転するものとする。

（概要）
本文(1)は，選択債権につき第三者が選択をすべき場合（民法第409条）に関して，当該選択の意思表示を撤回するための要件につき，異論のない解釈を条文上明記するものである。
本文(2)は，民法第410条を削除するものである。選択の対象である給付に履行請求権の限界事由（その意義につき，後記第9，2）に該当するものがあっても，それによって選択の対象は当然には限定されないものとして，不能となった対象を選択して契約の解除をするなど選択権付与の趣旨に即したより柔軟な解決を可能とするためである。
本文(3)は，選択（第三者が選択権を有する場合を除く。）の対象である給付につき，履行請求権の限界事由が選択権者による選択権付与の趣旨に反する行為により生じたときは，選択権が相手方に移転する旨の新たな規定を設けるものである。このような場合には，もはや選択権者に選択権を保持させることは相当でなく，選択権を相手方に移転することが利害調整として適切であると考えられることによる。

第9 履行請求権等
 1 債権の請求力
    債権者は，債務者に対して，その債務の履行を請求することができるものとする。

（概要）
民法第3編第2節の「債権の効力」には，履行の強制（同法第414条）や債務不履行による損害賠償（同法第415条）など，債務が任意に履行されない場合に債権者が採り得る方策に関する規定が置かれているが，その前提として，債権者が債務者に対し，その債務の履行を請求することができること（請求力を有すること）については，明示的な規定がない。本文は，この債権の基本的な効力として異論なく認められているところを明文化するものである。

 2 契約による債権の履行請求権の限界事由
    契約による債権（金銭債権を除く。）につき次に掲げるいずれかの事由（以下「履行請求権の限界事由」という。）があるときは，債権者は，債務者に対してその履行を請求することができないものとする。
   ア 履行が物理的に不可能であること。
   イ 履行に要する費用が，債権者が履行により得る利益と比べて著しく過大な

ものであること。
　ウ　その他，当該契約の趣旨に照らして，債務者に債務の履行を請求することが相当でないと認められる事由

(概要)
　契約による債権につき，履行請求権がいかなる事由がある場合に行使できなくなるか（履行請求権の限界）について，明文規定を設けるものである。従来はこれを「履行不能」と称することが一般的であったが，これには物理的に不可能な場合のみならず，過分の費用を要する場合など，日常的な「不能」の語義からは読み取りにくいものが広く含まれると解されている（社会通念上の不能）。そうすると，これを「不能」という言葉で表現するのが適切か否かが検討課題となる。そこで，履行不能に代えて，当面，「履行請求権の限界」という表現を用いることとするが，引き続き適切な表現を検討する必要がある。
　現行民法には，履行請求権の限界について正面から定めた規定はないが，同法第４１５条後段の「履行をすることができなくなったとき」という要件等を手がかりとして，金銭債権を除き，一定の場合に履行請求権を行使することができなくなることは，異論なく承認されている。そこで，本文では，履行請求権が一定の事由がある場合に行使することができなくなることと，その事由の有無が契約の趣旨（その意義につき，前記第８，１参照）に照らして評価判断されることを定めるものとしている（本文ウ）。また，履行請求の限界事由に該当するものの例として，履行が物理的に不可能な場合（本文ア）及び履行に要する費用が履行により債権者が得る利益と比べて著しく過大なものである場合（本文イ）を示すこととしている。

３　履行の強制（民法第４１４条関係）
　民法第４１４条の規律を次のように改めるものとする。
　(1) 債権者が債務の履行を請求することができる場合において，債務者が任意に債務の履行をしないときは，債権者は，民事執行法の規定に従い，直接強制，代替執行，間接強制その他の方法による履行の強制を裁判所に請求することができるものとする。ただし，債務の性質がこれを許さないときは，この限りでないものとする。
　(2) 上記(1)は，損害賠償の請求を妨げないものとする。
　(3) 民法第４１４条第２項及び第３項を削除するものとする。
　（注）上記(3)については，民法第４１４条第２項及び第３項の削除に伴って，その規定内容を民事執行法において定めることと併せて，引き続き検討する必要がある。

(概要)
　本文(1)は，債権の基本的効力の一つとして，国家の助力を得て強制的にその内容の実現を図ることができること（履行の強制）を定めるものである。民法第４１４条第１項の規定内容を基本的に維持しつつ，実体法と手続法を架橋する趣旨で，履行の強制の方法が民

事執行法により定められる旨の文言を付加している。また，同項ただし書は維持するものとしているが，これは，直接強制が許されない場合（同条第2項参照）という意味ではなく，債務の性質上，強制的な債務内容の実現になじまない場合（例として，画家の絵を描く債務等が挙げられる。）を意味するものである。

本文(2)は，民法第414条第4項の規定内容を維持するものである。

本文(3)は，民法第414条第2項及び第3項を削除する（その規定内容を民事執行法で規定する）ものである。同条第2項及び第3項は，強制執行の方法に関わる規定であるため，これを実体法と手続法のいずれに置くべきかという議論があるが，この点について，実体法（民法）においては，同条第2項及び第3項を削除する一方で，本文(1)で示すように，同条第1項に実体法と手続法を架橋する趣旨の文言を挿入するという考え方を提示している。もっとも，同条第2項及び第3項を削除する場合には，これに伴って，代替執行の方法を規定する民事執行法第171条第1項の文言を始めとする規定の整備が必要となり，その点と併せて引き続き検討する必要がある。この点につき，（注）で取り上げている。

第10　債務不履行による損害賠償

1　債務不履行による損害賠償とその免責事由（民法第415条前段関係）

民法第415条前段の規律を次のように改めるものとする。

(1) 債務者がその債務の履行をしないときは，債権者は，債務者に対し，その不履行によって生じた損害の賠償を請求することができるものとする。

(2) 契約による債務の不履行が，当該契約の趣旨に照らして債務者の責めに帰することのできない事由によるものであるときは，債務者は，その不履行によって生じた損害を賠償する責任を負わないものとする。

(3) 契約以外による債務の不履行が，その債務が生じた原因その他の事情に照らして債務者の責めに帰することのできない事由によるものであるときは，債務者は，その不履行によって生じた損害を賠償する責任を負わないものとする。

(概要)

本文(1)は，債務不履行による損害賠償に関する一般的・包括的な根拠規定として，民法第415条前段の規律を維持するものである。もっとも，同条前段の「本旨」という言葉は，今日では法令上の用語として「本質」といった意味で用いられることがあるため，損害賠償の要件としての債務不履行の態様等を限定する趣旨に誤読されるおそれがある。そこで，このような誤読を避ける趣旨で，本文では，「本旨」その他の限定的な文言を付さないで「債務を履行しないとき」と表現している。この「債務の履行をしないとき」は，全く履行しない場合（無履行）のほか，一応の履行はあるもののそれが必要な水準に満たない場合（不完全履行）をも包含する趣旨である（同法第541条参照）。

本文(2)(3)は，債務不履行による損害賠償の一般的な免責要件について定めるものである。一般的な免責要件であるから，後記2及び3の場合にも適用される。現行法では民法第415条後段においてのみ帰責事由の存否が取り上げられている。しかし，債務不履行

の原因が一定の要件を満たすこと（帰責事由の不存在又は免責事由の存在）を債務者が主張立証したときは，損害賠償の責任を免れることについては，異論がないことから，これを条文上明記することとしている。その際の表現ぶりについては，いずれについても同条後段の「責めに帰すべき事由」という文言を維持して，債務不履行の原因につき債務者がそのリスクを負担すべきだったと評価できるか否かによって免責の可否を判断する旨を示すものとしている。そして，契約による債務にあっては，その基本的な判断基準が当該契約の趣旨に求められることを付加する考え方を提示している（本文(2)）。「契約の趣旨」という文言の意味については，前記第8，1と同様である。他方，契約以外による債務にあっては，契約による債務についての規定内容とパラレルに，債務不履行の原因につき債務者においてそのリスクを負担すべきであったか否かを，債務の発生原因たる事実及びこれをめぐる一切の事情（これを「債務が生じた原因その他の事情」と表現している。）に照らして判断されることを示すものとしている（本文(3)）。

なお，民法第415条後段の規定内容は，履行に代わる損害賠償に関する規定として別途取り上げている（後記3）。

2 履行遅滞の要件（民法第412条関係）
　民法第412条の規律を維持した上で，同条第2項の規律に付け加えて，債権者が不確定期限の到来したことを債務者に通知し，それが債務者に到達したときも，債務者はその到達の時から遅滞の責任を負うものとする。

（概要）
　不確定期限のある債務の履行遅滞の要件（民法第412条第2項）につき，債権者がその期限の到来を債務者に通知し，それが到達した場合には，債務者の知・不知を問わないで，その到達の時から遅滞の責任が生ずると解されていることから，このような異論のない解釈を条文上明記するものである。到達があったとされるための要件は，前記第3，4(2)(3)による。

3 債務の履行に代わる損害賠償の要件（民法第415条後段関係）
　民法第415条後段の規律を次のように改めるものとする。
(1) 次のいずれかに該当する場合には，債権者は，債務者に対し，債務の履行に代えて，その不履行による損害の賠償を請求することができるものとする。
　ア　その債務につき，履行請求権の限界事由があるとき。
　イ　債権者が，債務不履行による契約の解除をしたとき。
　ウ　上記イの解除がされていない場合であっても，債権者が相当の期間を定めて債務の履行の催告をし，その期間内に履行がないとき。
(2) 債務者がその債務の履行をする意思がない旨を表示したことその他の事由により，債務者が履行をする見込みがないことが明白であるときも，上記(1)と同様とするものとする。
(3) 上記(1)又は(2)の損害賠償を請求したときは，債権者は，債務者に対し，

その債務の履行を請求することができないものとする。

（概要）
　本文(1)は，民法第４１５条後段の履行不能による損害賠償に相当する規定として，新たに，債権者が債務者に対してその債務の履行に代えて不履行による損害の賠償（填補賠償）を請求するための要件を定めるものである。填補賠償の具体的な要件については，現行民法には明文規定がないことから，一般的な解釈等を踏まえてそのルールを補うものである。もとより，前記１(2)又は(3)の免責事由がここでも妥当することを前提としている。
　本文(1)アは，ある債務が履行請求権の限界事由に該当する（履行不能である）場合に，填補賠償請求権が発生するという，異論のない解釈を明文化するものである。現在の民法第４１５条後段の「履行をすることができなくなったとき」に相当するものであるが，履行請求権の限界につき前記第９，２のとおり規定を設けるものとしており，本文(1)アでは，それを引用して，履行に代わる損害賠償を請求するための要件として規定するものとしている。なお，同条後段の「債務者の責めに帰すべき事由」については，債務不履行による損害賠償一般の免責事由として前記１(2)及び(3)において取り扱っている。
　本文(1)イは，債務者の債務不履行により債権者が契約の解除をしたことを填補賠償を請求するための要件として明記するものである。前記１(2)の免責事由がここでも妥当するから，債務者に帰責事由がある不履行により債権者が契約の解除をした場合の帰結として従来から異論がないとされるところを明文化するものである。
　本文(1)ウは，債権者が相当の期間を定めて履行の催告をしたにもかかわらず債務者が当該期間内に履行をしなかった場合（民法第５４１条参照）には，契約の解除をしなくても填補賠償を請求することができる旨を定めるものである。この場合に，現行法の解釈上，契約の解除をしないで填補賠償の請求をすることができるか否かについては，学説は分かれているものの，次のような場面で，履行に代わる損害賠償の請求を認めるべき実益があると指摘されている。例えば，継続的供給契約の給付債務の一部に不履行があった場合に，継続的供給契約自体は解除しないで，不履行に係る債務のみについて填補賠償を請求するような場面や，交換契約のように自己の債務を履行することに利益があるような場面で，債権者が契約の解除をしないで自己の債務は履行しつつ，債務者には填補賠償を請求しようとする場面である。本文(1)ウは，このような実益に基づく要請に応えようとするものである。
　本文(2)は，履行期の前後を問わず，債務者が履行の意思がないことを表示したことなどにより，履行がされないであろうことが明白な場合を，履行に代わる損害賠償を請求するための要件として条文上明記するものである。履行期前の履行拒絶によって履行に代わる損害賠償を請求できるか否かについて明示に判断した判例はないが，履行不能を柔軟に解釈して対処した判例があるとの指摘があるほか，履行期前であっても履行が得られないことが明らかとなった場合には，履行期前に履行不能になったときと同様に填補賠償請求権を行使できるようにすることが適切であるとの指摘がある。また，履行期前の履行拒絶の場合にも，債権者が契約を解除しないで填補賠償を請求できるようにすることに実益があると考えられることは，上記(1)ウと同様である。本文(2)は，これらを踏まえたものであ

る。

　本文(3)は，本文(1)又は(2)により履行に代わる損害賠償の請求をした後は，履行請求権を行使することができないものとしている。本文(1)ウと(2)のように履行請求権と填補賠償請求権とが併存する状態を肯定する場合には，本来の履行請求と填補賠償請求のいずれを履行すべきかがいつまでも不確定であると，債務者が不安定な地位に置かれ得ることなどを考慮したものである。規定の具体的な仕組み方は引き続き検討する必要があるが，例えば，選択債権の規律にならったものとすることが考えられる（民法第407条，第408条参照）。

4　履行遅滞後に履行請求権の限界事由が生じた場合における損害賠償の免責事由

**　　履行期を経過し債務者が遅滞の責任を負う債務につき履行請求権の限界事由が生じた場合には，債務者は，その限界事由が生じたことにつき前記1(2)又は(3)の免責事由があるときであっても，前記3の損害賠償の責任を負うものとする。ただし，履行期までに債務を履行するかどうかにかかわらず履行請求権の限界事由が生ずべきであったとき（前記1(2)又は(3)の免責事由があるときに限る。）は，その責任を免れるものとする。**

（概要）

　債務者に帰責事由がある履行遅滞中に履行不能が生じた場合には，履行不能につき債務者の帰責事由がない場合であっても，債務者は不履行による損害賠償責任を負うとするのが判例（大判明治39年10月29日民録12輯1358頁等）であり，学説にも異論を見ない。また，この場合であっても，債務者の帰責事由がない履行不能が履行を遅滞するか否かにかかわらずに生じたと認められる場合には，債務者が債務不履行による損害賠償責任を免れることにつき，異論はない。以上の規律を明文化するものである。

5　代償請求権

**　　履行請求権の限界事由が生じたのと同一の原因により債務者が債務の目的物の代償と認められる権利又は利益を取得した場合において，債務不履行による損害賠償につき前記1(2)又は(3)の免責事由があるときは，債権者は，自己の受けた損害の限度で，その権利の移転又は利益の償還を請求することができるものとする。**

　　（注）「債務不履行による損害賠償につき前記1(2)又は(3)の免責事由があるとき」という要件を設けないという考え方がある。

（概要）

　履行不能と同一の原因によって債務者が利益を得たときは，債権者は，自己が受けた損害の限度で，債務者に対し，その利益の償還を請求することができるとするのが判例（最判昭和41年12月23日民集20巻10号2211頁）・通説である。本文は，この代償

請求権を明文化するものである。代償請求権は，債務者が第三者に対して有する権利の移転を求めることも内容としており，この点で債務者の財産管理に関する干渉となる側面もあることから，上記判例が示した要件に加え，履行に代わる損害賠償請求権につき債務者に免責事由があること要するものとして，代償請求権の行使は補充的に認められるものとしている。これに対し，代償請求権を補充的な救済手段として位置付ける必要はないとして，債務者が履行に代わる損害賠償義務を免れるとの要件は不要であるとの考え方があり，これを（注）で取り上げている。

6 契約による債務の不履行における損害賠償の範囲（民法第416条関係）
　　民法第416条の規律を次のように改めるものとする。
　(1) 契約による債務の不履行に対する損害賠償の請求は，当該不履行によって生じた損害のうち，次に掲げるものの賠償をさせることをその目的とするものとする。
　　ア　通常生ずべき損害
　　イ　その他，当該不履行の時に，当該不履行から生ずべき結果として債務者が予見し，又は契約の趣旨に照らして予見すべきであった損害
　(2) 上記(1)に掲げる損害が，債務者が契約を締結した後に初めて当該不履行から生ずべき結果として予見し，又は予見すべきものとなったものである場合において，債務者がその損害を回避するために当該契約の趣旨に照らして相当と認められる措置を講じたときは，債務者は，その損害を賠償する責任を負わないものとする。
　(注1) 上記(1)アの通常生ずべき損害という要件を削除するという考え方がある。
　(注2) 上記(1)イについては，民法第416条第2項を基本的に維持した上で，同項の「予見」の主体が債務者であり，「予見」の基準時が不履行の時であることのみを明記するという考え方がある。

（概要）
　本文(1)は，債務不履行による損害賠償の範囲を定める民法第416条について，同条第1項の文言を基本的に維持しつつ，同条第2項にいう「予見」の対象を改めるとともにその主体・時期を明示するなど，規定内容の具体化・明確化等を図るものである。
　本文(1)アは，民法第416条第1項の「通常生ずべき損害」を維持するものである。この「通常生ずべき損害」は，本文(1)イによって包摂される関係にあると考えられ，そうすると本文(1)アの「通常生ずべき損害」という文言は不要であるという考え方がある。この考え方を（注1）で取り上げている。
　本文(1)イでは，民法第416条第2項につき，以下のような改正を加えるものとしている。
　まず，「予見」の対象を「損害」に改めている。「事情」と「損害」とはもともと截然と区別できないものであって，予見の対象を「損害」としても具体的な事案における結論に

差は生じないとの指摘があることを考慮したものである。なお，「損害」の意義につき，金銭評価を経ない事実として捉えるか，金銭評価を経た賠償されるべき数額として捉えるかについては，引き続き解釈に委ねるものとしている。

当該損害が賠償の対象となるための要件である「予見」が，当該損害につき当該不履行から生じる蓋然性についての評価を含む概念であることを明確にするために「当該不履行から生ずべき結果」という表現を用いている。

民法第４１６条第２項における予見の主体と基準時について，判例・通説は，予見の主体は債務者で，予見可能か否かの基準時は不履行時と解しているとされる（大判大正７年８月２７日民録２４輯１６５８頁）。これを踏まえ，この判例法理を条文に明記することにより，規定内容の明確化を図っている。

民法第４１６条第２項の「予見することができた」という文言を「予見すべきであった」と改めている。ここにいう予見可能性とは，ある損害が契約をめぐる諸事情に照らして賠償されるべきか否かを判断するための規範的な概念であるとされており，そのことをより明確に法文上表現するのが適切であると考えられることによる。このような賠償範囲の確定は，契約の趣旨に照らして評価判断されるべきであると考えられることから，本文(1)イに「当該契約の趣旨」（その意義につき，前記第８，１参照）という判断基準を明示している。

以上に対し，現行法との連続性を重視して，民法第４１６条第２項が予見の対象を「（特別の）事情」としているのを維持しつつ，予見の主体及び基準時につき上記判例法理を明記するにとどめるべきであるとの考え方があり，これを（注２）で取り上げている。

本文(2)は，本文(1)記載の要件に該当する損害のうち，債務者が契約を締結した後に初めて予見し，又は予見すべきとなったものについては，当該損害を回避するために契約の趣旨に照らして相当と認められる措置を講じた場合には，債務者が当該損害の賠償を免れるものとしている。本文(1)の規律のみを設ける場合には，契約締結時と履行期が離れている場合に，契約締結後に予見し又は予見すべきものとなった損害を全て賠償の対象とすることになり得るが，それでは賠償範囲が広くなり過ぎて妥当でないとの指摘があることを踏まえたものである。

なお，契約以外による債務の不履行による損害賠償の範囲については，特段の規定を設けず，解釈に委ねるものとしている。

7 過失相殺の要件・効果（民法第４１８条関係）

民法第４１８条の規律を次のように改めるものとする。

債務の不履行に関して，又はこれによる損害の発生若しくは拡大に関して，それらを防止するために状況に応じて債権者に求めるのが相当と認められる措置を債権者が講じなかったときは，裁判所は，これを考慮して，損害賠償の額を定めることができるものとする。

（概要）

現行民法第４１８条は，債務不履行につき債権者に過失があった場合の過失相殺を規定

しているが，この規定については，以下の改正を施すものとしている。
　民法第418条の文言では，債務の不履行に関する過失のみが取り上げられているが，債務不履行による損害の発生又は拡大に関して債権者に過失があった場合にも過失相殺が可能であることは，異論なく承認されていることから，このことを規定上も明確化するものとしている。
　民法第418条の「過失」という概念については，同法第709条の「過失」と同様の意味であるとは解されておらず，損害の公平な分担という見地から，債権者が損害を軽減するために契約の趣旨や信義則に照らして期待される措置をとったか否かによって判断されているとの指摘がある。これを踏まえ，同法第418条の「過失」という要件につき，「状況に応じて債権者に求めるのが相当と認められる措置を債権者が講じなかったとき」と改めているが，この文言の当否については引き続き検討する必要がある。ここで「状況に応じて」としているのは，契約の趣旨や信義則を踏まえて，損害の軽減等のために，不履行又は損害の発生・拡大が生じた時点において債権者にいかなる措置を期待することができたかを画定すべきことを示す趣旨である。
　民法第418条は，債権者の過失を考慮して「損害賠償の責任及びその額を定める」としているが，この文言からは，過失相殺が必要的であり，かつ，過失相殺により損害賠償の責任そのものを否定することが可能であると読める。しかし，不法行為に関する過失相殺を規定する同法第722条は，過失相殺を裁量的なものとしているとともに，責任自体の否定（全額の免除）はできないものとされているところ，債務不履行に関する過失相殺についても，同様の取扱いをすべきであるとの指摘がある。そこで，債務不履行による損害賠償に関する過失相殺についても，同条に合わせて，過失相殺をするか否かにつき裁判所の裁量の余地があることと，過失相殺の効果として損害賠償の減額のみをすることができる（全額の免除まではできない）旨を，条文上明記するものとしている。

8　損益相殺
　　債務者が債務の不履行による損害賠償の責任を負うべき場合において，債権者がその不履行と同一の原因により利益を得たときは，裁判所は，これを考慮して，損害賠償の額を定めるものとする。

（概要）
　債務不履行により債権者が損害を被る反面において利益を得た場合に，賠償されるべき額を算定するに当たって，当該利益を賠償すべき額の減額要因として考慮する取扱い（いわゆる損益相殺）は，一般的な考え方として実務に定着しており，学説にも異論がないと考えられる。この取扱いにつき，明文化する規定を新たに設けるものである。

9　金銭債務の特則（民法第419条関係）
　（1）民法第419条の規律に付け加えて，債権者は，契約による金銭債務の不履行による損害につき，同条第1項及び第2項によらないで，損害賠償の範囲に関する一般原則（前記6）に基づき，その賠償を請求することができる

ものとする。
(2) 民法第419条第3項を削除するものとする。
(注1) 上記(1)については，規定を設けないという考え方がある。
(注2) 上記(2)については，民法第419条第3項を維持するという考え方がある。

(概要)
　本文(1)は，民法第419条第1項及び第2項の規律を維持しつつ（同条第1項に，変動制による法定利率の適用の基準時を付加することにつき，前記第8，4参照），契約による金銭債務の不履行については，同条第1項及び第2項によらずに，前記6（損害賠償の範囲についての一般原則）に基づき，不履行による損害の賠償を請求することができるとするものである。金銭債務の不履行による損害賠償につき，同条第1項及び第2項は利息に関しては証明を要せずに請求できるものとしている。他方，判例は，同条第1項所定の額を超える損害の賠償（利息超過損害の賠償）を否定している（最判昭和48年10月11日判時723号44頁）。しかし，諾成的消費貸借に基づく貸付義務の不履行の場面などを念頭に，利息超過損害の賠償を認めるべき実際上の必要性が存在するとの指摘があり，また，流動性の高い目的物の引渡債務を念頭に，非金銭債務と金銭債務とで，損害賠償の範囲につきカテゴリカルに差異を設ける合理性は乏しいとの指摘がある。そこで，この判例法理を改めるものである。
　他方，契約以外を原因とする金銭債務については，損害賠償の範囲に関する独自のルールを設けずに解釈に委ねることとの関係で（前記6の（概要）欄参照），金銭債務の不履行による利息超過損害を請求することの可否も，引き続き解釈に委ねるものとしている。
　本文(1)については，不履行による損害の特定が困難であるという金銭債務の特殊性を踏まえると上記判例には合理性があるとして，このような規定を設けないとの考え方があり，これを（注1）で取り上げている。
　本文(2)は，金銭債務の履行遅滞についても債務不履行の一般原則（前記1(2)(3)）により免責され得ることを前提に，民法第419条第3項を単純に削除するとするものである。同項は，金銭債務の不履行につき，「不可抗力をもって抗弁とすることができない。」とし，この解釈として，金銭債務の不履行については一切の免責が認められないものとされている。この点については，比較法的にも異例なほど債務者に厳格であると批判されているほか，大規模な自然災害等により債務者の生活基盤が破壊され地域の経済活動全体に甚大な被害が発生して，送金等が極めて困難となった場合でも履行遅滞につき一切免責が認められないというのは，債務者に過酷であり，具体的妥当性を欠く場合があるとの指摘があることを踏まえたものである。
　本文(2)については，実務において反復的かつ大量に発生する金銭債務につき逐一免責の可否を問題にすることは紛争解決のコストを不必要に高めるおそれがあることなどを理由に，民法第419条第3項を維持するとの考え方があり，これを（注2）で取り上げている。

10 賠償額の予定（民法第４２０条関係）
　(1) 民法第４２０条第１項後段を削除するものとする。
　(2) 賠償額の予定をした場合において，予定した賠償額が，債権者に現に生じた損害の額，当事者が賠償額の予定をした目的その他の事情に照らして著しく過大であるときは，債権者は，相当な部分を超える部分につき，債務者にその履行を請求することができないものとする。
　（注１）上記(1)については，民法第４２０条第１項後段を維持するという考え方がある。
　（注２）上記(2)については，規定を設けないという考え方がある。

（概要）

　本文(1)は，民法第４２０条第１項後段を削除するものである。同項後段は，賠償額の予定がされた場合に，裁判所がこれを増減することができないと明文で規定するが，このような規定は比較法的にも異例であると言われており，その文言にもかかわらず，実際には，公序良俗（同法第９０条）等による制約があることについては異論なく承認されていることを踏まえてのものである。この点につき，賠償額に関する当事者の合意を尊重する観点から，同法第４２０条第１項後段を維持するとの考え方があり，これを（注１）で取り上げている。

　本文(2)は，賠償額の予定をした場合において，予定賠償額が著しく過大であったときには，債権者は，相当な部分を越える部分につき，債務者に請求することができないとするものである。下級審裁判例では，実際に生じた損害額あるいは予想される損害額と比して過大な賠償額が予定されていた場合に，公序良俗違反（民法第９０条）とし，一部無効の手法により認容賠償額を減額したものが多い。このような裁判実務や，諸外国の立法の動向等をも踏まえ，賠償額の予定についても，債権者に著しく過大な利得を与えるなど不当な帰結に至るような場合には，一定の要件の下で制約が及ぶこととその効果を条文に明記して，当事者の予測可能性を確保することを意図したものである。

　本文(2)については，実務上合理性のある賠償額の予定の効力まで否定されるおそれがあるとして，規定を設けないとの考え方があり，これを（注２）で取り上げている。

第11　契約の解除

1　債務不履行による契約の解除の要件（民法第５４１条ほか関係）

　民法第５４１条から第５４３条までの規律を次のように改めるものとする。

　(1) 当事者の一方がその債務を履行しない場合において，相手方が相当の期間を定めて履行の催告をし，その期間内に履行がないときは，相手方は，契約の解除をすることができるものとする。ただし，その期間が経過した時の不履行が契約をした目的の達成を妨げるものでないときは，この限りでないものとする。

　(2) 当事者の一方がその債務を履行しない場合において，その不履行が次に掲げるいずれかの要件に該当するときは，相手方は，上記(1)の催告をすること

なく，契約の解除をすることができるものとする。
　ア　契約の性質又は当事者の意思表示により，特定の日時又は一定の期間内に履行をしなければ契約をした目的を達することができない場合において，当事者の一方が履行をしないでその時期を経過したこと。
　イ　その債務の全部につき，履行請求権の限界事由があること。
　ウ　上記ア又はイに掲げるもののほか，当事者の一方が上記(1)の催告を受けても契約をした目的を達するのに足りる履行をする見込みがないことが明白であること。
(3) 当事者の一方が履行期の前にその債務の履行をする意思がない旨を表示したことその他の事由により，その当事者の一方が履行期に契約をした目的を達するのに足りる履行をする見込みがないことが明白であるときも，上記(2)と同様とするものとする。
　(注) 解除の原因となる債務不履行が「債務者の責めに帰することができない事由」(民法第５４３条参照)による場合には，上記(1)から(3)までのいずれかに該当するときであっても，契約の解除をすることができないものとするという考え方がある。

(概要)
　本文(1)は，催告解除について規定する民法第５４１条を基本的に維持した上で，付随的義務違反等の軽微な義務違反が解除原因とはならないとする判例法理(最判昭和３６年１１月２１日民集１５巻１０号２５０７頁等)に基づき，一定の事由がある場合には解除をすることができない旨の阻却要件を付加するものである。この阻却要件の主張立証責任は，解除を争う当事者が負うものとしている。この阻却要件の条文表現については更に検討する必要があるが，その具体例としては，履行を遅滞している部分が数量的にごく一部である場合や，不履行に係る債務自体が付随的なものであり，契約をした目的の達成に影響を与えないものである場合などが考えられる。
　本文(2)は，債務不履行があった場合に，催告を要しないで契約の解除をするための要件を提示するものである。本文(1)及び(2)を通じて，その不履行が「債務者の責めに帰することができない事由」によるものであった場合を除外する要件(民法第５４３条参照)は，設けていない。この点については，契約の解除の要件に関する伝統的な考え方を踏襲すべきであるとして，債務不履行が「債務者の責めに帰することができない事由」によるものであることを債務不履行による契約の解除に共通の阻却要件として設けるべきであるとの考え方があり，これを(注)で取り上げている。
　本文(2)アは，定期行為の履行遅滞による無催告解除について規定する民法第５４２条を維持するものである。
　本文(2)イは，民法第５４３条のうち「履行の全部(中略)が不能となったとき」の部分を維持するものである。この部分(全部不能)は，定型的に契約の目的を達成するだけの履行をする見込みがない場合に該当する代表例であり，同ウの要件を検討する必要がないと考えられることから，独立の要件として明示することとした。

本文(2)ウは，同ア又はイに該当しない場合であっても，当事者が本文(1)の催告を受けても契約をした目的を達するのに足りる履行をする見込みがないことが明らかなときに，相手方が無催告解除をすることができるとするものである。無催告解除は，催告が無意味であるとして不履行当事者への催告による追完の機会の保障を不要とするものであることから，同ア（定期行為の無催告解除）とのバランスという観点からも，「催告を受けても契約をした目的を達するのに足りる履行をする見込みがないことが明白である」ことを，解除をする当事者が主張立証すべきものとしている。民法第５４３条のうち「履行の（中略）一部が不能となったとき」の部分は，ここに包摂される。このほか，同ウは，同法第５６６条第１項や第６３５条による無催告解除も包摂するものとなる。
　本文(3)は，履行期の前にその債務の履行をする意思がない旨を表示したことその他の事由により，その当事者の一方が履行期に契約をした目的を達するのに足りる履行をする見込みがないことが明白であるときに，履行期の到来を待たずに無催告で契約の解除ができるとするものである。履行期前に債務者が履行を拒絶したような場面について，判例は，履行不能を柔軟に認定して，早期に契約関係から離脱して代替取引を可能にするとの要請に応えてきたと指摘されており（大判大正１５年１１月２５日民集５巻７６３頁等），それを踏まえたものである。これによる解除も，債務不履行による契約の解除であるとして，解除した者は履行に代わる損害賠償請求権を行使することができる（前記第１０，３(2)）。

　２　複数契約の解除
　　同一の当事者間で締結された複数の契約につき，それらの契約の内容が相互に密接に関連付けられている場合において，そのうち一の契約に債務不履行による解除の原因があり，これによって複数の契約をした目的が全体として達成できないときは，相手方は，当該複数の契約の全てを解除することができるものとする。
　　（注）このような規定を設けないという考え方がある。

（概要）
　同一当事者間で締結された複数の契約の一部に不履行があった場合には，本文のような要件の下で複数の契約全部を解除することができるとした判例（最判平成８年１１月１２日民集５０巻１０号２６７３頁）があり，これは一般化することが可能な法理であるとの考え方があることから，これを明文化するものである。これに対して，上記判例は提示する要件が不明確であるなどとして，明文化すべきでないという考え方があり，これを（注）で取り上げている。

　３　契約の解除の効果（民法第５４５条関係）
　　民法第５４５条の規律を次のように改めるものとする。
　(1) 当事者の一方がその解除権を行使したときは，各当事者は，その契約に基づく債務の履行を請求することができないものとする。
　(2) 上記(1)の場合には，各当事者は，その相手方を原状に復させる義務を負う

ものとする。ただし、第三者の権利を害することはできないものとする。
(3) 上記(2)の義務を負う場合において、金銭を返還するときは、その受領の時から利息を付さなければならないものとする。
(4) 上記(2)の義務を負う場合において、給付を受けた金銭以外のものを返還するときは、その給付を受けたもの及びそれから生じた果実を返還しなければならないものとする。この場合において、その給付を受けたもの及びそれから生じた果実を返還することができないときは、その価額を償還しなければならないものとする。
(5) 上記(4)により償還の義務を負う者が相手方の債務不履行により契約の解除をした者であるときは、給付を受けたものの価額の償還義務は、自己が当該契約に基づいて給付し若しくは給付すべきであった価額又は現に受けている利益の額のいずれか多い額を限度とするものとする。
(6) 解除権の行使は、損害賠償の請求を妨げないものとする。
(注) 上記(5)について、「自己が当該契約に基づいて給付し若しくは給付すべきであった価値の額又は現に受けている利益の額のいずれか多い額」を限度とするのではなく、「給付を受けた者が当該契約に基づいて給付し若しくは給付すべきであった価値の額」を限度とするという考え方がある。

(概要)
本文(1)は、解除権行使の効果として、両当事者がその契約に基づく債務の履行を請求することができなくなる旨の規定を新たに設けるものである。現行法の解釈として異論のないところを明文化するものであり、いわゆる直接効果説と間接効果説の対立に関して特定の立場を採るものではない。
本文(2)は民法第545条第1項を、本文(3)は同条第2項を、それぞれ維持するものである。
本文(4)は、民法第545条第1項本文の原状回復義務の具体的内容として、受領した給付が金銭以外の場合の返還義務の内容を定める規定を新たに設けるものである。受領した給付のほか、その給付から生じた果実を返還する義務を負うこととしている。それらの返還をすることができないときには、近時の有力な学説を踏まえ、返還できない原因の如何を問わず、その給付等の客観的な価額を償還する義務を負うものとしている（同様の考え方に基づくものとして、前記第5、2(1)参照）。
本文(5)は、償還義務者が相手方の債務不履行により契約の解除をした者である場合に限り、本文(4)による給付それ自体の価額が自己の負担する反対給付の価額又は現に受けている利益の額のいずれか多いほうを上回るときは、自己の負担する反対給付の価額又は現に受けている利益の額のいずれか多いほうを上限として償還すれば足りる旨の規律を設けるものである。これは、反対給付の価額を超える償還義務を負うとすると、目的物の価額が反対給付の価額を上回っていた場合に、債務の履行に落ち度のない償還義務者に不測の損害を与えるおそれがあり、ひいては解除をちゅうちょさせることにもなりかねないことを考慮したものである。もっとも、自己が負担する反対給付の価額よりも自己が受けた給付

による現存利益の額（例えば，給付の目的物を転売して得た代金の額）のほうが高いときは，自己が受けた給付の客観的な価額を下回る限りで，現存利益の額を上限としても不合理ではない。そこで，給付の価額償還義務は，反対給付の価額か現存利益のいずれか多いほうを限度としている（自己が受けた給付の客観的価額がその負担する反対給付の価額を下回るときは，前者のみを償還すれば足りる）。なお，「現に受けている利益の額」を上限とする考え方は一般的に確立したものではないとして，上限とするのは，自己が負担する反対給付の価額のみとすべきであるとの考え方があり，これを（注）で取り上げている。

本文(6)は，民法第５４５条第３項を維持するものである。

4 解除権の消滅（民法第５４７条及び第５４８条関係）
(1) 民法第５４７条の規定は，解除権を有する者の履行請求権につき履行請求権の限界事由があり，かつ，履行に代わる損害賠償につき前記第１０，１(2)の免責事由があるときは，適用しないものとする。
(2) 民法第５４８条を削除するものとする。

（注）上記(1)については，規定を設けないという考え方がある。

（概要）

本文(1)は，民法第５４７条につき，解除権者の履行請求権に限界事由があり，かつ，債務不履行による損害賠償につき免責事由がある場合には，適用しないものとする規定を設けるものとしている。解除の相手方からの催告により解除権が消滅するものとする同条については，同法第５４３条が適用される場面において債務者の帰責事由がないときも解除を認めるものとすることにより，次のような問題が新たに生じる。すなわち，履行請求権の限界事由（履行不能）により履行請求権を行使できない場合において，債務不履行による損害賠償につき免責事由（前記第１０，１）がある場合には，債権者は，履行に代わる損害賠償を請求することができない。この場合に，同法第５４７条の催告により債権者が解除権を失うとすると，債権者は自らの債務については履行義務を負いながら債権の履行を受けることができず，かつ履行に代わる損害賠償の請求もできないこととなる。これは，もともと同条が想定していない事態であり，債権者に酷であると考えられる。本文(1)は，この問題に対応するものである。これについては，解除の要件として帰責事由を不要とする考え方に反対する立場から規定を設けるべきでないとする考え方があるほか，解除の要件として帰責事由を不要とする考え方からも，解除を受けるべき当事者の法的地位の安定を図る同条の趣旨を重視して，本文(1)のような規定を設けるべきでないとの考え方がある。これを（注）で取り上げている。

本文(2)は，民法第５４８条を削除するものである。同条の規律については，例えば，売買契約の目的物に瑕疵があった場合に，買主がそれを知らないまま加工等したときにも解除権が消滅するなど，その帰結が妥当でない場合があると指摘されている。そして，解除権者が同条第１項の要件を満たす加工等をした場合であっても，目的物の価額返還による原状回復（前記３）で処理をすれば足りるから，解除権を否定するまでの必要はないとの指摘がある。本文(2)は，これらの指摘を踏まえたものである。

第12 危険負担
1 危険負担に関する規定の削除（民法第534条ほか関係）
民法第534条，第535条及び第536条第1項を削除するものとする。
（注）民法第536条第1項を維持するという考え方がある。

（概要）
1 民法第534条及び第535条について
　民法第534条については，契約締結と同時に債権者が目的物の滅失又は損傷の危険を負担するとの帰結が不当であるとして，かねてから批判されている。また，その適用場面を目的物の引渡時以降とする有力な学説があるが，これを踏まえた規定については，売買のパートにおいて，いわゆる危険の移転時期に関するルールとして明文化するものとしている（後記第35，14）。そこで，同条を契約の通則として維持する必要性はないため，同条を削除するものとしている。
　民法第535条のうち第1項及び第2項は，同法第534条の特則であるから，その削除に伴って当然に削除することとなる。また，同法第535条第3項の規定内容は，債務不履行による損害賠償や契約の解除に関する一般ルールから導くことができ，存在意義が乏しいと考えられている。以上を踏まえ，同条を全体として削除するものとしている。
2 民法第536条第1項について
　当事者双方の帰責事由によらない履行不能の場合に債務者の反対給付を受ける権利も消滅する旨を定める民法第536条第1項については，もともと同条が「前二条に規定する場合」以外の場面を対象としていることから，この規定を適用して処理される実例が乏しく，判例等も少ないことが指摘されている。その上，同条が適用されると想定される個別の契約類型において，危険負担的な処理をすることが適当な場面については，契約各則のパートにおいてその旨の規定を設けるものとされている（賃貸借につき，後記第38，10及び12。請負につき，後記第40，1。委任につき，後記第41，1。雇用につき，後記第42，1）。また，それ以外の同条第1項の適用が問題となり得る場面については，今回の改正により，履行不能による契約の解除の要件として債務者の帰責事由（同法第543条ただし書）を不要とする場合には（前記第11，1），債権者は契約の解除をすることにより自己の対価支払義務を免れることができる。そうすると，実際の適用場面を想定しにくい同法第536条第1項を維持して，機能の重複する制度を併存させるよりも，解除に一元化して法制度を簡明にする方がすぐれているように思われる。以上を踏まえ，同項は，削除するものとしている。他方，解除制度と危険負担制度とが併存する現行の体系を変更すべきでないとして，同項に定められた規律を維持すべきであるとの考え方があり，これを（注）で取り上げている。

2　債権者の責めに帰すべき事由による不履行の場合の解除権の制限（民法第５３６条第２項関係）
　(1)　債務者がその債務を履行しない場合において，その不履行が契約の趣旨に照らして債権者の責めに帰すべき事由によるものであるときは，債権者は，契約の解除をすることができないものとする。
　(2)　上記(1)により債権者が契約の解除をすることができない場合には，債務者は，履行請求権の限界事由があることにより自己の債務を免れるときであっても，反対給付の請求をすることができるものとする。この場合において，債務者は，自己の債務を免れたことにより利益を得たときは，それを債権者に償還しなければならないものとする。

（概要）
　本文(1)は，債権者の帰責事由による履行不能の場面に関する民法第５３６条第２項の実質的な規律を維持しつつ，民法第５３６条第１項を削除し解除に一元化すること（前記１）に伴う所要の修正を加えるものである。ここでは，債権者が解除権を行使することができないことの帰結として，現行法と同様に反対給付を受ける権利が消滅しないという効果を導いている。また，「債権者の責めに帰すべき事由」という要件の存否につき，契約の趣旨に照らして判断することを明示している。債権者の帰責事由がある場合に解除権を否定すべきことは，履行不能か履行遅滞かによって異なるものではないと解されることから，履行請求権の限界事由（不能）があるか否かは要件としていない。
　本文(2)は，本文(1)により債権者が契約を解除することができない場合に，債務者が履行請求権の限界により自己の債務を免れるときであっても，反対給付を請求することができる旨を規定するものであり，民法第５３６条第２項の規律を維持するものである。同項の「反対給付を受ける権利を失わない」との文言については，これによって未発生の反対給付請求権が発生するか否かが明確でないとの指摘があることを踏まえ，反対給付の請求をすることができるという規定ぶりに改めることとしている。債務者が自己の債務を免れた場合に，それにより得た利益を償還する義務を負うとする点は，同項後段を維持するものである。
　なお，本文(2)と同趣旨のルールが契約各則に設けられる場合には，それが優先的に適用される（賃貸借につき，後記第３８，１０。請負につき，後記第４０，１(3)。委任につき，後記第４１，３(3)。雇用につき，後記第４２，１(2)）。

第13　受領（受取）遅滞
　民法第４１３条の規律を次のように改めるものとする。
　債権者が債務の履行を受けることを拒み，又は受けることができないときは，履行の提供があった時から，次の効果が生ずるものとする。
　ア　増加した履行の費用は，債権者が負担するものとする。
　イ　債権の内容が特定物の引渡しであるときは，債務者は，引渡しまで，前記第８，１の区分に従い，それぞれ前記第８，１よりも軽減される保存義務を

負うものとする。
(注) 前記第8，1で民法第400条の規律を維持することとする場合には，上記イにつき「自己の財産に対するのと同一の注意」をもって保存する義務を負う旨を定めるという考え方がある。

(概要)
　いわゆる受領遅滞の効果につき「遅滞の責めを負う」とのみ規定する民法第413条を改め，その具体的な効果として，増加費用の負担（本文ア。同法第485条ただし書参照）及び目的物の保存義務の軽減（本文イ）を明文化するものである。後者については，契約によって生じた債権とそれ以外の債権との区分（前記第8，1参照）に対応した規定を設けることが考えられるが，それをどのように法文上表現するかについては，引き続き検討する必要がある。契約によって生じた債権とそれ以外の債権の区分をしない（同法第400条を維持する）場合には，「自己の財産に対するのと同一の注意」による保存義務を負う旨を規定するという考え方があり得る。それを（注）で取り上げている。なお，ここで言う「受領」という文言は，客体の性状についての承認といった意思的要素を含まない物理的な引取行為（受取り）を指すものとして整理することが考えられる。
　なお，受領遅滞の効果といわれているもののうち，債務不履行による損害賠償の責任を負わず，契約の解除をされないことについては，弁済の提供（民法第492条）の効果として整理し，弁済のパートに規定を設けるものとしている（後記第22，8）。
　また，債権者の給付の不受領を債務不履行となる場合の損害賠償及び契約の解除や，受領を拒み，又は受領不能に至った場合の危険の移転については，いずれも売買のパートに規定を設けるものとしている（後記第36，10及び同14）。これらの規定は，民法第559条により有償契約に適宜準用される。

第14　債権者代位権
1　責任財産の保全を目的とする債権者代位権
　(1) 債権者は，自己の債権を保全するため必要があるときは，債務者に属する権利を行使することができるものとする。
　(2) 債権者は，被保全債権の期限が到来しない間は，保存行為を除き，上記(1)の権利の行使をすることができないものとする。
　(3) 次のいずれかに該当する場合には，債権者は，上記(1)の権利の行使をすることができないものとする。
　　ア　当該権利が債務者の一身に専属するものである場合
　　イ　当該権利が差押えの禁止されたものである場合
　　ウ　被保全債権が強制執行によって実現することのできないものである場合
　(注) 上記(1)については，債務者の無資力を要件として明記するという考え方がある。

(概要)

本文(1)は，民法第４２３条第１項本文の規律の内容を維持した上で，保全の必要性があることを要する旨を明確にするため，同項本文の「保全するため」の次に「必要があるときは」という文言を補うものである。ただし，いわゆる転用型の債権者代位権については，後記９で規律することとしている。また，本来型の債権者代位権については，債務者の無資力を要件とする判例法理（最判昭和４０年１０月１２日民集１９巻７号１７７７頁）を明文化すべきであるという考え方があり，これを（注）で取り上げている。責任財産の保全を目的とする本来型の債権者代位権において一般的に債務者の無資力が要件となることについては，上記判例法理を明文化するかどうかにかかわらず，本文(1)の前提とされている。

　本文(2)は，民法第４２３条第２項の規定による裁判上の代位の制度を廃止するほかは，同項の規定を維持するものである。裁判上の代位の制度については，その利用例が乏しく，基本的には民事保全の制度によって代替可能であると考えられること等から，これを廃止する。これに伴って，非訟事件手続法第８５条から第９１条までの規定は，削除することとなる。

　本文(3)アは，民法第４２３条第１項ただし書の規定を維持するものである。本文(3)イ及びウは，債権者代位権を行使することができない場合に関して，解釈上異論のないところを明文化するものである。

２　代位行使の範囲

　　債権者は，前記１の代位行使をする場合において，その代位行使に係る権利の全部を行使することができるものとする。この場合において，当該権利の価額が被保全債権の額を超えるときは，債権者は，当該権利以外の債務者の権利を行使することができないものとする。
　　（注）被代位権利の行使範囲を被保全債権の額の範囲に限定するという考え方がある。

（概要）

　被代位権利の価額が被保全債権の額を超える場合であっても，その被代位権利の全部を行使することができるとする一方，その場合には他の権利を行使することができない旨を定めるものであり，民事執行法第１４６条第１項及び民事保全法第５０条第５項と基本的に同様の趣旨のものである。判例（最判昭和４４年６月２４日民集２３巻７号１０７９頁）は，被代位権利を行使することができる範囲を被保全債権の額の範囲に限定しており，本文は，これよりも代位行使の範囲を拡げている。上記判例は，債権者代位権についていわゆる債権回収機能が認められていること（後記３の概要参照）を考慮したものとの指摘がされており，後記３の見直しの当否とも関連する。もっとも，後記３(2)のように債権回収機能を否定する場合であっても，代位債権者が後記３(1)により直接の引渡請求をする場合には，被代位権利の行使範囲を被保全債権の額の範囲に限定すべきであるという考え方があり，これを（注）で取り上げている。

3 代位行使の方法等
　(1) 債権者は，前記1の代位行使をする場合において，その代位行使に係る権利が金銭その他の物の引渡しを求めるものであるときは，その物を自己に対して引き渡すことを求めることができるものとする。この場合において，相手方が債権者に対して金銭その他の物を引き渡したときは，代位行使に係る権利は，これによって消滅するものとする。
　(2) 上記(1)により相手方が債権者に対して金銭その他の物を引き渡したときは，債権者は，その金銭その他の物を債務者に対して返還しなければならないものとする。この場合において，債権者は，その返還に係る債務を受働債権とする相殺をすることができないものとする。
　　(注1) 上記(1)については，代位債権者による直接の引渡請求を認めない旨の規定を設けるという考え方がある。
　　(注2) 上記(2)については，規定を設けない（相殺を禁止しない）という考え方がある。

（概要）
　本文(1)第1文は，代位債権者による直接の引渡しの請求が認められることを示すものであり，判例法理（大判昭和10年3月12日民集14巻482頁）を明文化するものである。もっとも，この判例に対しては，債権者代位権の債権回収機能を否定する立場から，代位債権者による直接の引渡請求を認めた上で相殺を禁止するのではなく，直接の引渡請求自体を否定すべきであるという考え方があり，これを（注1）で取り上げている。
　本文(1)第2文は，代位債権者に対する直接の引渡しによって被代位権利が消滅することを示すものであり，解釈上異論のないところを明文化するものである。
　本文(2)は，代位債権者が直接の引渡しを受けた物を債務者に返還する債務を負うこと，代位債権者はその返還債務（金銭債務）を受働債権とする相殺をすることができないこと（債権回収機能の否定）をそれぞれ示すものである。判例（上記大判昭和10年3月12日等）は，本文(2)のような規定のない現行法の下で，債権回収機能は妨げられないことを前提としており，この考え方を（注2）で取り上げている。しかし，同じ機能を果たしている強制執行制度（債権差押え）と比較すると，代位債権者は，被保全債権の存在が債務名義によって確認されず，債務者や第三債務者の正当な利益を保護するための手続も履践されないままに，責任財産の保全という制度趣旨を超えて被保全債権の強制的な満足を得ており，制度間の不整合が生じているとの批判がされている。本文(2)は，このような不整合を是正する趣旨で，新たな規定を設けることとするものである。この規定の下では，代位債権者は，第三債務者から直接受領した金銭の債務者への返還債務（自己に対して債務者が有する返還債権）に対して強制執行（債権執行）をすることになる。なお，そもそも当初から本来型の債権者代位権を利用せずに，被代位権利（金銭債権）に対して民事保全（債権仮差押え）及び強制執行（債権差押え）をすることも可能である。

4 代位債権者の善管注意義務
　債権者は，前記1の代位行使をするときは，善良な管理者の注意をもって，これをしなければならないものとする。

（概要）
　代位債権者が善管注意義務を負うことを示すものであり，判例法理（大判昭和15年3月15日民集19巻586頁）を明文化するものである。なお，代位債権者と債務者との関係についての法律構成（事務管理や法定委任など）については，引き続き解釈に委ねることとなる。上記判例もこの法律構成については明らかにしていない。

5 債権者代位権の行使に必要な費用
　債権者は，前記1の代位行使をするために必要な費用を支出したときは，債務者に対し，その費用の償還を請求することができるものとする。この場合において，債権者は，その費用の償還請求権について，共益費用に関する一般の先取特権を有するものとする。

（概要）
　債権者代位権の行使に必要な費用を支出した代位債権者が費用償還請求権を取得すること，その費用償還請求権について共益費用に関する一般の先取特権（民法第306条第1号）を有することをそれぞれ示すものである。債権者代位権が行使された場合における費用負担についての一般的な理解に従った規定を設けることにより，ルールの明確化を図るものである。費用償還請求権の共益性については，とりわけ債権回収機能が否定される場合には，異論のないところであると考えられる。

6 代位行使の相手方の抗弁
　前記1の代位行使の相手方は，債務者に対する弁済その他の抗弁をもって，債権者に対抗することができるものとする。

（概要）
　代位行使の相手方（第三債務者）が債務者に対して有する抗弁を代位債権者に対しても主張することができるとするものであり，判例法理（大判昭和11年3月23日民集15巻551頁）を明文化するものである。債権者代位権に基づいて行使される被代位権利が債務者の第三債務者に対する権利であることによる当然の帰結でもある。

7 債務者の処分権限
　債権者が前記1の代位行使をした場合であっても，債務者は，その代位行使に係る権利について，自ら取立てその他の処分をすることを妨げられないものとする。その代位行使が訴えの提起による場合であっても，同様とするものとする。

（概要）
　債権者代位権が行使された場合であっても，被代位権利についての債務者の処分権限は制限されないとするものである。判例には，代位債権者が債権者代位権の行使に着手し，債務者がその通知を受けるか，又はその権利行使を了知したときは，債務者は被代位権利についての処分権限を失い，自ら訴えを提起することができないとするものがある（大判昭和１４年５月１６日民集１８巻５５７頁）。これに対しては，もともと債権者代位権は，債務者の権利行使の巧拙などには干渉することができず，債務者が自ら権利行使をしない場合に限ってその行使が認められるものであること等から，債務者の処分権限を奪うのは過剰であるとの批判があるため，判例と異なる帰結を明文化するものである。なお，現在の裁判実務においては，債権者代位訴訟の係属中に債務者が被代位権利を訴訟物とする別訴を提起することは重複訴訟の禁止（民事訴訟法第１４２条）に反するとされているため，債務者としては債権者代位訴訟に参加するという方法を採ることになる。

8　訴えの提起による債権者代位権の行使の場合の訴訟告知
　債権者は，訴えの提起によって前記１の代位行使をしたときは，遅滞なく，債務者に対し，訴訟告知をしなければならないものとする。

（概要）
　債権者代位訴訟を提起した代位債権者は債務者に対する訴訟告知をしなければならないとするものであり，株主代表訴訟に関する会社法第８４９条第３項を参考として，合理的な規律を補うものである。債権者代位訴訟における代位債権者の地位は，株主代表訴訟における株主と同じく法定訴訟担当と解されており，その判決の効力は被担当者である債務者にも及ぶとされているにもかかわらず（民事訴訟法第１１５条第１項第２号），現在は債務者に対する訴訟告知を要する旨の規定がないため，その手続保障の観点から問題があるとの指摘がされている。

9　責任財産の保全を目的としない債権者代位権
(1) 不動産の譲受人は，譲渡人が第三者に対する所有権移転の登記手続を求める権利を行使しないことによって，自己の譲渡人に対する所有権移転の登記手続を求める権利の実現が妨げられているときは，譲渡人の第三者に対する当該権利を行使することができるものとする。
(2) 上記(1)の代位行使のほか，債権者は，債務者に属する権利が行使されないことによって，自己の債務者に対する権利の実現が妨げられている場合において，その権利を実現するために他に適当な方法がないときは，その権利の性質に応じて相当と認められる限りにおいて，債務者に属する権利を行使することができるものとする。
(3) 上記(1)又は(2)による代位行使については，その性質に反しない限り，前記１(3)及び２から８までを準用するものとする。

(注1) 上記(1)については，規定を設けないという考え方がある。
(注2) 上記(2)については，その要件を「債権者代位権の行使により債務者が利益を享受し，その利益によって債権者の権利が保全される場合」とするという考え方がある。また，規定を設けない（解釈に委ねる）という考え方がある。

(概要)
　本文(1)は，転用型の債権者代位権（責任財産の保全を目的としない債権者代位権）の代表例として，判例上確立された不動産登記請求権を被保全債権とする不動産登記請求権の代位行使の例（大判明治４３年７月６日民録１６輯５３７頁）を明文化するものである。転用型の債権者代位権の一般的な要件に関する本文(2)に先立って，その具体例を示すことを意図するものである。もっとも，そのような具体例を示す規定を設ける必要はないという考え方があり，これを（注１）で取り上げている。
　本文(2)は，転用型の債権者代位権の一般的な要件を定めるものである。①債務者に属する権利が行使されないことによって自己の債務者に対する権利の実現が妨げられていること（必要性），②その権利を実現するために他に適当な方法がないこと（補充性），③その権利の性質に応じて相当と認められること（相当性）を要件とするものである。もっとも，転用型の債権者代位権の要件に関しては，「その権利の行使により債務者が利益を享受し，その利益によって債権者の権利が保全されるという関係が存在することを要する」と説示した判例（最判昭和３８年４月２３日民集１７巻３号３５６頁）があり，この考え方を（注２）で取り上げている。この判例に対しては，具体的な事案に即した判断であって必ずしも汎用性のある要件を定立したものではないとの指摘や，捉え方次第で広くもなり狭くもなり得る不明確な要件であるとの指摘がされている。他方，そもそも転用型の債権者代位権の行使が認められる範囲を適切に画する要件を設けることは困難であるから，個別の事案に応じた解釈に委ねるのが相当であるとして，本文(2)のような一般的な規定を設けずに引き続き解釈に委ねるべきであるという考え方があり，これも（注２）で取り上げている。
　本文(3)は，転用型の債権者代位権に関して，その性質に反しない限り本来型の債権者代位権と同様の規律を及ぼすことを示すものである。前記１(3)及び２から８までを包括的に準用しつつ，性質に反するかどうかを解釈に委ねることとしている。例えば，転用型の債権者代位権は責任財産の保全を目的とするものではないため，その代位行使に必要な費用の償還請求権（前記５第１文）について共益費用に関する一般の先取特権（前記５第２文）が問題となることはない。したがって，前記５第２文は，解釈上準用されないと考えられる。このほか，前記１(3)イ（差押禁止債権の代位行使），３(2)（債権回収機能の否定）についても，転用型の債権者代位権においては問題とならないため，解釈上準用されないと考えられる。

第15　詐害行為取消権
1　受益者に対する詐害行為取消権の要件
(1) 債権者は，債務者が債権者を害することを知ってした行為の取消しを裁判

所に請求することができるものとする。
(2) 債権者は，上記(1)の請求において，上記(1)の行為の取消しとともに，受益者に対し，当該行為によって逸出した財産の返還を請求することができるものとする。
(3) 上記(1)の請求においては，債務者及び受益者を被告とするものとする。
(4) 上記(1)の請求は，被保全債権が上記(1)の行為の前に生じたものである場合に限り，することができるものとする。
(5) 上記(1)の請求は，次のいずれかに該当する場合には，することができないものとする。
　ア　受益者が，上記(1)の行為の当時，債権者を害すべき事実を知らなかった場合
　イ　上記(1)の行為が財産権を目的としないものである場合
　ウ　被保全債権が強制執行によって実現することのできないものである場合
(注1) 上記(1)については，債務者の無資力を要件として明記するという考え方がある。
(注2) 上記(3)については，債務者を被告とするのではなく，債務者に対する訴訟告知を取消債権者に義務付けるとする考え方がある。
(注3) 上記(4)については，被保全債権が上記(1)の行為の後に生じたものである場合であっても，それが上記(1)の行為の前の原因に基づいて生じたものであるときは，詐害行為取消権を行使することができるとする考え方がある。

(概要)
　本文(1)は，民法第４２４条第１項本文の規律の内容を維持した上で，詐害行為取消しの対象を「法律行為」から「行為」に改めるものである。詐害行為取消しの対象は，厳密な意味での法律行為に限らず，弁済，時効中断事由としての債務の承認（民法第１４７条第３号），法定追認の効果を生ずる行為（同法第１２５条）などを含むと解されていることを理由とする。また，詐害行為取消権について債務者の無資力を要件とする判例法理（大判昭和１２年２月１８日民集１６巻１２０頁等）を明文化すべきであるという考え方があり，これを（注１）で取り上げている。詐害行為取消権について債務者の無資力が要件となることについては，上記判例法理を明文化するかどうかにかかわらず，１及び後記２から４までを通じて本文の前提とされている。
　本文(2)は，詐害行為取消訴訟の性格について，詐害行為の取消しを求める形成訴訟としての性格と，逸出財産の返還を求める給付訴訟としての性格とを併有すると捉えるものであり（折衷説），この限度において判例法理（大連判明治４４年３月２４日民録１７輯１１７頁）を明文化するものである。
　本文(3)は，詐害行為取消訴訟において受益者のみならず債務者をも被告としなければならないとするものである。判例（上記大連判明治４４年３月２４日）は，詐害行為取消しの効果が債務者には及ばないことを理由に，債務者を被告とする必要はないとしている。

しかし，詐害行為取消しによって逸出財産が債務者の責任財産に回復され，強制執行の対象となるにもかかわらず，詐害行為取消しの効果が債務者に及ばないとするのは，整合的でないとの批判がされている。この批判を踏まえて詐害行為取消しの効果を債務者にも及ぼすのであれば，債務者にも詐害行為取消訴訟に関与する機会を保障する必要がある。本文(3)は，以上の観点から，判例とは異なる規律を明文化するものである。もっとも，詐害行為取消しの効果が債務者にも及ぶことを前提としつつも，取消債権者の手続上の負担等を考慮して，債務者を被告とするのではなく，債務者に対する訴訟告知を取消債権者に義務付ければ足りるという考え方があり，これを（注2）で取り上げている。

本文(4)は，被保全債権が詐害行為の前に生じたものであることを要件とするものであり，判例法理（最判昭和33年2月21日民集12巻2号341頁，最判昭和46年9月21日民集25巻6号823頁）を明文化するものである。なお，本文(4)は，被保全債権に係る遅延損害金については詐害行為の後に生じたものであっても被保全債権たり得ること（最判平成8年2月8日集民178号215頁）を否定するものではないが，さらに，被保全債権が詐害行為の前の原因に基づいて生じたものである場合一般について，詐害行為取消権の行使を認めるべきであるという考え方があり，これを（注3）で取り上げている。

本文(5)アは，民法第424条第1項ただし書の規定を維持するものである。本文(5)イは，同条第2項の規定を維持するものである。本文(5)ウは，詐害行為取消権を行使することができない場合に関して，解釈上異論のないところを明文化するものである。

2　相当の対価を得てした行為の特則

(1) 債務者が，その有する財産を処分する行為をした場合において，受益者から相当の対価を取得しているときは，債権者は，次に掲げる要件のいずれにも該当する場合に限り，その行為について前記1の取消しの請求をすることができるものとする。

　　ア　当該行為が，不動産の金銭への換価その他の当該処分による財産の種類の変更により，債務者において隠匿，無償の供与その他の債権者を害する処分（以下「隠匿等の処分」という。）をするおそれを現に生じさせるものであること。

　　イ　債務者が，当該行為の当時，対価として取得した金銭その他の財産について，隠匿等の処分をする意思を有していたこと。

　　ウ　受益者が，当該行為の当時，債務者が隠匿等の処分をする意思を有していたことを知っていたこと。

(2) 上記(1)の適用については，受益者が債務者の親族，同居者，取締役，親会社その他の債務者の内部者であったときは，受益者は，当該行為の当時，債務者が隠匿等の処分をする意思を有していたことを知っていたものと推定するものとする。

（概要）

本文(1)は，相当価格処分行為に対する詐害行為取消権の要件について，破産法第161

条第１項と同様の規定を設けるものである。破産法は、経済的危機に直面した債務者と取引をする相手方が否認権行使の可能性を意識して萎縮するおそれがあることなどを考慮し、相当価格処分行為に対する否認の対象範囲を限定しつつ明確化している。このように取引の相手方を萎縮させるおそれがある点では、詐害行為取消権も同様であるとの指摘がされている。また、現状では、否認の対象にはならない行為が詐害行為取消しの対象になるという事態が生じ得るため、平時における債権者が詐害行為取消権を行使することができるのに、破産手続開始後における破産管財人は否認権を行使することができないという結果が生じてしまうとの問題も指摘されている。本文(1)は、以上の観点から、破産法と同様の規定を設けるものである。

本文(2)は、破産法第１６１条第２項と同様の趣旨のものである。

3 特定の債権者を利する行為の特則

(1) 債務者が既存の債務についてした担保の供与又は債務の消滅に関する行為について、債権者は、次に掲げる要件のいずれにも該当する場合に限り、前記1の取消しの請求をすることができるものとする。

　ア　当該行為が、債務者が支払不能であった時にされたものであること。ただし、当該行為の後、債務者が支払不能でなくなったときを除くものとする。

　イ　当該行為が、債務者と受益者とが通謀して他の債権者を害する意図をもって行われたものであること。

(2) 上記(1)の行為が債務者の義務に属せず、又はその時期が債務者の義務に属しないものである場合において、次に掲げる要件のいずれにも該当するときは、債権者は、その行為について前記1の取消しの請求をすることができるものとする。

　ア　当該行為が、債務者が支払不能になる前３０日以内にされたものであること。ただし、当該行為の後３０日以内に債務者が支払不能になった後、債務者が支払不能でなくなったときを除くものとする。

　イ　当該行為が、債務者と受益者とが通謀して他の債権者を害する意図をもって行われたものであること。

(3) 上記(1)又は(2)の適用については、受益者が債務者の親族、同居者、取締役、親会社その他の債務者の内部者であったときは、それぞれ上記(1)イ又は(2)イの事実を推定するものとする。上記(1)の行為が債務者の義務に属せず、又はその方法若しくは時期が債務者の義務に属しないものであるときも、同様とするものとする。

(4) 上記(1)の適用については、債務者の支払の停止（上記(1)の行為の前１年以内のものに限る。）があった後は、支払不能であったものと推定するものとする。

(概要)

本文(1)は，偏頗行為に対する詐害行為取消権について，①債務者が支払不能の時に行われたものであること，②債務者と受益者とが通謀して他の債権者を害する意図をもって行われたものであることを要件とするものである。判例（最判昭和３３年９月２６日民集１２巻１３号３０２２頁）は，債務者と受益者とが通謀して他の債権者を害する意思をもって行われた弁済に限り，詐害行為取消しの対象になるとする。他方，破産法第１６２条第１項第１号は，債務者（破産者）が支払不能になった後に行われた偏頗行為に限り，否認の対象になるとする。本文(1)は，この判例法理の要件と破産法の要件との双方を要求するものである。支払不能の要件を課すことによって，否認の対象にならない偏頗行為が詐害行為取消しの対象になるという事態を回避し，通謀・詐害意図の要件を課すことによって，真に取り消されるべき不当な偏頗行為のみを詐害行為取消しの対象にすることを意図するものである。なお，受益者の主観的要件（支払不能の事実や債権者を害すべき事実についての悪意）は，通謀・詐害意図の要件に包摂されると考えられる。
　本文(2)は，破産法第１６２条第１項第２号と同様の趣旨のものである。本文(1)と同様に，破産法上の要件と通謀・詐害意図の要件との双方を要求している。
　本文(3)は，破産法第１６２条第２項と同様の趣旨のものである。なお，本文(2)の柱書の事実が主張立証されると，本文(3)第２文の要件を充足することになるため，本文(2)イの事実が推定されることになる。
　本文(4)は，破産法第１６２条第３項と同様の趣旨のものである。

 4　過大な代物弁済等の特則
　　債務者がした債務の消滅に関する行為であって，受益者の受けた給付の価額が当該行為によって消滅した債務の額より過大であるものについて，前記１の要件（受益者に対する詐害行為取消権の要件）に該当するときは，債権者は，その消滅した債務の額に相当する部分以外の部分に限り，前記１の取消しの請求をすることができるものとする。

（概要）
　破産法第１６０条第２項と同様の趣旨のものである。債務の消滅に関する行為には前記３の規律が及ぶため，過大な代物弁済等が前記３の要件に該当するときは，その代物弁済等によって消滅した債務の額に相当する部分かそれ以外の部分かにかかわらず，その代物弁済等の全部の取消しを請求することができる。このことを前提に，本文は，過大な代物弁済等が前記３の要件に該当しない場合であっても，前記１の要件に該当するときは，その代物弁済等によって消滅した債務の額に相当する部分以外の部分に限り，前記１の取消しの請求をすることができるとするものである。

 5　転得者に対する詐害行為取消権の要件
　　(1) 債権者は，受益者に対する詐害行為取消権を行使することができる場合において，その詐害行為によって逸出した財産を転得した者があるときは，次のア又はイに掲げる区分に応じ，それぞれ当該ア又はイに定める場合に限り，

転得者に対する詐害行為取消権の行使として，債務者がした受益者との間の行為の取消しを裁判所に請求することができるものとする。
　ア　当該転得者が受益者から転得した者である場合
　　　当該転得者が，その転得の当時，債務者がした受益者との間の行為について債権者を害すべき事実を知っていた場合
　イ　当該転得者が他の転得者から転得した者である場合
　　　当該転得者のほか，当該転得者の前に転得した全ての転得者が，それぞれの転得の当時，債務者がした受益者との間の行為について債権者を害すべき事実を知っていた場合
(2) 債権者は，上記(1)の請求において，上記(1)の行為の取消しとともに，転得者に対し，当該行為によって逸出した財産の返還を請求することができるものとする。
(3) 上記(1)の請求においては，債務者及び転得者（上記(1)及び(2)の請求の相手方である転得者に限る。）を被告とするものとする。
(4) 上記(1)の適用については，転得者が債務者の親族，同居者，取締役，親会社その他の債務者の内部者であったときは，当該転得者は，その転得の当時，債務者がした受益者との間の行為について債権者を害すべき事実を知っていたものと推定するものとする。
　(注)　上記(3)については，債務者を被告とするのではなく，債務者に対する訴訟告知を取消債権者に義務付けるとする考え方がある。

(概要)
　本文(1)は，破産法第170条第1項第1号を参考としつつも，同号が「前者に対する否認の原因」についての転得者の悪意を要求しているため「前者の悪意」についての転得者の悪意（いわゆる二重の悪意）を要求する結果となっていることへの批判を踏まえ，そのような二重の悪意を要求せずに，転得者及び前者がいずれも「債権者を害すべき事実」について悪意であれば足りるとするものである。判例（最判昭和49年12月12日集民113号523頁）は，民法第424条第1項ただし書の「債権者を害すべき事実」について，受益者が善意で，転得者が悪意である場合にも，転得者に対する詐害行為取消権の行使を認めているが，破産法は，取引の安全を図る観点から，一旦善意者を経由した以上，その後に現れた転得者に対しては，たとえその転得者が悪意であったとしても，否認権を行使することができないとしている。
　なお，債務者がした受益者との間の行為が前記2(1)（相当価格処分行為）に該当する場合には，前記2(1)イ及びウの事実（債務者が隠匿等の処分をする意思を有していたこと及び受益者がそのことを知っていたこと）についても転得者の悪意が要求されることを想定している。転得者が前記2(1)アの事実（債務者と受益者との間の行為が隠匿等の処分をするおそれを現に生じさせるものであること，例えば当該行為が「不動産の金銭への換価」であること）を知っているだけで転得者の悪意の要件を満たすことになると，転得者の取引の安全が不当に害されるおそれがあるからである。この限りでいわゆる二重の悪意に類

似した要件を要求する結果となるが，上記の不都合を回避するためにはやむを得ないという考慮を前提とする。また，債務者の受益者に対する代物弁済が前記3(1)（偏頗行為）に該当する場合にも，前記3(1)アの事実（債務者が支払不能の時に当該代物弁済がされたこと）についての転得者の悪意に加えて，前記3(1)イの事実（債務者と受益者とが通謀して他の債権者を害する意図をもって当該代物弁済をしたこと）についての転得者の悪意が要求されることを想定している（債務者の受益者に対する代物弁済が前記3(2)に該当する場合も同様である。）。以上のことを条文上も明記すべきか，又は本文(1)ア及びイの「債権者を害すべき事実を知っていた場合」という要件の解釈に委ねるべきかどうかについては，引き続き検討する必要がある。

本文(2)は，前記1(2)と同様の趣旨のものである。

本文(3)は，転得者に対する詐害行為取消訴訟においては，詐害行為の取消請求及び逸出財産の返還請求又は価額償還請求の相手方である転得者のみならず，債務者をも被告としなければならないとするものであり，前記1(3)と同様の趣旨のものである。もっとも，詐害行為取消しの効果が債務者にも及ぶことを前提としつつも，取消債権者の手続上の負担等を考慮して，債務者を被告とするのではなく，債務者に対する訴訟告知を取消債権者に義務付ければ足りるという考え方があり，これを（注）で取り上げている。

本文(4)は，破産法第170条第1項第2号と同様の趣旨のものである。

6 詐害行為取消しの効果

詐害行為取消しの訴えに係る請求を認容する確定判決は，債務者の全ての債権者（詐害行為の時又は判決確定の時より後に債権者となった者を含む。）に対してその効力を有するものとする。

（概要）

詐害行為取消訴訟の認容判決の効力が，債務者の全ての債権者（詐害行為の時又は判決確定の時より後に現れた債権者を含む。）に及ぶことを示すものであり，民法第425条の解釈問題として議論されてきた点に関して，ルールの明確化を図るものである。もっとも，詐害行為取消訴訟の判決の効力が債務者にも及ぶという考え方を採る場合には（前記1(3)，5(3)参照），本文のような規定がなくても，債務者の全ての債権者が債務者の責任財産の回復を前提として債務者に属する当該責任財産に対する強制執行の申立て等をすることができるようにも思われる。仮にそうであるとすれば，本文のような規定の要否についても引き続き検討する必要がある。

7 詐害行為取消しの範囲

債権者は，詐害行為取消権を行使する場合（前記4の場合を除く。）において，その詐害行為の全部の取消しを請求することができるものとする。この場合において，その詐害行為によって逸出した財産又は消滅した権利の価額が被保全債権の額を超えるときは，債権者は，その詐害行為以外の債務者の行為の取消しを請求することができないものとする。

（注）詐害行為取消権の行使範囲を被保全債権の額の範囲に限定するという考え方がある。

（概要）
　詐害行為によって逸出した財産又は消滅した権利等の価額が被保全債権の額を超える場合であっても，その詐害行為の全部の取消しを請求することができるとする一方，その場合には他の詐害行為の取消しを請求することができない旨を定めるものであり，前記第１４，２（代位行使の範囲）と類似の発想に立つものである。判例（大判大正９年１２月２４日民録２６輯２０２４頁）は，被保全債権の額が詐害行為の目的である財産の価額に満たず，かつ，その財産が可分であるときは，被保全債権の額の範囲でのみ詐害行為を取り消すことができるとしているが，前記第１４，２（代位行使の範囲）を踏まえ，詐害行為取消しの範囲を拡げる方向で，判例法理とは異なる規律を明文化するものである。もっとも，取消債権者が後記８(1)ウ又は(2)により直接の引渡請求をする場合には，詐害行為取消権の行使範囲を被保全債権の額の範囲に限定すべきであるという考え方があり，これを（注）で取り上げている。

８　逸出財産の返還の方法等
　(1) 債権者は，前記１(2)又は５(2)により逸出した財産の現物の返還を請求する場合には，受益者又は転得者に対し，次のアからエまでに掲げる区分に応じ，それぞれ当該アからエまでに定める方法によって行うことを求めるものとする。
　　ア　詐害行為による財産の逸出について登記（登録を含む。）がされている場合（下記イの場合を除く。）
　　　　当該登記の抹消登記手続又は債務者を登記権利者とする移転登記手続をする方法
　　イ　詐害行為によって逸出した財産が債権である場合
　　　(ｱ) 当該債権の逸出について債権譲渡通知がされているときは，当該債権の債務者に対して当該債権が受益者又は転得者から債務者に移転した旨の通知をする方法
　　　(ｲ) 当該債権の逸出について債権譲渡登記がされているときは，債権譲渡登記の抹消登記手続又は債務者を譲受人とする債権譲渡登記手続をする方法。ただし，上記(ｱ)の債権譲渡通知の方法によって行うことを求めることもできるものとする。
　　ウ　詐害行為によって逸出した財産が金銭その他の動産である場合
　　　　金銭その他の動産を債務者に対して引き渡す方法。この場合において，債権者は，金銭その他の動産を自己に対して引き渡すことを求めることもできるものとする。
　　エ　上記アからウまでの場合以外の場合
　　　　詐害行為によって逸出した財産の性質に従い，当該財産の債務者への回

復に必要な方法
　(2) 上記(1)の現物の返還が困難であるときは，債権者は，受益者又は転得者に対し，価額の償還を請求することができるものとする。この場合において，債権者は，その償還金を自己に対して支払うことを求めることもできるものとする。
　(3) 上記(1)ウ又は(2)により受益者又は転得者が債権者に対して金銭その他の動産を引き渡したときは，債務者は，受益者又は転得者に対し，金銭その他の動産の引渡しを請求することができないものとする。受益者又は転得者が債務者に対して金銭その他の動産を引き渡したときは，債権者は，受益者又は転得者に対し，金銭その他の動産の引渡しを請求することができないものとする。
　(4) 上記(1)ウ又は(2)により受益者又は転得者が債権者に対して金銭その他の動産を引き渡したときは，債権者は，その金銭その他の動産を債務者に対して返還しなければならないものとする。この場合において，債権者は，その返還に係る債務を受働債権とする相殺をすることができないものとする。
　（注1）上記(1)ウ及び(2)については，取消債権者による直接の引渡請求を認めない旨の規定を設けるという考え方がある。
　（注2）上記(4)については，規定を設けない（相殺を禁止しない）という考え方がある。

(概要)
　本文(1)アは，詐害行為による財産の逸出について登記（登録）がされている場合に関する現物返還の方法について定めるものであり，判例法理（最判昭和39年7月10日民集18巻6号1078頁，最判昭和40年9月17日集民80巻361頁等）を明文化するものである。
　本文(1)イは，詐害行為による債権の逸出について債権譲渡通知がされている場合と債権譲渡登記がされている場合とに分けて，債権の現物返還の方法について定めるものである。債権譲渡の対抗要件に関する後記第18，2(1)の甲案を採る場合において，逸出財産が金銭債権であるときは，常に，①債権譲渡登記の抹消又は移転の登記手続及び②当該登記に関する書面による通知の方法を求めることになる。
　本文(1)ウは，詐害行為によって逸出した財産が金銭その他の動産である場合には，取消債権者は，それを債務者に対して引き渡すことを求めることができる一方，自己に対する直接の引渡しを求めることもできる旨を定めるものであり，判例法理（大判大正10年6月18日民録27輯1168頁）を明文化するものである。もっとも，この判例法理に対しては，詐害行為取消権の債権回収機能を否定する立場から，取消債権者による直接の引渡請求を認めた上で相殺を禁止するのではなく，直接の引渡請求自体を否定すべきであるという考え方があり，これを（注1）で取り上げている。
　本文(1)エは，同アからウまでに該当しない場合の現物返還の方法に関する受皿的な規定を設けるものである。

本文(2)第1文は，価額償還請求の要件について定めるものである。判例（大判昭和7年9月15日民集11巻1841頁等）は，原則として現物返還を命じ，現物返還が不可能又は困難であるときは例外的に価額償還を認めているとされている。本文(2)第1文は，この判例法理を明文化するものである。価額「償還」という文言は，破産法第169条を参照したものである。本文(2)第2文は，本文(1)ウと同様に，取消債権者による直接の支払請求を認めるものである。また，（注1）でこれを認めない考え方を取り上げている。

本文(3)は，詐害行為取消しの効果が債務者にも及ぶことにより（前記1(3), 5(3)参照），詐害行為を取り消す旨の判決が確定すると債務者は自ら受益者又は転得者に対して債権（逸出財産の返還を求める債権等）を取得することになることを前提として，受益者又は転得者が取消債権者に対して直接の引渡しをしたときは，債務者は，受益者又は転得者に対して上記債権を行使することができず，他方，受益者又は転得者が債務者に対して引渡しをしたときは，取消債権者は，受益者又は転得者に対して直接の引渡しを請求することができないことを示すものである。詐害行為取消しの効果を債務者にも及ぼす場合における債務者の受益者又は転得者に対する債権と，取消債権者による直接の引渡請求との関係を整理する趣旨のものである。

本文(4)は，取消債権者が直接の引渡しを受けた金銭その他の動産を債務者に返還する債務を負うこと，取消債権者はその返還債務（金銭債務）を受働債権とする相殺をすることができないこと（債権回収機能の否定）をそれぞれ示すものである。判例（上記大判昭和7年9月15日等）は，本文(4)のような規定のない現行法の下で，債権回収機能は妨げられないことを前提としており，この考え方を（注2）で取り上げている。しかし，責任財産の保全という詐害行為取消権の制度趣旨を超えて被保全債権の強制的な満足を得てしまうこと等に対しては批判があり（前記第14, 3(2)の概要も参照），加えて，詐害行為取消権の場合には，先に弁済を受けた者が後に弁済を受けようとした者から詐害行為取消権を行使されると，後に弁済を受けようとした者のみが債権の回収を実現することになりかねないとの批判もある。本文(4)は，このような観点から，新たな規定を設けることとするものである。この規定の下では，取消債権者は，受益者又は転得者から直接受領した金銭の債務者への返還債務（自己に対して債務者が有する返還債権）に対して強制執行（債権執行）をすることになる。また，受益者又は転得者から直接金銭を受領せずに，詐害行為を取り消す旨の判決の確定によって生ずる債務者の受益者又は転得者に対する上記債権に対して強制執行（債権執行）をすることも可能である。

9　詐害行為取消権の行使に必要な費用
  (1) 債権者は，詐害行為取消権を行使するために必要な費用を支出したときは，債務者に対し，その費用の償還を請求することができるものとする。この場合において，債権者は，その費用の償還請求権について，共益費用に関する一般の先取特権を有するものとする。
  (2) 上記(1)の一般の先取特権は，後記11(2)の特別の先取特権に優先するものとする。

(概要)
　本文(1)は，詐害行為取消権の行使に必要な費用を支出した取消債権者が費用償還請求権を取得すること，その費用償還請求権について共益費用に関する一般の先取特権（民法第３０６条第１号）を有することをそれぞれ示すものである。詐害行為取消権が行使された場合における費用負担についての一般的な理解に従った規定を設けることにより，ルールの明確化を図るものである。費用償還請求権の共益性については，とりわけ債権回収機能が否定される場合には，異論のないところであると考えられる。
　本文(2)は，取消債権者の一般先取特権（本文(1)）と受益者の特別先取特権（後記１１(2)）との優劣を示すものである。取消債権者が詐害行為取消権の行使のために必要な費用を支出した場合にそれを最優先で回収することができないのでは詐害行為取消権を行使するインセンティブが確保されないこと等を根拠に，取消債権者の一般先取特権が優先するものとしている。

10　受益者の債権の回復
債務者がした債務の消滅に関する行為が取り消された場合において，受益者が債務者から受けた給付を返還し，又はその価額を償還したときは，受益者の債務者に対する債権は，これによって原状に復するものとする。

(概要)
　受益者の債権の回復について定めるものであり，破産法第１６９条と同様の趣旨のものである。判例（大判昭和１６年２月１０日民集２０巻７９頁）も，債務者の受益者に対する弁済又は代物弁済が取り消されたときは，受益者の債務者に対する債権が復活するとしている。なお，受益者が給付の返還又はその価額の償還をする前に，その返還又は償還の債務に係る債権が差し押さえられた場合であっても，受益者は，その返還又は償還をすること（具体的には執行供託をすること）を停止条件として回復すべき債権を被保全債権として，上記差押えに係る債権（自己を債務者とする債権）に対する仮差押えをし（民事保全法第２０条第２項参照），それによって上記差押えに係る執行手続において配当等を受けるべき債権者の地位を確保することができる（民事執行法第１６５条参照）。また，債務者がした過大な代物弁済のうち当該代物弁済によって消滅した債務の額に相当する部分以外の部分のみが前記４により取り消された場合には，受益者がその取り消された部分についての価額を償還したとしても，当該代物弁済によって消滅した債務の額に相当する部分についての価額を償還したことにはならないから，受益者の債権は回復しない。

11　受益者が現物の返還をすべき場合における受益者の反対給付
(1)　**債務者がした財産の処分に関する行為が取り消された場合において，受益者が債務者から取得した財産（金銭を除く。）を返還したときは，受益者は，債務者に対し，当該財産を取得するためにした反対給付の現物の返還を請求することができるものとする。この場合において，反対給付の現物の返還が困難であるときは，受益者は，債務者に対し，価額の償還を請求することが**

できるものとする。
(2) 上記(1)の場合において，受益者は，債務者に対する金銭の返還又は価額の償還の請求権について，債務者に返還した財産を目的とする特別の先取特権を有するものとする。ただし，債務者が，当該財産を受益者に処分した当時，その反対給付について隠匿等の処分（前記2(1)ア参照）をする意思を有しており，かつ，受益者が，その当時，債務者が隠匿等の処分をする意思を有していたことを知っていたときは，受益者は，その特別の先取特権を有しないものとする。
(3) 上記(2)の適用については，受益者が債務者の親族，同居者，取締役，親会社その他の債務者の内部者であったときは，受益者は，当該行為の当時，債務者が隠匿等の処分をする意思を有していたことを知っていたものと推定するものとする。

（概要）
　本文(1)は，判例法理（大連判明治４４年３月２４日民録１７輯１１７頁）と異なり詐害行為取消しの効果が債務者にも及ぶことを前提に（前記１(3)参照），受益者が現物返還をした場合には直ちに反対給付の現物の返還又はその価額の償還を請求することができる旨を定めるものである。現在の判例法理の下では，受益者が現物返還をした場合であっても，その財産によって取消債権者を含む債権者らが債権の満足を得たときに初めて，受益者は債務者に対する不当利得返還請求権を行使することができるにすぎないとされており，これを合理的な規律に改めるものである。
　本文(2)第１文は，破産法第１６８条第１項第２号と同様の趣旨により，反対給付の返還請求権が金銭債権である場合にその債権について優先権を認めるものである。本文(2)第１文により受益者が不動産を目的とする特別の先取特権を有する場合については，当該先取特権に基づき受益者が配当等を受けるべき債権者の地位を確保するためには，受益者の債務者に対する当該先取特権の登記請求権を認める必要があると考えられることから（民事執行法第８７条第１項第４号参照。民事保全法第５３条，第２３条第３項も参照），その規定の要否について引き続き検討する必要があり，その際に先取特権の順位に関する規定を設ける必要もある。
　本文(2)第２文は，破産法第１６８条第２項と同様の趣旨のものであるが，同項のように反対給付によって生じた債務者の現存利益の有無により取扱いを異にすると規律が不明確かつ複雑なものになってしまうとの指摘や，債務者の隠匿等の処分をする意思を知っていた受益者に優先権を与える必要はないとの指摘があることから，一律に優先権を否定することとしている。
　本文(3)は，破産法第１６８条第３項と同様の趣旨のものである。

12　受益者が金銭の返還又は価額の償還をすべき場合における受益者の反対給付
(1) 債務者がした財産の処分に関する行為が取り消された場合において，受益者が債務者から取得した財産である金銭を返還し，又は債務者から取得した

財産の価額を償還すべきときは，受益者は，当該金銭の額又は当該財産の価額からこれを取得するためにした反対給付の価額を控除した額の返還又は償還をすることができるものとする。ただし，債務者が，当該財産を受益者に処分した当時，その反対給付について隠匿等の処分（前記2(1)ア参照）をする意思を有しており，かつ，受益者が，その当時，債務者が隠匿等の処分をする意思を有していたことを知っていたときは，受益者は，当該金銭の額又は当該財産の価額の全額の返還又は償還をしなければならないものとする。
(2) 上記(1)の場合において，受益者が全額の返還又は償還をしたときは，受益者は，債務者に対し，反対給付の現物の返還を請求することができるものとする。この場合において，反対給付の現物の返還が困難であるときは，受益者は，債務者に対し，価額の償還を請求することができるものとする。
(3) 上記(1)の適用については，受益者が債務者の親族，同居者，取締役，親会社その他の債務者の内部者であったときは，受益者は，当該行為の当時，債務者が隠匿等の処分をする意思を有していたことを知っていたものと推定するものとする。

（概要）
　本文(1)第1文は，受益者が金銭をもって返還をする場合における受益者の反対給付の取扱いについて，受益者が現物返還をする場合（前記11参照）と異なり，受益者の側に全額の返還をするか反対給付との差額の返還をするかを選択させることとするものである。この規律によると，受益者は，取消債権者による全額の返還請求に対して差額の返還を主張することができることとなり，その場合には，受益者の反対給付の返還請求権が取消債権者の費用償還請求権に優先する結果となる。もっとも，実際上，受益者が返還した差額によって取消債権者が費用償還請求権の満足すら得られない事態はほとんど生じない（そのような事態が生じ得る場面ではそもそも詐害行為取消権の行使はされないことがほとんどである）との指摘がある。この指摘を踏まえ，受益者の反対給付の取扱いを可能な限り簡易に処理することを優先させたものである。
　本文(1)第2文は，前記11(2)第2文と同様の趣旨のものである。
　本文(2)は，本文(1)により受益者が全額の返還又は償還をしたときは，前記11(1)と同様に受益者は反対給付の現物の返還又はその価額の償還を請求することができる旨を定めるものである。
　本文(3)は，前記11(3)と同様の趣旨のものである。

13　転得者の前者に対する反対給付等
　債務者がした受益者との間の行為が転得者に対する詐害行為取消権の行使によって取り消された場合において，転得者が前者から取得した財産を返還し，又はその価額を償還したときは，転得者は，受益者が当該財産を返還し，又はその価額を償還したとすれば前記10によって回復すべき債権又は前記11によって生ずべき反対給付の返還若しくは償還に係る請求権を，転得者の前者に

対する反対給付の価額又は転得者が前者に対して有していた債権の価額の限度で，行使することができるものとする。
　　（注）このような規定を設けない（解釈に委ねる）という考え方，詐害行為取消権を行使された転得者の前者に対する反対給付の全額の返還請求又は転得者が前者に対して有していた債権の全額の回復を無条件に認めるという考え方がある。

（概要）
　転得者が現物を返還し，又はその価額を償還した場合における転得者の前者に対する反対給付又は転得者が前者に対して有していた債権の取扱いについて定めるものである。転得者に対して行使された詐害行為取消権の効果は転得者の前者には及ばないことを前提とすると，転得者が債務者に現物返還又は価額償還をした場合であっても，前者に対する反対給付の返還請求又は前者に対して有していた債権の回復は認められず，転得者がした現物返還又は価額償還に係る財産によって取消債権者を含む債権者らが債務者に対する債権の満足を得たときに初めて，転得者は債務者に対する不当利得返還請求権を行使することができるにすぎないとされている。これに対して，本文は，転得者に対して行使された詐害行為取消権の効果は転得者の前者には及ばないことを前提としつつも，受益者の反対給付及び債権に関する前記10から12までの取扱いを踏まえ，転得者の反対給付及び債権についても一定の保護を図ることを意図するものである。この場合において，転得者の前者に対する反対給付等の価額が，受益者の債務者に対する反対給付等の価額より大きいために，転得者が受益者の行使することのできる権利を行使するだけでは，転得者の前者に対する反対給付等の価額に満たないというときは，前者に詐害行為取消しの原因があるときに限り，転得者は前者に対してその不足分の支払を請求することができるとする考え方もある。この考え方を採るかどうかについては，引き続き解釈に委ねることとしている。
　以上に対し，転得者の保護については特段の規定を設けずに引き続き解釈に委ねるべきであるという考え方があり，他方，転得者の保護を本文より更に進めて，転得者の前者に対する反対給付の全額の返還請求又は転得者が前者に対して有していた債権の全額の回復を無条件に認めるべきであるという考え方がある。これらの考え方を（注）で取り上げている。後者の考え方は，転得者に対して行使された詐害行為取消権の効果は転得者の前者には及ばないことを前提としつつも，詐害行為取消権を行使された転得者の前者に対する反対給付の返還請求又は転得者が前者に対して有していた債権の回復の場面においてはそのことを殊更に強調すべきではないという発想に立つものと整理することも可能である。また，本文の救済方法と併存させることも可能であることを前提としている。

14　詐害行為取消権の行使期間
　　詐害行為取消しの訴えは，債務者が債権者を害することを知って詐害行為をした事実を債権者が知った時から２年を経過したときは，提起することができないものとする。詐害行為の時から［10年］を経過したときも，同様とするものとする。

（概要）

　民法第４２６条前段は，「取消しの原因」を債権者が知った時から２年の消滅時効を定めているが，これについて，判例（最判昭和４７年４月１３日判時６６９号６３頁）は，「債務者が債権者を害することを知って法律行為をした事実」を債権者が知った時から起算されるのであって，「詐害行為の客観的事実」を債権者が知った時から起算されるのではないとする。本文第１文は，まず，この起算点についての判例法理を明文化するものである。また，本文第１文は，詐害行為取消権が民法第１２０条以下の取消権等の実体法上の形成権とは異なるという点に着目し，詐害行為取消権の２年の行使期間を除斥期間ないし出訴期間（会社法第８６５条第２項，民法第２０１条等参照）と捉えるものである。時効の中断等の時効障害に関する規定は適用されないこととなる。

　本文第２文は，民法第４２６条後段の２０年の除斥期間を［１０年］に改めるものである。詐害行為取消権を行使するには詐害行為時から詐害行為取消権の行使時（詐害行為取消訴訟の事実審口頭弁論終結時）まで債務者の無資力状態が継続することを要するとされているから，２０年もの長期間にわたって債務者の行為や財産状態を放置したまま推移させた債権者に詐害行為取消権を行使させる必要性は乏しいと考えられることを理由とする。

第16　多数当事者の債権及び債務（保証債務を除く。）
1　債務者が複数の場合
(1) 同一の債務について数人の債務者がある場合において，当該債務の内容がその性質上可分であるときは，各債務者は，分割債務を負担するものとする。ただし，法令又は法律行為の定めがある場合には，各債務者は，連帯債務を負担するものとする。

(2) 同一の債務について数人の債務者がある場合において，当該債務の内容がその性質上不可分であるときは，各債務者は，不可分債務を負担するものとする。

（概要）

　同一の債務について複数の債務者がある場合に関して，分割債務（民法第４２７条），連帯債務（同法第４３２条），不可分債務（同法第４３０条）の分類を明確化する規定を設けるものである。

　本文(1)は，債務の内容が性質上可分である場合について，分割主義（民法第４２７条）を原則とした上で，その例外として，法令又は法律行為の定めによって連帯債務が成立するものとしている。これは，連帯債務の発生原因に関する一般的な理解を明文化するものである。

　本文(2)は，債務の内容が性質上不可分である場合には，各債務者は，専ら不可分債務を負担するものとしている。これにより，連帯債務と不可分債務とは，内容が性質上可分か不可分かによって区別されることになる。現行法の下では，内容が性質上可分であっても当事者の意思表示によって不可分債務にすることができると解されているが（不可分債権

に関する民法第428条参照），本文では，これを連帯債務に分類するものとしている。

2 分割債務（民法第427条関係）
　分割債務を負担する数人の債務者は，当事者間に別段の合意がないときは，それぞれ等しい割合で義務を負うものとする。

（概要）
民法第427条のうち分割債務に関する規律を維持するものである。

3 連帯債務者の一人について生じた事由の効力等
(1) 履行の請求（民法第434条関係）
　民法第434条の規律を改め，連帯債務者の一人に対する履行の請求は，当事者間に別段の合意がある場合を除き，他の連帯債務者に対してその効力を生じないものとする。
　（注）連帯債務者の一人に対する履行の請求が相対的効力事由であることを原則としつつ，各債務者間に協働関係がある場合に限りこれを絶対的効力事由とするという考え方がある。

（概要）
　連帯債務者の一人に対する履行の請求について，これを絶対的効力事由としている民法第434条の規律を改め，相対的効力事由であることを原則とするものである。法令によって連帯債務関係が発生する場面などでは，連帯債務者相互間に密接な関係が存在しないことが少なくないため，履行の請求を絶対的効力事由とすることに対して，履行の請求を受けていない連帯債務者が自分の知らない間に履行遅滞に陥ったり（同法第412条第3項参照），消滅時効が中断したりする（同法第147条第1号参照）などの問題点が指摘されている。他方，履行の請求が絶対的効力を有することについて実務上の有用性が認められ，それが不当でないと考えられる場面（例えば，いわゆるペアローン）もあり得る。これらを踏まえ，相対的効力事由とすることを原則とした上で，当事者間（債権者と履行の請求の効力を及ぼし合う全ての連帯債務者との間）の別段の合意によって絶対的効力を生じさせることは妨げないものとしている。この点に関しては，相対的効力事由であることを原則としつつ，各債務者間に請求を受けたことを互いに連絡し合うことが期待できるような協働関係がある場合に限り絶対的効力事由とする旨の規定に改めるという考え方があり，これを（注）で取り上げている。

(2) 更改，相殺等の事由（民法第435条から第440条まで関係）
　民法第435条から第440条まで（同法第436条第1項を除く。）の規律を次のように改めるものとする。
　　ア　連帯債務者の一人について生じた更改，免除，混同，時効の完成その他の事由は，当事者間に別段の合意がある場合を除き，他の連帯債務者に対

してその効力を生じないものとする。
　イ　債務の免除を受けた連帯債務者は，他の連帯債務者からの求償に応じたとしても，債権者に対してその償還を請求することはできないものとする。
　ウ　連帯債務者の一人が債権者に対して債権を有する場合において，その連帯債務者が相殺を援用しない間は，その連帯債務者の負担部分の限度で，他の連帯債務者は，自己の債務の履行を拒絶することができるものとする。
（注）上記アのうち連帯債務者の一人について生じた混同については，その連帯債務者の負担部分の限度で他の連帯債務者もその債務を免れるものとするという考え方がある。

（概要）
　本文アは，連帯債務者の一人について生じた事由の効力に関して，援用された相殺を絶対的効力事由としている民法第４３６条第１項の規律は維持した上で，更改（同法第４３５条），債務の免除（同法第４３７条），混同（同法第４３８条）及び時効の完成（同法第４３９条）を絶対的効力事由としている現行法の規律を改め，当事者間（債権者と絶対的効力事由を及ぼし合う全ての連帯債務者との間）に別段の合意がある場合を除いてこれらが相対的効力事由（同法第４４０条）であるとするものである。連帯債務は，一人の債務者の無資力の危険を分散するという人的担保の機能を有するとされているところ，上記のような絶対的効力事由が広く存在することに対して，この担保的機能を弱める方向に作用し，通常の債権者の意思に反するという問題点が指摘されていることによる。
　なお，法律の規定により連帯債務とされる典型例である共同不法行為者が負担する損害賠償債務（民法第７１９条）については，共同不法行為者間には必ずしも主観的な関連があるわけではなく，絶対的効力事由を認める基礎を欠くという理論的な理由のほか，被害者の利益保護の観点から連帯債務の担保的機能を弱めることが適当ではないという実際上の理由から，絶対的効力事由に関する一部の規定の適用がない「不真正連帯債務」に該当するとされている（最判昭和５７年３月４日判時１０４２号８７頁）。本文アは，前記(1)とともに，判例上の不真正連帯債務に関する規律を原則的な連帯債務の規律として位置づけるものである。
　以上に対し，連帯債務者の一人について生じた混同については，その連帯債務者の負担部分の限度で他の連帯債務者もその債務を免れるものとするという考え方があるので，これを（注）で取り上げている。
　本文イは，債務の免除を受けた連帯債務者が他の連帯債務者からの求償に応じたときに，債権者に対してその償還を請求することができるものとすると，債務の免除をした債権者の通常の意思に反することになるため，そのような償還の請求を認めないとするものである。
　本文ウは，連帯債務者の一人が債権者に対して債権を有する場合に関する民法第４３６条第２項について，他の連帯債務者が相殺の意思表示をすることができることを定めたものであるとする判例（大判昭和１２年１２月１１日民集１６巻１９４５頁）とは異なり，債権者に対して債権を有する連帯債務者の負担部分の限度で他の連帯債務者は自己の債務

の履行を拒絶することができるにとどまることを明文化するものである。上記判例の結論に対して，連帯債務者間で他人の債権を処分することができることになるのは不当であるとの問題点が指摘されていることによる。

   (3) 破産手続の開始（民法第４４１条関係）
      民法第４４１条を削除するものとする。

（概要）
　民法第４４１条は，破産法第１０４条があることによってその存在意義を失っていることから，これを削除するものである。

 ４　連帯債務者間の求償関係
   (1) 連帯債務者間の求償権（民法第４４２条第１項関係）
      民法第４４２条第１項の規律を次のように改めるものとする。
      ア　連帯債務者の一人が弁済をし，その他自己の財産をもって共同の免責を得たときは，その連帯債務者は，自己の負担部分を超える部分に限り，他の連帯債務者に対し，各自の負担部分について求償権を有するものとする。
      イ　連帯債務者の一人が代物弁済をし，又は更改後の債務の履行をして上記アの共同の免責を得たときは，その連帯債務者は，出えんした額のうち自己の負担部分を超える部分に限り，他の連帯債務者に対し，各自の負担部分について求償権を有するものとする。
      （注）他の連帯債務者に対する求償権の発生のために自己の負担部分を超える出えんを必要としないものとする考え方がある。

（概要）
　本文アは，連帯債務者間の求償について規定する民法第４４２条の文言からは，他の連帯債務者に対する求償権の発生のために自己の負担部分を超える出えんをする必要があるかどうかが明確でないことから，これについて，判例法理（大判大正６年５月３日民録２３輯８６３頁）と異なり，自己の負担部分を超える出えんをして初めて他の連帯債務者に対して求償をすることができるとするものである。これは，負担部分は各自の固有の義務であるという理解に基づくものであり，不真正連帯債務者間の求償に関する判例法理（最判昭和６３年７月１日民集４２巻６号４５１頁参照）と同一の規律となる。他方，本文イは，連帯債務者の一人が代物弁済をしたり，更改後の債務の履行をしたりした場合の求償関係について，本文アの特則を定めるものである。このような場合には，当該連帯債務者が出えんした額と共同の免責を得た額とが必ずしも一致しないことから，本文アのみでは，どの範囲で求償することが可能であるかが判然としないからである。
　以上に対し，上記判例法理のとおり，他の連帯債務者に対する求償権の発生のために自己の負担部分を超える出えんを必要としないものとする考え方があり，これを（注）で取り上げている。

なお,この中間試案では差し当たり「出えん」という文言を用いているが,この文言は平成16年の民法現代語化の際に他の文言に置き換えられているので,条文化の際には,適当な用語に改める必要がある。

(2) 連帯債務者間の通知義務(民法第443条関係)
民法第443条第1項を削除し,同条第2項の規律を次のように改めるものとする。
連帯債務者の一人が弁済をし,その他自己の財産をもって共同の免責を得た場合において,その連帯債務者が,他に連帯債務者がいることを知りながら,これを他の連帯債務者に通知することを怠っている間に,他の連帯債務者が善意で弁済その他共同の免責のための有償の行為をし,これを先に共同の免責を得た連帯債務者に通知したときは,当該他の連帯債務者は,自己の弁済その他共同の免責のためにした行為を有効であったものとみなすことができるものとする。

(概要)
まず,連帯債務者間の事前の通知義務について定めた民法第443条第1項について,履行の請求を受けた連帯債務者に対して,その履行を遅滞させてまで他の連帯債務者に事前の通知をする義務を課すのは相当でないという問題点の指摘を踏まえ,これを削除することとしている。その上で,事後の通知義務に関する同条第2項の規律を改め,先に弁済等をした連帯債務者が他の連帯債務者に対して事後の通知をする前に,当該他の連帯債務者が弁済等をし,これを先に弁済等をした連帯債務者に対して通知した場合には,後に弁済等をした連帯債務者は,自己の弁済等を有効とみなすことができるものとしている。これは,同条第1項を削除した上で同条第2項の規律をそのまま維持した場合には,先に弁済等をした連帯債務者と後に弁済等をした連帯債務者のいずれもが事後の通知を怠ったときに,後に弁済等をした連帯債務者の弁済等が有効とみなされるという不当な結果が生じ得ることによる。

(3) 負担部分を有する連帯債務者が全て無資力者である場合の求償関係(民法第444条本文関係)
民法第444条本文の規律に付け加えて,負担部分を有する全ての連帯債務者が償還をする資力を有しない場合において,負担部分を有しない連帯債務者の一人が弁済をし,その他自己の財産をもって共同の免責を得たときは,その連帯債務者は,負担部分を有しない他の連帯債務者のうちの資力がある者に対し,平等の割合で分割してその償還を請求することができるものとする。

(概要)
負担部分を有する全ての連帯債務者が無資力である場合において,負担部分を有しない

複数の連帯債務者のうちの一人が弁済等をしたときは，求償者と他の有資力者との間で平等に負担をすべきであるとする判例法理（大判大正3年10月13日民録20輯751頁）を明文化するものである。

　　(4) 連帯の免除をした場合の債権者の負担（民法第445条関係）
　　　　民法第445条を削除するものとする。

（概要）
　連帯債務者の一人が連帯の免除を得た場合に，他の連帯債務者の中に無資力である者がいるときは，その無資力の者が弁済をすることのできない部分のうち連帯の免除を得た者が負担すべき部分は，債権者が負担すると規定する民法第445条について，連帯の免除をした債権者の通常の意思に反するという一般的な理解に基づき，これを削除するものである。

　5　不可分債務
　　(1) 民法第430条の規律を改め，数人が不可分債務を負担するときは，その性質に反しない限り，連帯債務に関する規定を準用するものとする。
　　(2) 民法第431条のうち不可分債務に関する規律に付け加えて，不可分債務の内容がその性質上可分となったときは，当事者の合意によって，これを連帯債務とすることができるものとする。

（概要）
　本文(1)は，連帯債務者の一人について生じた事由の効力が相対的効力を原則とするものに改められる場合には（前記3参照），不可分債務と連帯債務との間の効果の面での差異が解消されることから，不可分債務について，その性質に反しない限り，連帯債務に関する規定を準用するとするものである。
　本文(2)は，不可分債務の債権者及び各債務者は，不可分債務の内容が不可分給付から可分給付となったときに，当事者の合意によって当該債務が連帯債務となることを定めることができるとするものである。これは，不可分債務が可分債務となったときは，各債務者はその負担部分についてのみ履行の責任を負うと規定する民法第431条について，不可分債務の担保的効力を重視していた債権者の意思に反する場合があるという問題点が指摘されていることによる。

　6　債権者が複数の場合
　　(1) 同一の債権について数人の債権者がある場合において，当該債権の内容がその性質上可分であるときは，各債権者は，分割債権を有するものとする。ただし，法令又は法律行為の定めがある場合には，各債権者は，連帯債権を有するものとする。
　　(2) 同一の債権について数人の債権者がある場合において，当該債権の内容が

その性質上不可分であるときは，各債権者は，不可分債権を有するものとする。

（概要）
同一の債権について複数の債権者がある場合に関し，分割債権（民法第４２７条）と不可分債権（同法第４２８条）に解釈によって認められている連帯債権を加えた３つの類型があることを踏まえ，同一の債務について数人の債務者がいる場合（前記１）と同様に，分類を明確化する規定を設けるものである。
本文(1)は，債権の内容が性質上可分である場合について，分割主義（民法第４２７条）を原則とした上で，その例外として，法令又は法律行為の定めによって連帯債権が成立するものとしている。
本文(2)は，債権の内容が性質上不可分である場合には，各債権者は，専ら不可分債権を有するものとしている。これにより，連帯債権と不可分債権とは，内容が性質上可分か不可分かによって区別されることになる。民法第４２８条は，内容が性質上可分であっても，当事者の意思表示によって不可分債権にすることができると定めているが，本文は，これを連帯債権に分類するものと改めている。

7 分割債権（民法第４２７条関係）
分割債権を有する数人の債権者は，当事者間に別段の合意がないときは，それぞれ等しい割合で権利を有するものとする。

（概要）
民法第４２７条のうち分割債権に関する規律を維持するものである。

8 連帯債権
連帯債権に関する規定を新設し，次のような規律を設けるものとする。
(1) 連帯債権を有する数人の債権者は，すべての債権者のために履行を請求することができ，その債務者は，すべての債権者のために各債権者に対して履行をすることができるものとする。
(2) 連帯債権者の一人と債務者との間に更改，免除又は混同があった場合においても，他の連帯債権者は，債務の全部の履行を請求することができるものとする。この場合に，その一人の連帯債権者がその権利を失わなければ分与される利益を債務者に償還しなければならないものとする。
(3) 上記(2)の場合のほか，連帯債権者の一人の行為又は一人について生じた事由は，他の連帯債権者に対してその効力を生じないものとする。

（概要）
本文(1)は，不可分債権に関する民法第４２８条と同趣旨の規律を連帯債権について設けるものである。

本文(2)は，不可分債権者の一人と債務者との間に更改又は免除があった場合に関する民法第429条第1項と同趣旨の規律を連帯債権について設けるものである。もっとも，同項は，不可分債権者の一人と債務者との間に混同があった場合にも類推適用されると解されている（最判昭和36年3月2日民集15巻3号337頁参照）ので，これを反映させている。
　本文(3)は，民法第429条第2項と同趣旨の規律を連帯債権について設けるものである。

9　不可分債権
(1) 民法第428条の規律を改め，数人が不可分債権を有するときは，その性質に反しない限り，連帯債権に関する規定を準用するものとする。
(2) 民法第431条のうち不可分債権に関する規律に付け加えて，不可分債権の内容がその性質上可分となったときは，当事者の合意によって，これを連帯債権とすることができるものとする。

（概要）
　本文(1)は，連帯債権と不可分債権とは，債権の内容が性質上可分であるか不可分であるかによって区別されることを前提に（前記6），不可分債権について，その性質に反しない限り，連帯債権に関する規定を準用するとするものである。
　本文(2)は，不可分債権の債務者及び各債権者は，不可分債権の目的が不可分給付から可分給付となったときに，当事者の合意によって当該債権は連帯債権となることを定めることができるとするものである。これは，不可分債権が可分債権となったときは，各債権者は自己が権利を有する部分についてのみ履行を請求することができると規定する民法第431条について，当事者の意思に反する場合があるという問題点が指摘されていることによる。

第17　保証債務
1　保証債務の付従性（民法第448条関係）
　保証債務の付従性に関する民法第448条の規律を維持した上で，新たに次のような規律を付け加えるものとする。
(1) 主たる債務の目的又は態様が保証契約の締結後に減縮された場合には，保証人の負担は，主たる債務の限度に減縮されるものとする。
(2) 主たる債務の目的又は態様が保証契約の締結後に加重された場合には，保証人の負担は，加重されないものとする。

（概要）
　本文(1)は，民法第448条の解釈として，保証契約の締結後に主債務の目的又は態様が減縮された場合には，保証人の負担もそれに応じて減縮されるとされている（大連判明治37年12月13日民録10輯1591頁参照）ことから，これを明文化するものである。
　本文(2)は，保証契約の締結後に主債務の目的又は態様が加重された場合の処理について，

一般的な理解を明文化するものである。

2　主たる債務者の有する抗弁（民法第４５７条第２項関係）
　　民法第４５７条第２項の規律を次のように改めるものとする。
　(1)　保証人は，主たる債務者が主張することができる抗弁をもって債権者に対抗することができるものとする。
　(2)　主たる債務者が債権者に対して相殺権，取消権又は解除権を有するときは，これらの権利の行使によって主たる債務者が主たる債務の履行を免れる限度で，保証人は，債権者に対して債務の履行を拒むことができるものとする。

（概要）
　主たる債務者が債権者に対して抗弁権を有している場合について，主たる債務者の相殺のみを定めている民法第４５７条第２項を改め，類似の状況を規律する会社法第５８１条の表現を参考にして，規律の明確化を図るものである。
　本文(1)は，主たる債務者が債権者に対して抗弁権を有している場合全般を対象として，一般的な理解（最判昭和４０年９月２１日民集１９巻６号１５４２頁参照）を明文化するものであり，会社法第５８１条第１項に相当する。
　本文(2)は，主たる債務者が債権者に対して相殺権を有する場合のほか，取消権又は解除権を有する場合に関する近時の一般的な理解を明文化するものであり，会社法第５８１条第２項に相当する。

3　保証人の求償権
　(1)　委託を受けた保証人の求償権（民法第４５９条・第４６０条関係）
　　　民法第４５９条及び第４６０条の規律を基本的に維持した上で，次のように改めるものとする。
　　ア　民法第４５９条第１項の規律に付け加えて，保証人が主たる債務者の委託を受けて保証をした場合において，主たる債務の期限が到来する前に，弁済その他自己の財産をもって債務を消滅させるべき行為をしたときは，主たる債務者は，主たる債務の期限が到来した後に，債務が消滅した当時に利益を受けた限度で，同項による求償に応ずれば足りるものとする。
　　イ　民法第４６０条第３号を削除するものとする。

（概要）
　本文アは，委託を受けた保証人が主たる債務の期限の到来前に弁済等をした場合の求償権について，そのような弁済等は委託の趣旨に反するものと評価できることから，委託を受けない保証人の求償権（民法第４６２条第１項）と同様の規律とするものである。
　本文イは，民法第４６０条第３号の事前求償権の発生事由（債務の弁済期が不確定で，かつ，その最長期をも確定することができない場合において，保証契約の後１０年を経過したとき）には，そもそも主たる債務の額すら不明であって事前求償になじむ場面ではな

いという問題点が指摘されていることから，同号を削除するものである。

(2) 保証人の通知義務
民法第463条の規律を次のように改めるものとする。
ア　保証人が主たる債務者の委託を受けて保証をした場合において，保証人が弁済その他自己の財産をもって主たる債務者にその債務を免れさせる行為をしたにもかかわらず，これを主たる債務者に通知することを怠っている間に，主たる債務者が善意で弁済その他免責のための有償の行為をし，これを保証人に通知したときは，主たる債務者は，自己の弁済その他免責のためにした行為を有効であったものとみなすことができるものとする。
イ　保証人が主たる債務者の委託を受けて保証をした場合において，主たる債務者が弁済その他自己の財産をもって債務を消滅させるべき行為をしたにもかかわらず，これを保証人に通知することを怠っている間に，保証人が善意で弁済その他免責のための有償の行為をし，これを主たる債務者に通知したときは，保証人は，自己の弁済その他免責のためにした行為を有効であったものとみなすことができるものとする。
ウ　保証人が主たる債務者の委託を受けないで保証をした場合（主たる債務者の意思に反して保証をした場合を除く。）において，保証人が弁済その他自己の財産をもって主たる債務者にその債務を免れさせる行為をしたにもかかわらず，これを主たる債務者に通知することを怠っている間に，主たる債務者が善意で弁済その他免責のための有償の行為をしたときは，主たる債務者は，自己の弁済その他免責のためにした行為を有効であったものとみなすことができるものとする。

（概要）
　保証人の事前の通知義務（民法第463条第1項による同法第443条第1項前段の準用）は，廃止するものとしている（連帯債務者間の事前の通知義務の廃止について前記第16，4(2)参照）。委託を受けた保証人については，履行を遅滞させてまで主たる債務者への事前の通知をする義務を課すのは相当ではないという問題点が指摘されており，また，委託を受けない保証人については，主たる債務者が債権者に対抗することのできる事由を有していた場合には，事前の通知をしていたとしてもその事由に係る分の金額については求償をすることができない（同法第462条第1項，第2項）のであるから，これを義務づける意義が乏しいという問題点が指摘されていることを考慮したものである。
　その上で，本文アは，委託を受けた保証人と主たる債務者との間の事後の通知義務に関する規律として，先に弁済等をした保証人が事後の通知をする前に，後に弁済等をした主たる債務者が事後の通知をした場合には，主たる債務者は，自己の弁済等を有効とみなすことができるものとしている。委託を受けた保証人に関して，連帯債務者間の事後の通知義務の見直し（前記第16，4(2)）と同様の見直しをする趣旨である。
　本文イは，委託を受けた保証人がある場合に，先に弁済等をした主たる債務者が事後の

通知をする前に，後に弁済等をした保証人が事後の通知をしたときについて，保証人は，自己の弁済等を有効とみなすことができるものとしている。現行の民法第４６３条第２項に相当するものである。
　本文ウは，主たる債務者の委託を受けないが，その意思に反しないで保証をした保証人の事後の通知義務に関して，現行の民法第４４３条第２項（同法第４６３条第１項で保証人に準用）の規律を維持するものである。
　なお，主たる債務者の意思に反して保証をした保証人については，事後の通知義務を廃止するものとしている。この保証人は，事後の通知をしたとしても，主たる債務者が求償時までに債権者に対抗することのできる事由を有していた場合には，その事由に係る分の金額については求償をすることができない（民法第４６２条第２項）のであるから，事後の通知を義務づける意義が乏しいという問題点が指摘されていることによる。

   4　連帯保証人に対する履行の請求の効力（民法第４５８条関係）
　　　連帯保証人に対する履行の請求は，当事者間に別段の合意がある場合を除き，主たる債務者に対してその効力を生じないものとする。
　　　（注）連帯保証人に対する履行の請求が相対的効力事由であることを原則としつつ，主たる債務者と連帯保証人との間に協働関係がある場合に限りこれを絶対的効力事由とするという考え方がある。

（概要）
　民法第４５８条は，連帯債務者の一人について生じた事由の効力が他の連帯債務者にも及ぶかどうかに関する同法第４３４条から第４４０条までの規定を連帯保証に準用しているが，主債務者について生じた事由の効力に関しては，保証債務の付従性によって保証人にも及ぶことから，同法第４５８条の規定は，専ら連帯保証人について生じた事由の効力が主債務者にも及ぶかどうかに関するものと解されている。そして，連帯保証人に対する履行の請求の効力が主たる債務者にも及ぶこと（同法第４５８条，第４３４条）に対しては，連帯保証人は主たる債務者の関与なしに出現し得るのであるから，主たる債務者に不測の損害を与えかねないという問題点が指摘されている。そこで，当事者間に別段の合意がない場合には，連帯保証人に対する履行の請求は，主たる債務者に対してその効力を生じないものとしている。この点に関しては，相対的効力事由であることを原則としつつ，連帯保証人と主たる債務者との間に請求を受けたことの連絡を期待できるような協働関係がある場合に限り絶対的効力事由とする旨の規定に改めるという考え方があり，これを（注）で取り上げている。なお，連帯債務に関する民法第４３４条についても，以上と同様の見直しが検討されている（前記第１６，３(1)）。

   5　根保証
　　(1)　民法第４６５条の２（極度額）及び第４６５条の４（元本確定事由）の規律の適用範囲を拡大し，保証人が個人である根保証契約一般に適用するものとする。

(2) 民法第465条の3（元本確定期日）の規律の適用範囲を上記(1)と同様に拡大するかどうかについて，引き続き検討する。
(3) 一定の特別な事情がある場合に根保証契約の保証人が主たる債務の元本の確定を請求することができるものとするかどうかについて，引き続き検討する。

(概要)
　本文(1)は，現在は貸金等根保証契約のみを対象としている民法第465条の2（極度額）と同法第465条の4（元本確定事由）の規律について，その適用範囲を拡大し，主たる債務の範囲に貸金等債務が含まれないものにまで及ぼすものである。根保証契約を締結する個人にとって，その責任の上限を予測可能なものとすること（極度額）や，契約締結後に著しい事情変更に該当すると考えられる定型的な事由が生じた場合に，その責任の拡大を防止すべきこと（元本確定事由）は，貸金等債務が含まれない根保証にも一般に当てはまる要請であると考えられるからである。
　本文(2)は，民法第465条の3（元本確定期日）の規律の適用範囲の拡大について，引き続き検討すべき課題として取り上げるものである。元本確定期日の規律については，例えば，建物賃貸借の保証に関して，賃貸借契約が自動更新されるなどして継続しているのに根保証契約のみが終了するのは妥当でないなどの指摘があることから，仮に元本確定期日の規律の適用範囲を拡大するとしても，一定の例外を設ける必要性の有無及び例外を設ける場合の基準等について，更に検討を進める必要があるからである。
　なお，民法第465条の5（求償権の保証）については，本文(1)(2)の検討を踏まえた所要の見直しを行うことになると考えられる。
　本文(3)は，主債務者と保証人との関係，債権者と主債務者との関係（取引態様），主債務者の資産状態に著しい事情の変更があった場合など，一定の特別な事情がある場合に根保証契約の保証人が主たる債務の元本の確定を請求する権利（いわゆる特別解約権）を有する旨の規定を設けるかどうかについて，引き続き検討すべき課題として取り上げるものである。後記6の検討課題とも関連するが，仮に特別解約権に関する規定を設ける必要があるとされた場合には，その具体的な要件の定め方について，更に検討を進める必要があるからである。

6　保証人保護の方策の拡充
　(1) 個人保証の制限
　　　次に掲げる保証契約は，保証人が主たる債務者の［いわゆる経営者］であるものを除き，無効とするかどうかについて，引き続き検討する。
　　ア　主たる債務の範囲に金銭の貸渡し又は手形の割引を受けることによって負担する債務（貸金等債務）が含まれる根保証契約であって，保証人が個人であるもの
　　イ　債務者が事業者である貸金等債務を主たる債務とする保証契約であって，保証人が個人であるもの

(概要)
　保証契約は，不動産等の物的担保の対象となる財産を持たない債務者が自己の信用を補う手段として，実務上重要な意義を有しているが，その一方で，個人の保証人が必ずしも想定していなかった多額の保証債務の履行を求められ，生活の破綻に追い込まれるような事例が後を絶たないことから，原則として個人保証を無効とする規定を設けるべきであるなどの考え方が示されている。これを踏まえ，民法第４６５条の２第１項にいう貸金等根保証契約（本文ア）と，事業者の貸金等債務（同項参照）を主たる債務とする個人の保証契約（本文イ）を適用対象として個人保証を原則的に無効とした上で，いわゆる経営者保証をその対象範囲から除外するという案について，引き続き検討すべき課題として取り上げている。適用対象とする保証契約の範囲がアとイに掲げるものでよいかどうか（例えば，イに関しては，債務者が事業者である債務一般を主たる債務とする保証契約であって，保証人が個人であるものにその範囲を拡大すべきであるという意見がある。），除外すべき「経営者」をどのように定義するか等について，更に検討を進める必要がある。

　(2) 契約締結時の説明義務，情報提供義務
　　　事業者である債権者が，個人を保証人とする保証契約を締結しようとする場合には，保証人に対し，次のような事項を説明しなければならないものとし，債権者がこれを怠ったときは，保証人がその保証契約を取り消すことができるものとするかどうかについて，引き続き検討する。
　　　ア　保証人は主たる債務者がその債務を履行しないときにその履行をする責任を負うこと。
　　　イ　連帯保証である場合には，連帯保証人は催告の抗弁，検索の抗弁及び分別の利益を有しないこと。
　　　ウ　主たる債務の内容（元本の額，利息・損害金の内容，条件・期限の定め等）
　　　エ　保証人が主たる債務者の委託を受けて保証をした場合には，主たる債務者の［信用状況］

(概要)
　契約締結時の説明義務・情報提供義務に関する規定を設けることについて，引き続き検討すべき課題として取り上げたものであり，前記(1)の検討結果を踏まえた上で，更に検討を進める必要がある。取り分け主たる債務者の「信用状況」（本文エ）に関しては，債権者が主たる債務者の信用状況を把握しているとは限らず，仮に把握していたとしても企業秘密に当たるという意見がある一方で，契約締結時に債権者が知っているか，又は容易に知ることができた主たる債務者の財産状態（資産，収入等）や，主たる債務者が債務を履行することができなくなるおそれに関する事実（弁済計画等）を説明の対象とすることを提案する意見があったことなどを踏まえて，説明すべき要件とその具体的内容等について，更に検討する必要がある。

(3) 主たる債務の履行状況に関する情報提供義務
　　事業者である債権者が，個人を保証人とする保証契約を締結した場合には，保証人に対し，以下のような説明義務を負うものとし，債権者がこれを怠ったときは，その義務を怠っている間に発生した遅延損害金に係る保証債務の履行を請求することができないものとするかどうかについて，引き続き検討する。
　ア　債権者は，保証人から照会があったときは，保証人に対し，遅滞なく主たる債務の残額［その他の履行の状況］を通知しなければならないものとする。
　イ　債権者は，主たる債務の履行が遅延したときは，保証人に対し，遅滞なくその事実を通知しなければならないものとする。

(概要)
　主債務についての期限の利益の喪失を回避する機会を保証人に付与するために，主債務者の返済状況を保証人に通知することを債権者に義務付ける等の方策について，引き続き検討すべき課題として取り上げたものである。前記(1)の検討結果を踏まえた上で，主たる債務者の履行状況などに関して説明すべき要件とその具体的内容等について，更に検討を進める必要がある。

(4) その他の方策
　　保証人が個人である場合におけるその責任制限の方策として，次のような制度を設けるかどうかについて，引き続き検討する。
　ア　裁判所は，主たる債務の内容，保証契約の締結に至る経緯やその後の経過，保証期間，保証人の支払能力その他一切の事情を考慮して，保証債務の額を減免することができるものとする。
　イ　保証契約を締結した当時における保証債務の内容がその当時における保証人の財産・収入に照らして過大であったときは，債権者は，保証債務の履行を請求する時点におけるその内容がその時点における保証人の財産・収入に照らして過大でないときを除き，保証人に対し，保証債務の［過大な部分の］履行を請求することができないものとする。

(概要)
　保証契約については，特に情義に基づいて行われる場合には，保証人が保証の意味・内容を十分に理解したとしても，その締結を拒むことができない事態が生じ得ることが指摘されており，保証人が個人である場合におけるその責任制限の方策を採用すべきであるとの考え方が示されている。これについての立法提案として，本文アでは身元保証に関する法律第5条の規定を参考にした保証債務の減免に関するものを取り上げている。これは，保証債務履行請求訴訟における認容額の認定の場面で機能することが想定されている。本

文イではいわゆる比例原則に関するものを取り上げている。これらの方策は，個人保証の制限の対象からいわゆる経営者保証を除外した場合（前記(1)参照）における経営者保証人の保護の方策として機能することが想定されるものである。もっとも，以上については，前記(1)の検討結果を踏まえる必要があるほか，それぞれの具体的な制度設計と判断基準等について，更に検討を進める必要がある。

第18　債権譲渡
1　債権の譲渡性とその制限（民法第466条関係）
民法第466条の規律を次のように改めるものとする。
(1) 債権は，譲り渡すことができるものとする。ただし，その性質がこれを許さないときは，この限りでないものとする。
(2) 当事者が上記(1)に反する内容の特約（以下「譲渡制限特約」という。）をした場合であっても，債権の譲渡は，下記(3)の限度での制限があるほか，その効力を妨げられないものとする。
(3) 譲渡制限特約のある債権が譲渡された場合において，譲受人に悪意又は重大な過失があるときは，債務者は，当該特約をもって譲受人に対抗することができるものとする。この場合において，当該特約は，次に掲げる効力を有するものとする。
　ア　債務者は，譲受人が権利行使要件（後記2(1)【甲案】ウ又は【乙案】イの通知をすることをいう。以下同じ。）を備えた後であっても，譲受人に対して債務の履行を拒むことができること。
　イ　債務者は，譲受人が権利行使要件を備えた後であっても，譲渡人に対して弁済その他の当該債権を消滅させる行為をすることができ，かつ，その事由をもって譲受人に対抗することができること。
(4) 上記(3)に該当する場合であっても，次に掲げる事由が生じたときは，債務者は，譲渡制限特約をもって譲受人に対抗することができないものとする。この場合において，債務者は，当該特約を譲受人に対抗することができなくなった時まで（ウについては，当該特約を対抗することができなくなったことを債務者が知った時まで）に譲渡人に対して生じた事由をもって譲受人に対抗することができるものとする。
　ア　債務者が譲渡人又は譲受人に対して，当該債権の譲渡を承諾したこと。
　イ　債務者が債務の履行について遅滞の責任を負う場合において，譲受人が債務者に対し，相当の期間を定めて譲渡人に履行すべき旨の催告をし，その期間内に履行がないこと。
　ウ　譲受人がその債権譲渡を第三者に対抗することができる要件を備えた場合において，譲渡人について破産手続開始，再生手続開始又は更生手続開始の決定があったこと。
　エ　譲受人がその債権譲渡を第三者に対抗することができる要件を備えた場合において，譲渡人の債権者が当該債権を差し押さえたこと。

(5) 譲渡制限特約のある債権が差し押さえられたときは，債務者は，当該特約をもって差押債権者に対抗することができないものとする。
　（注1）上記(4)ウ及びエについては，規定を設けないという考え方がある。
　（注2）民法第466条の規律を維持するという考え方がある。

(概要)
　本文(1)は，民法第466条第1項を維持するものである。
　本文(2)は，当事者間で債権譲渡を禁止する等の特約がある場合であっても，原則としてその効力は妨げられない旨を定めるものである。近時の判例（最判平成9年6月5日民集51巻5号2053頁，最判平成21年3月27日民集63巻3号449頁）の下で，譲渡禁止特約に関する法律関係が不透明であるとの指摘があることを踏まえ，取引の安定性を高める観点から，譲渡禁止特約は債務者の利益を保護するためのものであるという考え方を貫徹して法律関係を整理することによって，ルールの明確化を図るとともに，譲渡禁止特約が債権譲渡による資金調達の支障となっている状況を改善しようとするものである。ここでは，譲渡の禁止を合意したもののほか，本文(3)で示す内容の合意をしたものを含む趣旨で，「上記(1)に反する内容の特約」という表現を用い，これに譲渡制限特約という仮の名称を与えている。
　本文(3)は，当事者間における譲渡制限特約が，これについて悪意又は重過失のある譲受人にも対抗することができる旨を定めるものである。民法第466条第2項の基本的な枠組みを維持する点で判例法理（最判昭和48年7月19日民集27巻7号823頁）を明文化するものである。また，本文(3)第2文では，譲渡制限特約の効力が弁済の相手方を固定するという債務者の利益を確保する範囲に限定される旨を定めている。当事者間で譲渡の禁止を合意した場合であっても，その効力は，本文(3)第2文の限度で認められることになる。
　本文(4)アは，債務者が譲渡人又は譲受人に対して債権譲渡を承諾したときは，譲渡制限特約を譲受人に対抗することができないという一般的な理解を明文化するものである。
　本文(4)イは，債務者が履行を遅滞している場合に，債務者に対して譲渡人への履行の催告をする権限を譲受人に付与するものである。特約違反の債権譲渡を有効としつつ，弁済の相手方を譲渡人に固定する限度で特約の効力を認める場合（本文(3)参照）には，譲渡人は，自己の責任財産に帰属しない債権を回収するインセンティブを持たないおそれがあるため，これへの対応を図る趣旨である。
　本文(4)ウは，譲受人が第三者対抗要件を具備した後に譲渡人について倒産手続開始の決定があった場合に，譲受人に対して譲渡制限特約を対抗することができないとするものである。譲渡人の受領権限を破産管財人等が承継すると，譲渡制限特約付債権は破産財団等に帰属しないにもかかわらず，譲受人が債権全額の回収を受けることができなくなるおそれが生じ，譲受人の保護に欠けることになる一方で，譲渡人からその破産管財人等が受領権限を承継するのであるから，債務者にとっては，弁済の相手方を固定する債務者の利益はもはや失われている場合であると評価することができることを考慮したものである。
　本文(4)エは，譲受人に劣後する差押債権者が譲渡制限特約付債権を差し押さえた場合に，

譲受人に対して譲渡制限特約を対抗することができないとするものである。譲渡制限特約付債権が差し押さえられると，本来，債務者は特約を対抗することができず（本文(5)），特約によって保護されるべき債務者の利益が失われたと評価することができる一方で，差押えがされる局面においては，譲受人が債権全額を回収することができないおそれがあるため，譲受人を保護する必要性が高い点を考慮したものである。

これに対して，債務者の利益保護の観点から，本文(4)ウ及びエのような規定を設けるべきではないとする考え方があり，これを（注1）で取り上げた。

なお，本文(4)アからエまでの各事由が生じ，債務者が譲受人に対して譲渡制限特約を対抗することができなくなった場合に，各事由が発生するまでに生じていた譲渡人に対する抗弁を譲受人に対して対抗することができないとすると，譲渡制限特約によってそれまで保護されていた債務者の抗弁が各事由の発生によって失われることになるが，それでは債務者に生ずる不利益が大きい。本文(4)柱書第2文は，債務者による抗弁の主張を認めるために，現民法第468条第2項の特則を定めることによって，債務者の保護を図るものである。

本文(5)は，譲渡制限特約付債権が差し押さえられたときは，債務者は，特約を差押債権者に対抗することができないことを明らかにするものであり，判例法理（最判昭和45年4月10日民集24巻4号240頁）の実質的な内容を維持する趣旨である。

以上に対して，このような民法第466条の改正は，譲渡人の債権者の債権回収に悪影響を及ぼすおそれがあるとして，同条を維持すべきであるという考え方があり，これを（注2）で取り上げている。

2　対抗要件制度（民法第467条関係）
  (1) 第三者対抗要件及び権利行使要件
     民法第467条の規律について，次のいずれかの案により改めるものとする。
     【甲案】（第三者対抗要件を登記・確定日付ある譲渡書面とする案）
     ア　金銭債権の譲渡は，その譲渡について登記をしなければ，債務者以外の第三者に対抗することができないものとする。
     イ　金銭債権以外の債権の譲渡は，譲渡契約書その他の譲渡の事実を証する書面に確定日付を付さなければ，債務者以外の第三者に対抗することができないものとする。
     ウ(ｱ)　債権の譲渡人又は譲受人が上記アの登記の内容を証する書面又は上記イの書面を当該債権の債務者に交付して債務者に通知をしなければ，譲受人は，債権者の地位にあることを債務者に対して主張することができないものとする。
       (ｲ)　上記(ｱ)の通知がない場合であっても，債権の譲渡人が債務者に通知をしたときは，譲受人は，債権者の地位にあることを債務者に対して主張することができるものとする。
     【乙案】（債務者の承諾を第三者対抗要件等とはしない案）

特例法（動産及び債権の譲渡の対抗要件に関する民法の特例等に関する法律）と民法との関係について，現状を維持した上で，民法第４６７条の規律を次のように改めるものとする。
　ア　債権の譲渡は，譲渡人が確定日付のある証書によって債務者に対して通知をしなければ，債務者以外の第三者に対抗することができないものとする。
　イ　債権の譲受人は，譲渡人が当該債権の債務者に対して通知をしなければ，債権者の地位にあることを債務者に対して主張することができないものとする。
　（注）第三者対抗要件及び権利行使要件について現状を維持するという考え方がある。

（概要）
1　甲案
　本文の甲案は，①金銭債権の譲渡の第三者対抗要件を登記に一元化するとともに（甲案ア），②金銭債権以外の債権の譲渡の第三者対抗要件を確定日付の付された譲渡の事実を証する書面に改める（甲案イ）ものである。現在の民法上の対抗要件制度に対しては，債権譲渡の当事者ではない債務者が，譲渡の有無の照会を受けたり，譲渡通知が到達した順序の正確な把握を求められるなどの負担を強いられていることについて，実務上・理論上の問題点が指摘されている。甲案は，このような問題点を解消して債務者の負担を軽減するとともに，特に金銭債権の譲渡について取引の安全を保護することを意図するものである。なお，ここでの登記は，必ずしも特例法上の債権譲渡登記制度の現状を前提とするものではなく，①登記することができる債権譲渡の対象を自然人を譲渡人とするものに拡張すること，②第三者対抗要件を登記に一元化することで登記数が増加すること，③根担保権の設定の登記のように現在の債権譲渡登記制度では困難であると指摘されている対抗要件具備方法があることに対応するために，債権の特定方法の見直し，登記申請に関するアクセスの改善その他の必要な改善をすることを前提とする。甲案イの「譲渡契約書その他の譲渡の事実を証する書面」とは，譲渡契約書である必要はなく，譲渡対象となる債権が特定され，かつ，当該債権を譲渡する旨の当事者の意思が明らかとなっている書面であれば足りるという考えに基づくものである。
　甲案ウでは，登記の内容を証する書面（金銭債権の場合）又は譲渡契約書その他の譲渡の事実を証する書面（金銭債権以外の債権の場合）を当該債権の債務者に交付して譲渡人又は譲受人が通知をすることとは別に（甲案ウ(ｱ)），第三者対抗要件を具備する必要のない債権譲渡に対応するため，単なる譲渡通知を譲渡人が債務者に対してすることも債務者に対する権利行使要件としている（甲案ウ(ｲ)）。この両者の通知が競合した場合については，本文アの登記の内容を証する書面又は本文イの書面を交付して通知をした譲受人に対して債務を履行しなければならない旨のルールを設けている（後記(2)甲案ウ）。
2　乙案

本文の乙案は，特例法上の対抗要件と民法上の対抗要件とが併存する関係を維持した上で，民法上の第三者対抗要件について，確定日付のある証書による通知のみとするものである。債務者をインフォメーション・センターとする対抗要件制度を維持するとしても，債務者の承諾については，第三者対抗要件としての効力発生時期が不明確であるという指摘のほか，債権譲渡の当事者ではない債務者が譲受人の対抗要件具備のために積極的関与を求められるのは，債務者に不合理な負担となることが指摘されている。乙案は，このような指摘に応える方策として，確定日付のある証書による債務者の承諾を第三者対抗要件としないこととするものである。

　もっとも，現在，債権譲渡の第三者対抗要件が債務者の承諾について問題が指摘されているとしても，債務者の承諾を第三者対抗要件から削除する必要まではなく，基本的に現在の対抗要件制度を維持すべきとの考え方があり，これを（注）として取り上げた。

　乙案イでは，債務者の承諾を権利行使要件とはしないこととしている（甲案ウも同様）。これは，債務者に弁済の相手方を選択する利益を積極的に認めることは必要なく，かつ，譲渡当事者の利益保護の観点から適当ではないという考慮の他，債権譲渡の当事者でもない債務者が，譲受人の権利行使要件具備のために，承諾という積極的関与を要求されることは，制度としての合理性に疑問があるという考え方に基づき，債権譲渡制度の中で債務者が果たす役割を小さくすることによって，できる限り債務者に負担がかからない制度とすることを意図するものである。

(2) **債権譲渡が競合した場合における規律**
　債権譲渡が競合した場合における規律について，次のいずれかの案により新たに規定を設けるものとする。
【甲案】　前記(1)において甲案を採用する場合
ア　前記(1)【甲案】アの登記をした譲渡又は同イの譲渡の事実を証する書面に確定日付が付された譲渡が競合した場合には，債務者は，前記(1)【甲案】ウ(ｱ)の通知をした譲受人のうち，先に登記をした譲受人又は譲渡の事実を証する書面に付された確定日付が先の譲受人に対して，債務を履行しなければならないものとする。
イ　前記(1)【甲案】ウ(ｲ)の通知がされた譲渡が競合した場合には，債務者は，いずれの譲受人に対しても，履行することができるものとする。この場合において，債務者は，通知が競合することを理由として，履行を拒絶することはできないものとする。
ウ　前記(1)【甲案】ウ(ｱ)の通知がされた譲渡と同(ｲ)の通知がされた譲渡とが競合した場合には，債務者は，同(ｱ)の通知をした譲受人に対して，債務を履行しなければならないものとする。
エ　上記アの場合において，最も先に登記をした譲渡に係る譲受人について同時に登記をした他の譲受人があるときは，債務者は，いずれの譲受人に対しても，履行することができるものとする。最も確定日付が先の譲受人について確定日付が同日である他の譲受人があるときも，同様とするもの

とする。これらの場合において，債務者は，同時に登記をした他の譲受人又は確定日付が同日である他の譲受人があることを理由として，履行を拒絶することはできないものとする。
　オ　上記エにより履行を受けることができる譲受人が複数ある場合において，債務者がその譲受人の一人に対して履行したときは，他の譲受人は，履行を受けた譲受人に対して，その受けた額を各譲受人の債権額で按分した額の償還を請求することができるものとする。
【乙案】　前記(1)において乙案を採用する場合
　ア　前記(1)【乙案】アの通知がされた譲渡が競合した場合には，債務者は，その通知が先に到達した譲受人に対して，債務を履行しなければならないものとする。
　イ　上記アの場合において，最も先に通知が到達した譲渡に係る譲受人について同時に通知が到達した譲渡に係る他の譲受人があるときは，債務者は，いずれの譲受人に対しても，履行することができるものとする。この場合において，債務者は，同時に通知が到達した他の譲受人があることを理由として，履行を拒絶することはできないものとする。
　（注）甲案・乙案それぞれに付け加えて，権利行使要件を具備した譲受人がいない場合には，債務者は，譲渡人と譲受人のいずれに対しても，履行することができるものとするが，通知がないことを理由として，譲受人に対する履行を拒絶することができるものとする規定を設けるという考え方がある。

（概要）
1　前記(1)の見直しの内容を踏まえて，第三者対抗要件を具備した債権譲渡が競合した場合に関する規律を明文化するものである。現在は，債務者にとっては譲渡が競合した場合における弁済の相手方の判断準則が明らかではないので，そのルールの明確化を図るものである。
2　本文の甲案（前記(1)において甲案を採る場合）
　本文の甲案アは，金銭債権の譲渡については登記の先後によって，金銭債権以外の債権の譲渡については確定日付の先後によって，それぞれ優劣が決せられ，債務者は優先する譲受人に対して履行しなければならないことを明らかにするものである。
　甲案イは，前記(1)甲案ウ(イ)の単なる通知をした譲受人が複数いる場合に，債務者がいずれの譲受人に対しても債務を履行することができるが，通知が競合することを理由として履行を拒絶することができないとするものである。
　甲案ウは，第三者対抗要件具備に関する書面を交付してする通知（前記(1)甲案ウ(ア)）と単なる通知（同(イ)）とが競合した場合には，前者の通知をした譲受人に債務を履行しなければならないとするものである。後者の単なる通知は，譲受人が簡易に権利行使することを可能とする趣旨で認められるものに過ぎず，譲渡が競合した場合には，権利行使要件としての意味を持たないものとして位置付けるのが相当であるからである。

甲案エは，同時に対抗要件を具備した譲受人が複数いる場合に，債務者がいずれの譲受人に対しても債務を履行することができるとする判例法理（最判昭和５５年１月１１日民集３４巻１号４２頁）を明文化するとともに，この場合には，いずれの譲受人に対しても履行を拒絶することができないことを明らかにするものである。
　甲案オは，譲受人間の公平を図るために，甲案エにより履行を受けることができる譲受人が複数ある場合において，債務者がその譲受人の一人に対して履行したときに，譲受人間で各譲受人の債権額に応じた按分額の償還を請求することを認めるものである。この場合には，最初に債務の履行を受けた譲受人がいわば分配機関としての役割を果たすことになるが，甲案によれば，同時に対抗要件を具備した譲受人の存否及び数を登記によって確認することができるから，乙案と異なり，当該譲受人の負担が必ずしも大きくないと言える点を考慮したものである。
　なお，譲受人が権利行使要件を具備するまで，債務者が譲渡人と譲受人のいずれに対しても履行をすることができるかどうかについては，債務者に弁済の相手方を選択する利益を認めること（弁済の相手方を譲渡人に固定したい譲渡当事者の利益を認めないこと）の当否をめぐって見解が対立していることから，解釈に委ねることとしている。もっとも，この点について，現在のルールを維持する方向で規定を設けるべきであるという考え方があり，その具体的な内容を（注）として取り上げた。

3　本文の乙案（前記(1)において乙案を採る場合）
　本文の乙案アは，譲渡の優劣が通知の到達の先後によって決せられ，債務者は優先する譲受人に対して債務を履行しなければならないことを明らかにするものである。現在は，確定日付のある証書によらない通知であっても，その到達後に確定日付を付した場合には，その付した時を基準として競合する他の譲渡との優劣を決するものと解する見解も有力であるが，これによると債務者が対抗要件具備の時点を知ることができないという問題が指摘されている。このような問題を解消するため，通知到達後に確定日付を付しても，当該通知に第三者対抗要件としての効力を認めないことを含意する趣旨で，乙案アは，確定日付のある証書による通知の到達の先後によって競合する譲渡の優劣を決すると明記するものであり，判例（大判大正４年２月９日民録２１輯９３頁参照）とは異なる考え方を採るものである。
　乙案イは，甲案エと同様の趣旨である。

3　債権譲渡と債務者の抗弁（民法第４６８条関係）
　(1) 異議をとどめない承諾による抗弁の切断
　　民法第４６８条の規律を次のように改めるものとする。
　ア　債権が譲渡された場合において，債務者は，譲受人が権利行使要件を備える時までに譲渡人に対して生じた事由をもって譲受人に対抗することができるものとする。
　イ　上記アの抗弁を放棄する旨の債務者の意思表示は，書面でしなければ，その効力を生じないものとする。

(概要)
　本文アは，異議をとどめない承諾による抗弁の切断の制度（民法第４６８条第１項）を廃止した上で，同条第２項の規律を維持するものである。異議をとどめない承諾の制度を廃止するのは，単に債権が譲渡されたことを認識した旨を債務者が通知しただけで抗弁の喪失という債務者にとって予期しない効果が生ずることが，債務者の保護の観点から妥当でないという考慮に基づくものである。その結果，抗弁の切断は，抗弁を放棄するという意思表示の一般的な規律に委ねられることになる。
　本文アは，抗弁放棄の意思表示は一方的な利益の放棄であり，慎重にされる必要があると考えられることから，抗弁を放棄する意思表示に書面要件を課すものである。

(2) 債権譲渡と相殺の抗弁
　ア　債権の譲渡があった場合に，譲渡人に対して有する反対債権が次に掲げるいずれかに該当するものであるときは，債務者は，当該債権による相殺をもって譲受人に対抗することができるものとする。
　　(ｱ)　権利行使要件の具備前に生じた原因に基づいて債務者が取得した債権
　　(ｲ)　将来発生する債権が譲渡された場合において，権利行使要件の具備後に生じた原因に基づいて債務者が取得した債権であって，その原因が譲受人の取得する債権を発生させる契約と同一の契約であるもの
　イ　上記アにかかわらず，債務者は，権利行使要件の具備後に他人から取得した債権による相殺をもって譲受人に対抗することはできないものとする。

(概要)
　債権譲渡がされた場合に債務者が譲受人に対して主張することができる相殺の抗弁の範囲について，ルールの明確化を図るために，新たに規定を設けるものである。ここでは，まず，権利行使要件の具備時に相殺適状にある必要はなく，自働債権と受働債権の弁済期の先後を問わず，相殺の抗弁を対抗することができるという見解（無制限説）を採用することとしている（最判昭和５０年１２月８日民集２９巻１１号１８６４頁参照）。なお，権利行使要件の具備時を基準時としているのは，民法第４６８条第２項の規律内容を実質的に維持すること（前記(1)ア参照）を前提とするものである。
　本文アは，以上に加えて，①権利行使要件の具備時に債権の発生原因が既に存在していた場合について，当該発生原因に基づき発生した債権を自働債権とする相殺を可能とするとともに，②権利行使要件の具備時に債権の発生原因が存在していない場合でも，譲渡された債権と同一の契約から発生する債権を自働債権とする相殺を可能とするものである。①は，権利行使要件の具備時に債権が未発生であっても，発生原因が存在する債権を反対債権とする相殺については，相殺の期待が保護に値すると考えられることに基づくものであり，法定相殺と差押え（後記第２３，４）と同趣旨である。また，②は，将来債権が譲渡された場合については，譲渡後も譲渡人と債務者との間における取引が継続することが想定されるので，法定相殺と差押えの場合よりも相殺の期待を広く保護する必要性が高いという考慮に基づき，相殺の抗弁を対抗することができるとするものである。

本文イは，本文アの要件に該当する債権であっても，権利行使要件の具備後に他人から取得した債権によって相殺することができないとするものである。この場合には権利行使要件具備時に債務者に相殺の期待がないのだから，相殺を認める必要がないと考えられるからである。

4　将来債権譲渡
　(1)　将来発生する債権（以下「将来債権」という。）は，譲り渡すことができるものとする。将来債権の譲受人は，発生した債権を当然に取得するものとする。
　(2)　将来債権の譲渡は，前記2(1)の方法によって第三者対抗要件を具備しなければ，第三者に対抗することができないものとする。
　(3)　将来債権が譲渡され，権利行使要件が具備された場合には，その後に譲渡制限特約がされたときであっても，債務者は，これをもって譲受人に対抗することができないものとする。
　(4)　将来債権の譲受人は，上記(1)第2文にかかわらず，譲渡人以外の第三者が当事者となった契約上の地位に基づき発生した債権を取得することができないものとする。ただし，譲渡人から第三者がその契約上の地位を承継した場合には，譲受人は，その地位に基づいて発生した債権を取得することができるものとする。
　(注1)　上記(3)については，規定を設けない（解釈に委ねる）という考え方がある。
　(注2)　上記(4)に付け加えて，将来発生する不動産の賃料債権の譲受人は，譲渡人から第三者が譲り受けた契約上の地位に基づき発生した債権であっても，当該債権を取得することができない旨の規定を設けるという考え方がある。

（概要）
　本文(1)は，既発生の債権だけでなく，将来発生する債権についても譲渡の対象とすることができ，将来債権の譲受人が具体的に発生する債権を当然に取得するとするものであり，判例（最判平成11年1月29日民集53巻1号151頁，最判平成19年2月15日民集61巻1号243頁）を明文化するものである。
　本文(2)は，将来債権の譲渡についても，既発生の債権譲渡と同様の方法で第三者対抗要件を具備することができるとする判例（最判平成13年11月22日民集55巻6号1056頁）を明文化するものである。
　本文(3)は，権利行使要件の具備後に，譲渡人と債務者との間で譲渡制限特約（前記1(2)参照）がされたときには，債務者がその特約をもって譲受人に対抗することができないとしている。現在不明確なルールを明確化することにより，取引の安全を図ろうとするものである。これに対して，本文(3)のルール自体の合理性に疑問を呈し，このような規律を設けず，解釈に委ねるべきであるという考え方があり，これを（注1）として取り上げた。

将来債権の譲渡は，譲渡人が処分権を有する範囲でなければ効力が認められないため，譲渡人以外の第三者が締結した契約に基づき発生した債権については，将来債権譲渡の効力が及ばないのが原則である。しかし，第三者が譲渡人から承継した契約から現実に発生する債権については，譲渡人の処分権が及んでいたものなので，将来債権譲渡の効力が及ぶと解されている。本文(4)は，以上のような解釈を明文化することによって，ルールの明確化を図るものである。
　本文(4)のルールの下では，将来の賃料債権が譲渡された不動産が流通するおそれがあるが，これは不動産の流通保護の観点から問題があるとの指摘がある。このような立場から，将来発生する不動産の賃料債権の譲受人は，第三者が譲渡人から承継した契約から発生した債権であっても，これを取得しないとする例外を設ける考え方が主張されており，これを（注2）で取り上げた。

第19　有価証券
　民法第469条から第473条まで，第86条第3項，第363条及び第365条の規律に代えて，次のように，有価証券に関する規律を整備する。
　1　指図証券について
　　(1)ア　指図証券の譲渡は，その証券に譲渡の裏書をして譲受人に交付しなければ，その効力を生じないものとする。
　　　イ　指図証券の譲渡の裏書の方式，裏書の連続による権利の推定，善意取得及び善意の譲受人に対する抗弁の制限については，現行法の規律（商法第519条，民法第472条）と同旨の規律を整備する。
　　　ウ　指図証券を質権の目的とする場合については，ア及びイに準じた規律を整備する。
　　(2)　指図証券の弁済の場所，履行遅滞の時期及び債務者の免責については，現行法の規律（商法第516条第2項，第517条，民法第470条）と同旨の規律を整備する。
　　(3)　指図証券の公示催告手続については，現行法の規律（民法施行法第57条，商法第518条）と同旨の規律を整備する。
　2　記名式所持人払証券について
　　(1)ア　記名式所持人払証券（債権者を指名する記載がされている証券であって，その所持人に弁済をすべき旨が付記されているものをいう。以下同じ。）の譲渡は，譲受人にその証券を交付しなければ，その効力を生じないものとする。
　　　イ　記名式所持人払証券の占有による権利の推定，善意取得及び善意の譲受人に対する抗弁の制限については，現行法の規律（商法第519条等）と同旨の規律を整備する。
　　　ウ　記名式所持人払証券を質権の目的とする場合については，ア及びイに準じた規律を整備する。
　　(2)　記名式所持人払証券の弁済及び公示催告手続については，1(2)及び(3)

に準じた規律を整備する。
　３　１及び２以外の記名証券について
　　(1) 債権者を指名する記載がされている証券であって，指図証券及び記名式所持人払証券以外のものは，債権の譲渡又はこれを目的とする質権の設定に関する方式に従い，かつ，その効力をもってのみ，譲渡し，又は質権の目的とすることができるものとする。
　　(2) (1)の証券の公示催告手続については，１(3)に準じた規律を整備する。
　４　無記名証券について
　　　無記名証券の譲渡，弁済等については，記名式所持人払証券に準じた規律を整備する。
　　（注）上記３については，規定を設けないという考え方がある。

（概要）
１　基本方針
　(1) 民法第４６９条から第４７３条まで，第８６条第３項，第３６３条及び第３６５条の規律に代えて，有価証券に関する規律を整備するものである。有価証券と区別される意味での証券的債権に関する規律は，民法に設けないこととする。
　(2) 現行制度でも，船荷証券，記名式・無記名式の社債券，国立大学法人等債券，無記名式の社会医療法人債券等の一部の有価証券（商取引によるものに限られない。）については，民法の規定の適用の余地があることから，民法に有価証券に関する規律を整備して存置することが適当であるが，特別法による有価証券を除くと多くの典型例があるわけではない。そこで，民法，商法及び民法施行法に規定されている証券的債権又は有価証券に関する規律について，民法の規律と有価証券法理とが抵触する部分はこれを解消するものの，基本的には規律の内容を維持したまま，民法に規定を整備することとする。
２　指図証券
　(1) 本文１(1)アは，証券と権利が結合しているという有価証券の性質を踏まえ，譲渡の裏書及び証書の交付を対抗要件とする民法第４６９条の規律に代えて，これらを譲渡の効力要件とするものである。
　　本文１(1)イは，指図証券の譲渡の裏書の方式，裏書の連続による権利の推定，善意取得及び善意の譲受人に対する抗弁の制限に関する現行法の規律（商法第５１９条，手形法第１２条，第１３条，第１４条第２項，小切手法第１９条，第２１条，民法第４７２条）と同旨の規律を整備するものである。
　　本文１(1)ウは，指図証券の質入れについて，証書の交付を効力要件とし，質権の設定の裏書を第三者対抗要件とする民法第３６３条及び第３６５条の規律に代えて，これらを質入れの効力要件とするほか，質入裏書の方式，権利の推定，質権の善意取得及び抗弁の制限に関し，譲渡の場合に準じた規律を整備するものである。
　(2) 本文１(2)は，指図証券の弁済の場所，履行遅滞の時期及び債務者の免責に関する現行法の規律（商法第５１６条第２項，第５１７条，民法第４７０条）と同旨の規律を

整備するものである。
  (3) 本文1(3)は、指図証券の公示催告手続に関する現行法の規律（民法施行法第57条、商法第518条）と同旨の規律を整備するものである。
 3 記名式所持人払証券
  (1) 本文2(1)アは、証券と権利が結合しているという有価証券の性質を踏まえ、証券の交付を譲渡の効力要件とするものである。
   本文2(1)イは、記名式所持人払証券の占有による権利の推定、善意取得及び善意の譲受人に対する抗弁の制限に関する現行法の規律（商法第519条、小切手法第21条、民法第472条類推）と同旨の規律を整備するものである。
   本文2(1)ウは、記名式所持人払証券の質入れについて、効力要件、権利の推定、質権の善意取得及び抗弁の制限に関し、譲渡の場合に準じた規律を整備するものである。
  (2) 本文2(2)は、記名式所持人払証券の弁済及び公示催告手続について、現行法の規律（民法第471条、民法施行法第57条、商法第518条）を維持しつつ、指図証券に準じた規律を整備するものである。
 4 指図証券及び記名式所持人払証券以外の記名証券
   本文3(1)は、指図証券及び記名式所持人払証券以外の記名証券の譲渡又は質入れの効力要件及び第三者対抗要件については、手形法第11条第2項の裏書禁止手形と同様の見解の対立があり、特定の見解を採用することは困難であることから、同項と同様の規定振りとする一方で、指図証券、記名式所持人払証券及び無記名証券と異なり、権利の推定、善意取得及び抗弁の制限に関する規律を設けないことにより、証券の法的性質を明らかにする趣旨のものである。また、本文3(2)は、公示催告手続について、指図証券等に準じた規律を整備するものである。
   もっとも、指図証券及び記名式所持人払証券以外の記名証券については、その性質上、有価証券に当たらないとする考え方もあり得ることから、本文3の規律を設けるべきでないという考え方を（注）で取り上げている。
 5 無記名証券
   本文4は、無記名債権を動産とみなすという民法第86条第3項の規律に代えて、無記名証券も有価証券の一種類であることを踏まえ、無記名証券につき、記名式所持人払証券に準じた規律を整備するものである。

第20 債務引受
 1 併存的債務引受
  (1) 併存的債務引受の引受人は、債務者と連帯して、債務者が債権者に対して負担する債務と同一の債務を負担するものとする。
  (2) 併存的債務引受は、引受人と債権者との間で、引受人が上記(1)の債務を負担する旨を合意することによってするものとする。
  (3) 上記(2)のほか、併存的債務引受は、引受人と債務者との間で、引受人が上記(1)の債務を負担する旨を合意することによってすることもできるものとする。この場合において、債権者の権利は、債権者が引受人に対して承諾を

した時に発生するものとする。
　(4) 引受人は，併存的債務引受による自己の債務について，その負担をした時に債務者が有する抗弁をもって，債権者に対抗することができるものとする。
　（注）以上に付け加えて，併存的債務引受のうち，①引受人が債務者の負う債務を保証することを主たる目的とする場合，②債務者が引受人の負う債務を保証することを主たる目的とする場合について，保証の規定のうち，保証人の保護に関わるもの（民法第４４６条第２項等）を準用する旨の規定を設けるという考え方がある。

（概要）
　本文(1)から(3)までは，併存的債務引受の要件と基本的な効果についての規定を設けるものである。その成立要件としては，債権者，債務者及び引受人の三者間の合意は必要ではなく，債権者と引受人との合意（本文(2)）か，債務者と引受人との合意（本文(3)）のいずれかがあればよいという一般的な理解を明文化している。他方，その効果については，引受人が，債務者と連帯して債務を負担するものとしている（本文(1)）。判例（最判昭和４１年１２月２０日民集２０巻１０号２１３９頁）は特段の事情のない限り連帯債務になるとしているが，連帯債務者の一人に生じた事由については原則として相対的効力事由とする方向での改正が検討されており（前記第１６，３参照），原則と例外が入れ替わることとなる。
　また，本文(3)第２文は，債務者と引受人との合意によって成立する併存的債務引受は，第三者のためにする契約であり，これについて受益者の権利取得に受益の意思表示を必要とする民法第５３７条第２項を維持することを前提に，ルールを明確化するものである。
　本文(4)は，併存的債務引受がされた場合に，引受人は，債務を負担した時に債務者が有する抗弁をもって債権者に対抗することができるとする一般的な理解を明文化するものである。なお，引受人は他人の債権を処分することはできないため，債務者の有する相殺権を行使することはできず，連帯債務の規律（前記第１６，３(2)ウ）に従うことになる。
　以上に付け加えて，併存的債務引受のうち，①引受人が債務者の負う債務を保証することを主たる目的とする場合と，②債務者が引受人の負う債務を保証することを主たる目的とする場合について，保証の規定のうち，保証人の保護に関わるもの（民法第４４６条第２項等）を準用するという考え方があり，これを（注）で取り上げた。

２　免責的債務引受
　(1) 免責的債務引受においては，引受人は債務者が債権者に対して負担する債務と同一の債務を引き受け，債務者は自己の債務を免れるものとする。
　(2) 免責的債務引受は，引受人が上記(1)の債務を引き受けるとともに債権者が債務者の債務を免責する旨を引受人と債権者との間で合意し，債権者が債務者に対して免責の意思表示をすることによってするものとする。この場合においては，債権者が免責の意思表示をした時に，債権者の引受人に対する権利が発生し，債務者は自己の債務を免れるものとする。

(3) 上記(2)の場合において，債務者に損害が生じたときは，債権者は，その損害を賠償しなければならないものとする。
(4) 上記(2)のほか，免責的債務引受は，引受人が上記(1)の債務を引き受けるとともに債務者が自己の債務を免れる旨を引受人と債務者との間で合意し，債権者が引受人に対してこれを承諾することによってすることもできるものとする。この場合においては，債権者が承諾をした時に，債権者の引受人に対する権利が発生し，債務者は自己の債務を免れるものとする。

(概要)
　本文(1)は，免責的債務引受においては，引受人は債務者が債権者に対して負担する債務と同一の債務を引き受け，債務者は自己の債務を免れるという免責的債務引受の基本的な効果についての規定を設けるものである。
　本文(2)と(4)は，免責的債務引受の要件について規定するものである。免責的債務引受は，債権者，債務者及び引受人の三者間の合意は必要ではなく，債権者と引受人との合意か，債務者と引受人との合意のいずれかがあれば成立することが認められている。しかし，債権者と引受人との合意のみによって免責的債務引受が成立することを認めると，債務者が自らの関与しないところで契約関係から離脱することになり不当であると指摘されている。本文(2)は，この指摘を踏まえて，債権者と引受人との合意に加えて，債権者の債務者に対する免責の意思表示を要件とするとともに，本文(3)では，免除の規律（後記第２５）と平仄を合わせて，免責的債務引受によって債務者に生じた損害を債権者が賠償しなければならないこととしている。
　本文(4)は，債務者と引受人との合意によって免責的債務引受が成立することを認めるものである。もっとも，債権者の関与なく債務者が交替することを認めると，債権者の利益を害するため，この場合には，債権者の承諾がなければ免責的債務引受の効力を生じないとされている。本文(4)は，基本的にこのような一般的な理解を明文化するものであるが，承諾の効力発生時期を遡及させる必要性は乏しいと考えられることから，承諾の時点で免責的債務引受が成立するとしている。

3　免責的債務引受による引受けの効果
(1) 引受人は，免責的債務引受により前記2(1)の債務を引き受けたことによって，債務者に対して求償することはできないものとする。
(2) 引受人は，免責的債務引受により引き受けた自己の債務について，その引受けをした時に債務者が有していた抗弁をもって，債権者に対抗することができるものとする。
　　（注）上記(1)については，規定を設けない（解釈に委ねる）という考え方がある。

(概要)
　本文(1)は，免責的債務引受によって，引受人が債務者に対して求償権を取得しない旨を

定めるものである。免責的債務引受がされることによって，債務者は，債権債務関係から完全に解放されると期待すると考えられることから，この期待を保護し，規律の合理化を図るものである。もっとも，求償権の発生の有無について一律に定めるのは適当ではなく，解釈に委ねるべきであるとの考え方があり，これを（注）で取り上げている。
　本文(2)は，併存的債務引受についての前記１(3)と同様の趣旨である。

4　免責的債務引受による担保権等の移転
(1) 債権者は，引受前の債務の担保として設定された担保権及び保証を引受後の債務を担保するものとして移すことができるものとする。
(2) 上記(1)の担保の移転は，免責的債務引受と同時にする意思表示によってしなければならないものとする。
(3) 上記(1)の担保権が免責的債務引受の合意の当事者以外の者の設定したものである場合には，その承諾を得なければならないものとする。
(4) 保証人が上記(1)により引受後の債務を履行する責任を負うためには，保証人が，書面をもって，その責任を負う旨の承諾をすることを要するものとする。

（概要）
　本文(1)は，債務者が負担する債務のために設定されていた担保権及び保証を引受人が負担する債務を担保するものとして移転することができるという一般的な理解を明文化するものである。なお，ここで債権者の単独の意思表示で担保を移転させることができるとするのは，更改に関する後記第２４，５と同様の趣旨である。
　本文(2)は，本文(1)の債権者の意思表示が，免責的債務引受と同時にされなければならないとするものである。担保の付従性との関係で，免責的債務引受と同時に担保権の処遇を決することが望ましいと考えられるからである。
　本文(3)は，民法第５１８条ただし書と同様の趣旨である。
　本文(4)は，保証の移転に関して，民法第４４６条第２項との整合性を図るものである。

第21　契約上の地位の移転
　契約の当事者の一方が第三者との間で契約上の地位を譲渡する旨の合意をし，その契約の相手方が当該合意を承諾したときは，譲受人は，譲渡人の契約上の地位を承継するものとする。
　（注）このような規定に付け加えて，相手方がその承諾を拒絶することに利益を有しない場合には，相手方の承諾を要しない旨の規定を設けるという考え方がある。

（概要）
　契約上の地位の移転についてのルールの明確化を図るため，その要件・効果を定める規定を新たに設けるものである。

要件については，契約上の地位を譲渡する旨の譲渡人と譲受人の合意とともに，契約の相手方の承諾を要するのが原則であるが，賃貸借契約における賃貸人たる地位を譲渡する場合のように，契約上の地位が譲受人に承継されないことによって保護される利益が相手方にないのであれば，例外的に契約の相手方の承諾を要しないとされている。このような一般的な理解を否定する趣旨ではないが，相手方の承諾が不要となる場合の要件を適切に規律することが困難であることから，本文は，相手方の承諾が不要となる場合の要件を解釈に委ねるものである。これに対して，相手方の承諾が不要となる場合の要件を「相手方がその承諾を拒絶することに利益を有しない場合」とする考え方があり，これを（注）で取り上げている。

効果については，契約上の地位の移転によって，当然に譲渡人が契約から離脱することを定めており，これも，これまでの一般的な理解を明文化するものである。

第22 弁済

1 弁済の意義
債務が履行されたときは，その債権は，弁済によって消滅するものとする。

（概要）

弁済が債権の消滅原因であることを明記する規定を新設するものである。現在は，弁済の款の冒頭に「第三者の弁済」という異例な事態を扱った規定が置かれ，弁済の意味に関する基本的な定めが欠けていることから，このような現状を改める趣旨である。弁済という用語は，「債務の履行」との関係で，現行法では必ずしも明確に使い分けられていないが，ここでは，「更改によって消滅する」（民法第513条第1項）という表現と同様に，その消滅原因の呼称を表すもの（ないし消滅という結果に着目するもの）として用いている。

2 第三者の弁済（民法第474条関係）
民法第474条第2項の規律を次のように改めるものとする。
(1) 民法第474条第1項の規定により債務を履行しようとする第三者が債務の履行をするについて正当な利益を有する者でないときは，債権者は，その履行を受けることを拒むことができるものとする。ただし，その第三者が債務を履行するについて債務者の承諾を得た場合において，そのことを債権者が知ったときは，この限りでないものとする。
(2) 債権者が上記(1)によって第三者による履行を受けることを拒むことができるにもかかわらず履行を受けた場合において，その第三者による履行が債務者の意思に反したときは，その弁済は，無効とするものとする。
  (注) 上記(1)(2)に代えて，債権者が債務を履行するについて正当な利益を有する者以外の第三者による履行を受けた場合において，その第三者による履行が債務者の意思に反したときはその履行は弁済としての効力を有するものとした上で，その第三者は債務者に対して求償することができない旨の規定を設けるという考え方がある。

(概要)
　本文(1)は，正当な利益を有する者以外の第三者による弁済について，債権者が受け取りを拒むことができるとするものである。現在は，第三者による履行の提供が債務者の意思に反しない場合（民法第４７４条第２項参照）には，債権者は受け取りを拒絶することができないと一般に考えられているため，債権者は，債務者の意思に反することが事後的に判明したときは履行を受けた物を返還しなければならないリスクを覚悟して，債務者の意思に反するかどうかの確認を待たずに，その履行を受けざるを得ないという問題が指摘されている。そこで，この問題に対応するため，客観的に判断可能な要件に該当する場合でない限り，債権者は受け取りを拒むことができることとするものである。なお，本文(1)で，当然に第三者による弁済をすることができる者の要件を「正当な利益を有する者」としているのは，法定代位が認められる要件（同法第５００条）と一致させることによってルールの明確化を図る趣旨である。また，本文(1)第２文では，債務者による履行の承諾を第三者が得たことを知った場合には，債権者は受領を拒むことができないとしている。債務者の意思が客観的に外部に明らかになっている場合には，債権者による受領の拒絶を認める必要はなく，特に履行引受のような取引で行われる第三者による債務の履行が引き続き認められる必要があるという考慮に基づくものである。
　本文(2)は，以上の見直しにかかわらず，正当な利益を有しない第三者の弁済によって，その第三者から求償されることを望まないという債務者の利益を引き続き保護するため，民法第４７４条第２項を維持するものである。もっとも，その適用場面は，本文(1)によって現在よりも限定されることとなる。
　これに対して，本文の考え方によると，債務者の意思が不明な場合には債権者が第三者による履行を受けることができないという状況に変わりはないので，その場合であっても弁済としての効力を認めた上で，その第三者は債務者に対して求償することができないとする考え方があり，これを（注）で取り上げている。

3　弁済として引き渡した物の取戻し（民法第４７６条関係）
民法第４７６条を削除するものとする。

(概要)
　行為能力の制限を受けた所有者が弁済としてした物の引渡しに関する民法第４７６条を削除するものである。同条の具体的な適用場面は制限行為能力者が代物弁済をした場合に限られる一方で，その適用場面においても，再度の債務の履行と引き渡した物の取戻しとの間に同時履行の関係が認められないのは，売買等の他の有償契約の取消しの場合との均衡を欠き，不合理であると指摘されている。このような一般的な理解を踏まえ，同条を削除することによって，規律の合理化を図るものである。なお，同条の削除に伴い，同法第４７７条の適用範囲は，同法第４７５条の場合に限定されることになる。

4 債務の履行の相手方(民法第478条,第480条関係)
 (1) 民法第478条の規律を次のように改めるものとする。
  ア 債務の履行は,次に掲げる者のいずれかに対してしたときは,弁済としての効力を有するものとする。
   (ア) 債権者
   (イ) 債権者が履行を受ける権限を与えた第三者
   (ウ) 法令の規定により履行を受ける権限を有する第三者
  イ 上記アに掲げる者(以下「受取権者」という。)以外の者であって受取権者としての外観を有するものに対してした債務の履行は,当該者が受取権者であると信じたことにつき正当な理由がある場合に限り,弁済としての効力を有するものとする。
 (2) 民法第480条を削除するものとする。
  (注)上記(1)イについては,債務者の善意又は無過失という民法第478条の文言を維持するという考え方がある。

(概要)
　本文(1)アは,債務の履行の相手方に関する基本的なルールを定めるものである。受取権者でない者に対する履行が例外的に有効となる要件を定める民法第478条の規律に先立って,原則的な場面を明示しようとする趣旨である。債権者のほかに履行を受けることができる者として,債権者が受取権限を与えた第三者(例えば,代理人)と,法令によって受取権限を有する第三者(例えば,破産管財人)を挙げている。
　本文(1)イは,民法第478条を以下の2点で改めるものである。第1に,同条の「債権の準占有者」という要件を,受取権者としての外観を有する者という要件に改めることとしている。債権者の代理人と称する者も「債権の準占有者」に該当するとした判例法理(最判昭和37年8月21日民集16巻9号1809頁等)を明文化するとともに,「債権の準占有者」という用語自体の分かりにくさを解消することを意図するものである。第2に,同条の善意無過失という要件について,文言を正当な理由に改めている。善意無過失という要件は,その文言上,弁済の時において相手方に受取権限があると信じたことについての過失を問題としているように読めるが,判例(最判平成15年4月8日民集57巻4号337頁)は,これにとどまらず,機械払システムの設置管理についての注意義務違反の有無のように,弁済時の弁済者の主観面と直接関係しない事情をも考慮することを明らかにした。このことを踏まえ,「正当な理由」の有無を要件とすることによって,弁済に関する事情を総合的に考慮するというルールを条文上明確にすることを意図するものである。このうち,第2の点については善意無過失という現在の規律を改める必要性がなく,文言を維持すべきであるとの考え方があり,これを(注)で取り上げている。
　本文(2)は,受取証書の持参人に対する弁済について定めた民法第480条を削除するものである。同条が真正の受取証書の持参人だけを適用対象としていることについて,合理性がないと批判されているほか,偽造の受取証書の持参人については同法第478条が適用されることも分かりにくくなっていると批判されている。そこで,同法第480条を削

除して，真正の受取証書の持参人についても同法第478条が適用されるとすることにより，規律の合理化と簡明化を図るものである。

5 代物弁済（民法第482条関係）
民法第482条の規律を次のように改めるものとする。
(1) 債務者が，債権者との間で，その負担した給付に代えて他の給付をすることにより債務を消滅させる旨の契約をした場合において，債務者が当該他の給付をしたときは，その債権は，消滅するものとする。
(2) 上記(1)の契約がされた場合であっても，債務者が当初負担した給付をすること及び債権者が当初の給付を請求することは，妨げられないものとする。

(概要)
本文(1)は，代物弁済契約が諾成契約であることと，代物の給付によって債権が消滅することを条文上明らかにするものである。代物弁済契約が要物契約であるという解釈が有力に主張されているが，これに対しては，合意の効力発生時期と債権の消滅時期とが一致することによって，代物の給付前に不動産の所有権が移転するとした判例法理との関係などをめぐって法律関係が分かりにくいという問題が指摘されていた。このことを踏まえ，合意のみで代物弁済契約が成立することを確認することによって，代物弁済をめぐる法律関係の明確化を図るものである。
本文(2)は，代物弁済契約が締結された場合であっても，債務者は当初負担した債務を履行することができるとともに，債権者も当初の給付を請求することができることを明らかにするものである。代物弁済契約の成立によって，当初の給付をする債務と代物の給付をする債務とが併存することになるため，当事者間の合意がない場合における両者の関係についてルールを明確化することを意図するものである。

6 弁済の方法（民法第483条から第487条まで関係）
(1) 民法第483条を削除するものとする。
(2) 法令又は慣習により取引時間の定めがある場合には，その取引時間内に限り，債務の履行をし，又はその履行の請求をすることができるものとする。
(3) 民法第486条の規律を改め，債務者は，受取証書の交付を受けるまでは，自己の債務の履行を拒むことができるものとする。
(4) 債権者の預金口座に金銭を振り込む方法によって債務を履行するときは，債権者の預金口座において当該振込額の入金が記録される時に，弁済の効力が生ずるものとする。
(注) 上記(4)については，規定を設けない（解釈に委ねる）という考え方がある。

(概要)
本文(1)は，特定物の引渡しに関する民法第483条を削除するものである。同条は，実

際にその適用が問題となる場面が乏しい反面，履行期の状態で引き渡せば，合意内容とは異なる性状で目的物を引き渡したとしても責任を負わないという誤った解釈を導くおそれがあると指摘されていることによる。
　本文(2)は，弁済の時間について，商法第５２０条の規律を一般化して民法に設けるものである。現在は弁済の時間に関する規定は民法に置かれていないが，商法第５２０条の規律内容は，必ずしも商取引に特有のものではなく，取引一般について，信義則上，当然に同様の規律が当てはまるという一般的な理解を明文化するものである。
　本文(3)は，受取証書の交付と債務の履行が同時履行の関係にあるという一般的な理解に従って，民法第４８６条を改めるものである。
　本文(4)は，債権者の預金口座への振込みによって金銭債務の履行をすることが許容されている場合に，振込みがされたときは，その弁済の効力は入金記帳時に生ずるとするものである。金銭債務の履行の多くが預金口座への振込みによってされる実態を踏まえて，その基本的なルールを明らかにすることを意図するものである。もっとも，このような規定を設ける必要性がないという考え方があり，これを（注）で取り上げている。

　７　弁済の充当（民法第４８８条から第４９１条まで関係）
　　民法第４８８条から第４９１条までの規律を次のように改めるものとする。
　(1) 次に掲げるいずれかの場合に該当し，かつ，履行をする者がその債務の全部を消滅させるのに足りない給付をした場合において，当事者間に充当の順序に関する合意があるときは，その順序に従い充当するものとする。
　　ア　債務者が同一の債権者に対して同種の給付を内容とする数個の債務を負担する場合（下記ウに該当する場合を除く。）
　　イ　債務者が一個の債務について元本のほか利息及び費用を支払うべき場合（下記ウに該当する場合を除く。）
　　ウ　債務者が同一の債権者に対して同種の給付を内容とする数個の債務を負担する場合において，そのうち一個又は数個の債務について元本のほか利息及び費用を支払うべきとき
　(2) 上記(1)アに該当する場合において，上記(1)の合意がないときは，民法第４８８条及び第４８９条の規律によるものとする。
　(3) 上記(1)イに該当する場合において，上記(1)の合意がないときは，民法第４９１条の規律によるものとする。
　(4) 上記(1)ウに該当する場合において，上記(1)の合意がないときは，まず民法第４９１条の規律によるものとする。この場合において，数個の債務の費用，利息又は元本のうちいずれかの全部を消滅させるのに足りないときは，民法第４８８条及び第４８９条の規律によるものとする。
　(5) 民法第４９０条を削除するものとする。
　(6) 民事執行手続における配当についても，上記(1)から(4)までの規律（民法第４８８条による指定充当の規律を除く。）が適用されるものとする。
　　（注）上記(6)については，規定を設けないという考え方がある。

(概要)
　弁済の充当に関する民法第488条から第491条までについて，規定相互の関係が必ずしも分かりやすくないと指摘されてきたこと等を踏まえ，これらのルールの関係を整理し，規律の明確化を図るものである。
　本文(1)は，弁済の充当に関する当事者間の合意がある場合には，その合意に従って充当されることを明らかにする規定を新たに設けるものである。弁済の充当に関しては，実務上，合意の果たす役割が大きいと指摘されていることを踏まえたものである。
　本文(2)は，現在の民法第488条（指定充当）及び第489条（法定充当）の規律を維持するものである。
　本文(3)は，一個の債務について元本，利息及び費用を支払うべき場合に関して，現在の民法第491条の規律を維持するものである。
　本文(4)は，一個又は数個の債務について元本，利息及び費用を支払うべき場合に関して，現在の民法第491条の規律を維持した上で，残額がある費用，利息又は元本の間においては同法第488条及び第489条の規律が適用されるとするものである。この場合に指定充当が認められるとする点は，現在争いがある問題について，ルールを明確化するものである。
　本文(5)は，民法第490条を削除するものである。同条が規律する一個の債務の弁済として数個の給付をすべき場合（例えば，定期金債権に基づいて支分権である個別の債務が発生する場合）については，弁済の充当に関しては，数個の債務が成立していると捉えることが可能であり，あえて特別の規定を存置する意義に乏しいと思われるからである。
　本文(6)は，民事執行手続における配当について，当事者間に充当に関する特約があったとしても，法定充当によると判断した判例（最判昭和62年12月18日民集41巻8号1592頁）の帰結を改め，合意による充当を認めることとするものである。法定充当しか認められないことによって担保付きの債権が先に消滅するという実務的な不都合が生じている等の指摘がある反面，配当後の充当関係について一律に法定充当によらなければ執行手続上の支障が生ずるとは必ずしも言えないとの指摘があることを考慮したものである。もっとも，上記の判例は民事執行の円滑で公平な処理に資するもので変更の必要はなく，仮に合意充当を認めれば民事執行の手続に混乱と紛争を惹起し，執行妨害等の弊害が懸念されるとの指摘があり，このような規定を設けないとする考え方を（注）で取り上げている。

8　弁済の提供（民法第492条関係）
　民法第492条の規律を次のように改めるものとする。
　(1) 債務者は，弁済の提供の時から，履行遅滞を理由とする損害賠償の責任その他の債務の不履行によって生ずべき一切の責任を免れるものとする。
　(2) 前記第11，1によれば契約の解除をすることができる場合であっても，債務者が弁済の提供をしたときは，債権者は，契約の解除をすることができないものとする。

(概要)
　本文(1)は，弁済の提供の効果として履行遅滞を理由とする損害賠償の責任を免れることを，民法第４９２条に具体的に例示するものである。これによって，現在は不明確であるとされる受領（受取）遅滞の効果（前記第１３）との関係を整理し，ルールの明確化を図るものである。
　本文(2)は，弁済の提供によって，本文(1)の効果の他，契約の解除をすることができなくなるという一般的に認められている解釈を明文化するものである。

9　弁済の目的物の供託（民法第４９４条から第４９８条まで関係）
　弁済供託に関する民法第４９４条から第４９８条までの規律を基本的に維持した上で，次のように改めるものとする。
(1) 民法第４９４条の規律を次のように改めるものとする。
　ア　履行をすることができる者は，次に掲げる事由があったときは，債権者のために弁済の目的物を供託することができるものとする。この場合においては，履行をすることができる者が供託をした時に，債権は消滅するものとする。
　　(ｱ)　弁済の提供をした場合において，債権者がその受取を拒んだとき
　　(ｲ)　債権者が履行を受け取ることができないとき
　イ　履行をすることができる者が債権者を確知することができないときも，上記アと同様とするものとする。ただし，履行をすることができる者に過失があるときは，この限りでないものとする。
(2) 民法第４９７条前段の規律を次のように改めるものとする。
　弁済の目的物が供託に適しないとき，その物について滅失，損傷その他の事由による価格の低落のおそれがあるとき，又はその物を供託することが困難であるときは，履行をすることができる者は，裁判所の許可を得て，これを競売に付し，その代金を供託することができるものとする。
(3) 民法第４９８条の規律の前に付け加え，弁済の目的物が供託された場合には，債権者は，供託物の還付を請求することができるものとする。

(概要)
　本文(1)ア(ｱ)は，受領拒絶を供託原因とする弁済供託の要件として，受領拒絶に先立つ弁済の提供が必要であるという判例法理（大判大正１０年４月３０日民録２７輯８３２頁）を明文化するとともに，弁済供託の効果として，弁済の目的物の供託をした時点で債権が消滅することを明文化することによって，弁済供託に関する基本的なルールを明確化するものである。口頭の提供をしても債権者が受け取らないことが明らかな場合に，弁済の提供をすることなく供託することができるとする現在の判例（大判大正１１年１０月２５日民集１巻６１６頁）及び供託実務は，引き続き維持されることが前提である。同(ｲ)は，受領不能を供託原因とする現状を維持するものである。

本文(1)イは，債権者の確知不能を供託原因とする弁済供託の要件のうち，債務者が自己の無過失の主張・立証責任を負うとされている点を改め，債権者が債務者に過失があることの主張・立証責任を負担することとするものである。債権者不確知の原因の多くが債権者側の事情であることを踏まえると，債務者に過失があることについて，債権者が主張・立証責任を負うとすることが合理的であると考えられるからである。
　本文(2)は，金銭又は有価証券以外の物品の自助売却に関する民法第４９７条前段の要件のうち，「滅失若しくは損傷のおそれがあるとき」を「滅失，損傷その他の事由による価格の低落のおそれがあるとき」と改めるものである。物理的な価値の低下でなくても，市場での価格の変動が激しく，放置しておけば価値が暴落し得るようなものについては，自助売却を認める必要があるという実益に応えようとするものである。また，同条前段の要件として，新たに「弁済の目的物を供託することが困難なとき」を加えている。供託所について特別の法令の定めがない場合に，裁判所が適当な供託所又は保管者を選任すること（同法第４９５条第２項参照）は現実的に難しく，物品供託をすることは困難であるが，自助売却までに時間がかかるという実務的な不都合が指摘されていることを踏まえて，債務の履行地に当該物品を保管することができる供託法所定の供託所が存在しない場合には，同項の規定による供託所の指定又は供託物保管者の選任を得る見込みの有無にかかわらず，迅速に自助売却をすることができるようにするものである。
　本文(3)は，弁済供託によって債権者が供託物の還付請求権を取得するという基本的なルールを明文化するものである。

10　弁済による代位
(1)　任意代位制度（民法第４９９条関係）
　　民法第４９９条第１項の規律を改め，債権者の承諾を得ることを任意代位の要件から削除するものとする。
　　（注）民法第４９９条を削除するという考え方がある。

（概要）
　任意代位の要件から，債権者の承諾を削除するものである。弁済を受領したにもかかわらず，代位のみを拒絶することを認めるのは不当であるから，代位について債権者の承諾を要件とする必要はないという考慮に基づくものである。
　もっとも，法定代位をすることができる者を除いて第三者による弁済は制限されているにもかかわらず，このような第三者による弁済を積極的に奨励する趣旨の任意代位制度を存置するのは制度間の整合性を欠くので，この制度を廃止すべきであるとの考え方もあり，これを（注）で取り上げた。

(2)　法定代位者相互間の関係（民法第５０１条関係）
　　民法第５０１条後段の規律を次のように改めるものとする。
　　ア　民法第５０１条第１号及び第６号を削除するとともに，保証人及び物上保証人は，債務者から担保目的物を譲り受けた第三取得者に対して債権者

に代位することができるものとする。
　　イ　民法第５０１条第２号の規律を改め，第三取得者は，保証人及び物上保
　　　証人に対して債権者に代位しないものとする。
　　ウ　民法第５０１条第３号の「各不動産の価格」を「各財産の価格」に改め
　　　るものとする。
　　エ　保証人の一人は，その数に応じて，他の保証人に対して債権者に代位す
　　　るものとする。
　　オ　民法第５０１条第５号の規律に付け加え，保証人と物上保証人とを兼ね
　　　る者がある場合には，同号により代位の割合を定めるに当たっては，その
　　　者を一人の保証人として計算するものとする。
　　カ　物上保証人から担保目的物を譲り受けた者については，物上保証人とみ
　　　なすものとする。
　　（注）上記オについては，規定を設けない（解釈に委ねる）という考え方が
　　　　ある。

（概要）
　本文アのうち，保証人が第三取得者に対して代位することができることは民法第５０１条第１号が前提としているルールを明文化するものであり，物上保証人が第三取得者に対して代位することができることは現在規定が欠けている部分のルールを補うものである。また，本文アでは，保証人が不動産の第三取得者に対して代位するにはあらかじめ付記登記をすることを要するという同号の規定を削除することとしている。同号の規律は債権が消滅したという不動産の第三取得者の信頼を保護する趣旨であるとされているが，そもそも付記登記がない場合に債権が消滅したという第三取得者の信頼が生ずると言えるか疑問である上，抵当権付きの債権が譲渡された場合に，付記登記が担保権取得の第三者対抗要件とされていないこととのバランスを失しているという問題意識に基づくものである。
　本文イは，第三取得者は，保証人のほか物上保証人に対しても代位しないという一般的な理解を明らかにするため，民法第５０１条第２号を改めるものである。
　本文ウは，民法第５０１条第３号の「各不動産の価格」を「各財産の価格」と改めるものである。同号の適用範囲は，担保権付の不動産を取得した第三取得者に限られないと考えられており，そのルールの明確化を図るものである。
　本文エは，保証人が複数いる場合における保証人間の代位割合について，その数に応じて，他の保証人に対して債権者に代位することができるという一般的な理解を明文化するものである。
　本文オは，民法第５０１条第５号について，保証人と物上保証人を兼ねる者（二重資格者）がいた場合に，二重資格者を一人として扱った上で，頭数で按分した割合を代位割合とする判例法理（最判昭和６１年１１月２７日民集４０巻７号１２０５頁）を明文化するものである。もっとも，この判例については，二重資格者の相互間においても代位割合を頭数で按分するのが適当ではないとする批判や，事案によっては二重資格者の負担が保証人でない物上保証人よりも軽いという不当な帰結になり得るとの批判などがあることを踏

まえ，引き続き解釈に委ねる考え方を（注）で取り上げた。
　本文カは，物上保証人から担保目的物を譲り受けた者を物上保証人とみなす旨の規律を新たに設けるものである。物上保証人から担保目的物を譲り受けた者の取扱いについての一般的な理解を明文化するものである。

(3) 一部弁済による代位の要件・効果（民法第502条関係）
　民法第502条第1項の規律を次のように改めるものとする。
　ア　債権の一部について第三者が履行し，これによって債権者に代位するときは，代位者は，債権者の同意を得て，その弁済をした価額に応じて，債権者とともにその権利を行使することができるものとする。
　イ　上記アのときであっても，債権者は，単独でその権利を行使することができるものとする。
　ウ　上記ア又はイに基づく権利の行使によって得られる担保目的物の売却代金その他の金銭については，債権者が代位者に優先するものとする。

（概要）
　本文アは，一部弁済による代位の要件について，代位者が単独で抵当権を実行することができるとした判例（大決昭和6年4月7日民集10巻535号）を改め，代位者による単独での抵当権の実行を認めないこととした上で，これを抵当権以外の権利行使にも一般化して明文化するものである。この場合の代位者が単独で権利を行使することができるとすると，本来の担保権者である債権者が換価時期を選択する利益を奪われるなど，求償権の保護という代位制度の目的を逸脱して債権者に不当な不利益を与えることになるという問題意識に基づくものである。
　本文イは，一部弁済による代位が認められる場合であっても，債権者は単独で権利行使することが妨げられないとするものである。債権者による権利の行使が，債権の一部を弁済したに過ぎない代位者によって制約されるべきではないという一般的な理解を明文化するものである。
　本文ウは，一部弁済による代位の効果について，抵当権が実行された場合における配当の事例で債権者が優先すると判断した判例（最判昭和60年5月23日民集39巻4号940頁，最判昭和62年4月23日金法1169号29頁）を，抵当権以外の権利行使にも一般化して明文化するものである。

(4) 担保保存義務（民法第504条関係）
　民法第504条の規律を次のように改めるものとする。
　ア　債権者は，民法第500条の規定により代位をすることができる者のために，担保を喪失又は減少させない義務を負うものとする。
　イ　債権者が故意又は過失によって上記アの義務に違反した場合には，上記アの代位をすることができる者は，その喪失又は減少によって償還を受けることができなくなった限度において，その責任を免れるものとする。た

だし，その担保の喪失又は減少が代位をすることができる者の正当な代位の期待に反しないときは，この限りでないものとする。
　　ウ　上記イによって物上保証人，物上保証人から担保目的物を譲り受けた者又は第三取得者が免責されたときは，その後にその者から担保目的物を譲り受けた者も，免責の効果を主張することができるものとする。
　（注）上記イ第２文については，規定を設けないという考え方がある。

（概要）
　本文アは，債権者が，代位権者に対して担保保存義務を負うことを明らかにするものであり，民法第５０４条が含意しているルールの明確化を図るものである。
　本文イは，担保保存義務違反の要件として，故意又は過失による担保の喪失又は減少と，それが正当な代位の期待に反するものであることを明らかにするとともに，その効果として，担保の喪失又は減少によって償還を受けることができなくなった限度において，代位権者が免責されるとするものである。要件については，民法第５０４条によると，取引上合理的と評価される担保の差し替えであっても，形式的には同条の要件を充足することになり，不合理であると指摘されてきたことを踏まえて，規律の合理化を図るものである。なお，本文の規律は，引き続き担保保存義務免除特約の効力が認められるとともに，その効力の限界に関する判例（最判平成７年６月２３日民集４９巻６号１７３７頁）も維持されるとの考えに基づくものである。
　本文ウは，本文イによる免責が生じた場合には，その後に担保目的物を取得した第三者も免責の効果を主張することができるとする判例法理（最判平成３年９月３日民集４５巻７号１１２１頁）を明文化するものである。

第23　相殺

1　相殺禁止の意思表示（民法第５０５条第２項関係）
　民法第５０５条第２項ただし書の善意という要件を善意無重過失に改めるものとする。

（概要）
　相殺禁止の特約に関する民法第５０５条第２項ただし書の善意という要件を善意無重過失に改めるものである。特約の効力を第三者に対抗するための要件について，債権の譲渡禁止特約に関する同法第４６６条第２項の見直し（前記第１８，１参照）を参照しつつ，これと整合的な見直しを図るものである。

2　時効消滅した債権を自働債権とする相殺（民法第５０８条関係）
　民法第５０８条の規律を次のように改めるものとする。
　　債権者は，時効期間が満了した債権について，債務者が時効を援用するまでの間は，当該債権を自働債権として相殺をすることができるものとする。ただし，時効期間が満了した債権を他人から取得した場合には，この限りでないも

のとする。
(注) 民法第508条の規律を維持するという考え方がある。

(概要)
　時効期間が満了した債権を自働債権とする相殺は，債務者が時効を援用するまでの間はすることができるとするものである。時効の援用がされた後であっても相殺することができるとする同条の規律に対しては，時効の援用をした債務者を不当に不安定な地位に置くものであるとの指摘がある。また，同条が時効期間の満了前に相殺適状にあった場合に限って相殺することができるとする点についても，時効の援用を停止条件として時効の効果が確定的に生ずるとする判例（最判昭和61年3月17日民集40巻2号420頁）と整合的でなく，合理的ではないと指摘されている。以上の問題意識を踏まえ，規律の合理化を図るものである。また，時効期間が満了した債権を他人から取得した場合には，これを自働債権として相殺することができないとする判例法理（最判昭和36年4月14日民集15巻4号765頁）を併せて明文化している。もっとも，同条については現状を維持すべきであるとの意見もあり，これを（注）で取り上げている。

3　不法行為債権を受働債権とする相殺の禁止（民法第509条関係）
　民法第509条の規律を改め，次に掲げる債権の債務者は，相殺をもって債権者に対抗することができないものとする。
　(1)　債務者が債権者に対して損害を与える意図で加えた不法行為に基づく損害賠償債権
　(2)　債務者が債権者に対して損害を与える意図で債務を履行しなかったことに基づく損害賠償債権
　(3)　生命又は身体の侵害があったことに基づく損害賠償債権

(概要)
　民法第509条については，現実の給付を得させることによる被害者の保護と不法行為の誘発の防止にあるという規定の趣旨からしても，相殺禁止の範囲が広すぎると批判されており，簡易な決済という相殺の利点を活かす観点から，相殺禁止の対象を同条の趣旨を実現するために必要な範囲に制限するものである。また，同条は，不法行為によって生じた債権を受働債権とする相殺のみを禁止しているが，同条の趣旨は債務不履行によって生じた債権にも妥当する場合があると指摘されている。この指摘を踏まえて，規律の合理化を図るものである。

4　支払の差止めを受けた債権を受働債権とする相殺（民法第511条関係）
　民法第511条の規律を次のように改めるものとする。
　(1)　債権の差押えがあった場合であっても，第三債務者は，差押えの前に生じた原因に基づいて取得した債権による相殺をもって差押債権者に対抗することができるものとする。

(2) 第三債務者が取得した上記(1)の債権が差押え後に他人から取得したものである場合には，これによる相殺は，差押債権者に対抗することができないものとする。

(概要)
　差し押さえられた債権を自働債権としてする相殺については，差押え時に相殺適状にある必要はなく，自働債権と受働債権の弁済期の先後を問わず，相殺を対抗することができるという見解（無制限説）を採る判例法理（最大判昭和４５年６月２４日民集２４巻６号５８７頁）を明文化するものである。
　また，破産手続開始の決定前に発生原因が存在する債権であれば，これを自働債権とする相殺をすることができるとする判例（最判平成２４年５月２８日判時２１５６号４６頁）を踏まえ，本文(1)では，差押え時に具体的に発生していない債権を自働債権とする相殺についても相殺の期待を保護することとしている。受働債権が差し押さえられた場合における相殺の範囲は，債権者平等がより強く要請される破産手続開始の決定後に認められる相殺の範囲よりも狭くないという解釈を条文上明らかにするものである。なお，差押え後に他人の債権を取得した場合には，これによって本文(1)の要件を形式的に充足するとしても，差押え時に保護すべき相殺の期待が存しないという点に異論は見られないので，この場合に相殺することができないことを本文(2)で明らかにしている。

5　相殺の充当（民法第５１２条関係）
　民法第５１２条の規律を次のように改めるものとする。
　(1) 相殺をする債権者の債権が債務者に対して負担する債務の全部を消滅させるのに足りない場合において，当事者間に充当の順序に関する合意があるときは，その順序に従い充当するものとする。
　(2) 上記(1)の合意がないときは，相殺に適するようになった時期の順序に従って充当するものとする。
　(3) 上記(2)の場合において，相殺に適するようになった時期を同じくする債務が複数あるときは，弁済の充当に関する規律（前記第２２，７）のうち，法定充当の規律を準用するものとする。

(概要)
　相殺の充当に関して，合意がある場合には合意に従って充当されることを明らかにするとともに，充当に関する合意がない場合に，複数の債務を相殺するときには，相殺適状となった時期の順序に従って相殺するとした現在の判例法理（最判昭和５６年７月２日民集３５巻５号８８１頁）を明文化するものである。もっとも，相殺に遡及効を認める場合には，指定充当を認めることが整合的ではないとする指摘を踏まえて，指定充当を認めないこととして判例法理を修正している。

第24　更改
　1　更改の要件及び効果（民法第513条関係）
　　民法第513条の規律を改め，当事者が債務を消滅させ，その債務とは給付の内容が異なる新たな債務を成立させる契約をしたときは，従前の債務は，更改によって消滅するものとする。

（概要）
　民法第513条第1項の「債務の要素」の内容として，債務の給付の内容（目的）が含まれるという一般的な理解を明らかにするとともに，更改の成立のために更改の意思が必要であるとする判例（大判昭和7年10月29日新聞3483号18頁）・学説を明文化するものである。なお，「債務の要素」という要件を用いないことと，更改の意思が必要であることを明示することに伴い，同条第2項については，削除することとしている。

　2　債務者の交替による更改（民法第514条関係）
　　民法第514条の規律を改め，債権者，債務者及び第三者の間で，従前の債務を消滅させ，第三者が債権者に対して新たな債務を負担する契約をしたときも，従前の債務は，更改によって消滅するものとする。

（概要）
　本文は，債務者の交替による更改をすることができるとする民法第514条を存置しつつ，更改によって債務が消滅するという重大な効果が生ずることを認めるには，三当事者の全員が更改を成立させる意思を有する場合に限定すべきであるという問題意識に基づき，債権者，債務者及び第三者の三者間の合意を成立要件とするものである。また，本文は，更改の成立に更改の意思が必要であるという判例・学説を明文化することを意図する点において，前記1と同様である。

　3　債権者の交替による更改（民法第515条・第516条関係）
　　債権者の交替による更改（民法第515条・第516条）の規律を次のように改めるものとする。
　　(1) 債権者，債務者及び第三者の間で，従前の債務を消滅させ，第三者が債務者に対する新たな債権を取得する契約をしたときも，従前の債務は，更改によって消滅するものとする。
　　(2) 債権者の交替による更改の第三者対抗要件を，債権譲渡の第三者対抗要件（前記第18，2）と整合的な制度に改めるものとする。
　　(3) 民法第516条を削除するものとする。

（概要）
　本文(1)は，債権者の交替による更改が，旧債権者，新債権者及び債務者の三者間で合意しなければならないという現行法の規律を維持しつつ，債権者の交替による更改が債権の

消滅原因であることを明らかにするものである。また，本文(1)は，更改の成立に更改の意思が必要であるという判例・学説を明文化することを意図する点において，前記１及び２と同様である。
　本文(2)は，債権者の交替による更改の第三者対抗要件を，債権譲渡の第三者対抗要件制度と整合的な制度として，民法第５１５条の規律を改めるものであり，同条を実質的に維持することを意図するものである。債権譲渡の第三者対抗要件が登記・確定日付のある譲渡書面となる場合にはこれと同じものとなり，債権譲渡の第三者対抗要件が確定日付のある証書による通知となる場合には，同条を現状のまま維持することになる。
　本文(3)は，債権譲渡の抗弁の切断について民法第４６８条第１項の規定を削除することが提案されていること（前記第１８，３(1)参照）を踏まえて，同項を準用していた同法第５１６条を削除するものである。なお，債権譲渡の抗弁放棄の意思表示を書面によってしなければならないとする規律を準用することを提案していないのは，債権者の交替による更改は，債務者が契約当事者として契約に関与する点で債権譲渡との違いがあることを考慮したものである。

4　更改の効力と旧債務の帰すう（民法第５１７条関係）
　　民法第５１７条を削除するものとする。

（概要）
　民法第５１７条を削除し，更改後の債務に無効・取消しの原因があった場合における旧債務の帰すうについては，債権者に免除の意思表示があったと言えるかどうかに関する個別の事案ごとの判断に委ねることとするものである。同条は，更改後の債務に無効・取消しの原因があることを当事者が知っていたときは旧債務が消滅することを前提としている。これは上記原因を知っていた債権者が，一律に免除の意思表示をしたものとみなすに等しいが，これに合理性があるとは言い難いという考慮に基づく。

5　更改後の債務への担保の移転（民法第５１８条関係）
　　民法第５１８条の規律を次のように改めるものとする。
　(1)　債権者は，更改前の債務の限度において，その債務の担保として設定された担保権及び保証を更改後の債務に移すことができるものとする。
　(2)　上記(1)の担保の移転は，更改契約と同時にする意思表示によってしなければならないものとする。
　(3)　上記(1)の担保権が第三者の設定したものである場合には，その承諾を得なければならないものとする。
　(4)　更改前の債務の保証人が上記(1)により更改後の債務を履行する責任を負うためには，保証人が，書面をもって，その責任を負う旨の承諾をすることを要するものとする。

（概要）

本文(1)は，担保・保証の移転について，債権者の単独の意思表示によってすることができることとするものである。民法第５１８条は，更改の当事者の合意によって，質権又は抵当権を更改後の債務に移すことができるとしているが，担保の移転について担保設定者ではない債務者の関与を必要とすることには合理的な理由がなく，また，移転の対象は質権又は抵当権に限られないと考えられることを考慮したものである。
　本文(2)は，本文(1)の債権者の意思表示が，更改契約と同時にされなければならないとするものである。同時性を要求するのは，更改契約の後は，担保権の付従性により当該担保権が消滅すると考えられるためである。
　本文(3)は，民法第５１８条ただし書を維持するものである。
　本文(4)は，保証の移転に関して，民法第４４６条第２項との整合性を図るものである。

６　三面更改

(1) 債権者，債務者及び第三者の間で，従前の債務を消滅させ，債権者の第三者に対する新たな債権と，第三者の債務者に対する新たな債権とが成立する契約をしたときも，従前の債務は，更改によって消滅するものとする。
(2) 上記(1)の契約によって成立する新たな債権は，いずれも，消滅する従前の債務と同一の給付を内容とするものとする。
(3) 将来債権について上記(1)の契約をした場合において，債権が発生したときは，その時に，その債権に係る債務は，当然に更改によって消滅するものとする。
(4) 上記(1)の更改の第三者対抗要件として，前記３(2)（債権者の交替による更改の第三者対抗要件）の規律を準用するものとする。
（注）これらのような規定を設けないという考え方がある。また，上記(4)については，規定を設けない（解釈に委ねる）という考え方がある。

（概要）

　本文(1)は，債権者の債務者に対する一つの債権を，給付の内容を変更しないまま，債権者の第三者に対する債権と第三者の債務者に対する債権とに置き換えるという実務的に行われている取引（例えば，集中決済機関を介在させた取引）を，更改の概念によって説明することを可能とすることによって，取引の安定性を高めることを意図するものである。この新たな類型の更改について，中間試案では，三面更改と呼称する。
　本文(2)は，本文(1)の契約によって置き換えられた後の二つの債権は，置き換えによって消滅する債権と給付の内容が同一であるという基本的な効果を明らかにするものである。
　本文(3)は，将来債権（前記第１８，４(1)参照）についても更改によって債権の置き換えをすることができ，その場合には債権が発生した時に債権消滅の効果が生ずることを明らかにするものである。債権の消滅時期を明らかにすることによって法律関係を明確化するとともに，取引の安定性を高めることを意図するものである。
　本文(4)は，本文(1)の契約の第三者対抗要件として，債権者の交替による更改の第三者対抗要件の規律（前記３(2)）を準用するものである。三面更改の制度が債権譲渡や債権者

の交替による更改と共通の性質を有することを理由とするものである。なお，債権譲渡の第三者対抗要件が登記・確定日付のある譲渡書面となる場合には，三面更改の第三者対抗要件もこれと同じものとなり，債権譲渡の第三者対抗要件が確定日付のある証書による通知となる場合には，三面更改の合意を証する確定日付のある証書（当事者の異なる複数の三面更改の合意が組み合わさる場合は，全当事者で一通の確定日付のある証書を作ることで，全ての三面更改の合意について第三者に対抗することができる。）となる。
　以上に対し，三面更改の規律を設ける必要性がないという考え方のほか，差押債権者等の第三者との関係については，債務引受や債務者の交替による更改と同様に解釈に委ねるべきであるとの考え方があり，これを（注）で取り上げている。

第25　免除

　民法第５１９条の規律に付け加えて，免除によって債務者に損害が生じたときは，債権者は，その損害を賠償しなければならないものとする。
　（注）債権者と債務者との間で債務を免除する旨の合意があったときは，その債権は，消滅するが，債務者が債務を履行することについて利益を有しない場合には，債務者の承諾があったものとみなすとして，民法第５１９条の規律を改めるという考え方がある。

(概要)

　債権者の単独行為によって免除をすることができるという民法第５１９条の要件に，免除によって債務者に損害が生じたときは，債権者は，その損害を賠償しなければならないとする規定を付け加えるものである。債権者が受領義務を課されている場合などには，債権者が債務を免除したとしても，当該受領義務に違反したときに負うべき損害賠償責任を免れないと解されており，このような一般的な理解を明文化するものである。これに対して，免除を合意によって成立すると改めることとした上で，免除の成立が必要以上に困難とならないようにする観点から，債務者の意思的関与を必要としない場面について債務者の承諾があったものとみなす考え方があり，これを（注）で取り上げている。

第26　契約に関する基本原則等

１　契約内容の自由

　契約の当事者は，法令の制限内において，自由に契約の内容を決定することができるものとする。

(概要)

　契約自由の原則のうち契約内容を決定する自由について，新たに明文の規定を設けるものである。いわゆる契約自由の原則について民法は明文の規定を設けていないが，これが契約に関する基本原則の一つであることは異論なく認められている。このような基本原則は，できる限り条文に明記されることが望ましいと考えられる。契約自由の原則の中でも契約内容を決定する自由は，単に原則や理念であるにとどまらず，契約内容が当事者の合

意によって定まるという私法上の効果を持つものであり，比較的条文化になじみやすい。以上を考慮して，本文では，契約自由の原則のうち契約内容を決定する自由のみを取り上げ，規定を設けることとしている。
　本文では，契約の当事者が契約の内容を自由に決定することができることと併せて，契約内容を決定する自由には法令による制約があることを明記している。この法令には，具体的には，民法第90条やその他の強行規定が含まれる。

2　履行請求権の限界事由が契約成立時に生じていた場合の契約の効力
　　契約は，それに基づく債権の履行請求権の限界事由が契約の成立の時点で既に生じていたことによっては，その効力を妨げられないものとする。
　　（注）このような規定を設けないという考え方がある。

（概要）
　契約に基づく債務の履行が契約成立時に既に物理的に不可能になっていた場合など，履行請求権の限界事由（前記第9，2）が契約成立時に既に生じていた場合であっても，そのことのみによっては契約の効力は否定されない旨の規定を新たに設けるものである。そのような場合に契約が有効であるかどうかは一律に定まるものではなく，当事者が履行請求の可能性についてどのようなリスク分配をしたかに委ねるべきであるという考え方に基づく。このような規定の下でも，履行請求権の限界事由が生ずることが契約が有効であるための解除条件となっている場合には当該契約は無効となる（民法第131条第1項参照）ほか，履行請求権の限界事由が生じていないと当事者が信じて契約を締結した場合には錯誤を理由に当該契約を取り消すことができる場合があり得る（民法第95条，前記第3，2参照）。
　これに対し，履行請求権の限界事由が契約成立の時点で生じていた場合は，実務上は契約は無効であると考えられているという理由や，契約が有効であるか無効であるかは個々の事案ごとの個別具体的な解釈に委ねるのが相当であるという理由を挙げて，本文のような規定を設けないという考え方があり，これを（注）で取り上げている。

3　付随義務及び保護義務
　(1) 契約の当事者は，当該契約において明示又は黙示に合意されていない場合であっても，相手方が当該契約によって得ようとした利益を得ることができるよう，当該契約の趣旨に照らして必要と認められる行為をしなければならないものとする。
　(2) 契約の当事者は，当該契約において明示又は黙示に合意されていない場合であっても，当該契約の締結又は当該契約に基づく債権の行使若しくは債務の履行に当たり，相手方の生命，身体，財産その他の利益を害しないために当該契約の趣旨に照らして必要と認められる行為をしなければならないものとする。
　（注）これらのような規定を設けないという考え方がある。

(概要)
　本文(1)は，契約の当事者が，当事者間で合意された義務のほか，相手方が契約を通じて獲得することを意図した利益を獲得することができるように必要な行為をする義務（付随義務）を負う旨の明文の規定を設けるものである。相手方が契約を通じて獲得することを意図した利益を獲得するためであればどのような行為であってもこの義務の範囲内に含まれるのではなく，どのような行為が必要であるかは，契約の趣旨に照らして判断されることになる。
　本文(2)は，契約の当事者が，契約の締結，債権の行使又は債務の履行に当たり，当事者が契約を通じて獲得することを意図した利益ではなく，相手方の生命・身体・財産などその他の利益を害しないように必要な行為をする義務（保護義務）を負う旨の明文の規定を設けるものである。本文(1)と同様に，相手方の利益を保護するためにどのような行為が必要であるかは，契約の趣旨に照らして判断されることになる。
　契約の当事者がこれらの義務を負うことについて，民法上は信義則以外に規定が設けられていないが，個別の事実関係に応じて契約の当事者がこれらの義務を負うことを認めた裁判例も多く，また，学説上も支持されている。本文(1)及び(2)は，このようなルールの存在を条文から読み取ることができるようにする趣旨のものである。もっとも，このような規定は民法第１条第２項と重複するものであって敢えて設ける必要はなく，信義則の具体化は個々の事案における個別の事情に即した妥当な解決を阻害するおそれがあるなどとして，規定を設けないという考え方もあり，これを（注）で取り上げている。

４　信義則等の適用に当たっての考慮要素
　　消費者と事業者との間で締結される契約（消費者契約）のほか，情報の質及び量並びに交渉力の格差がある当事者間で締結される契約に関しては，民法第１条第２項及び第３項その他の規定の適用に当たって，その格差の存在を考慮しなければならないものとする。
　　　（注）このような規定を設けないという考え方がある。また，「消費者と事業者との間で締結される契約（消費者契約）のほか，」という例示を設けないという考え方がある。

(概要)
　消費者契約を始めとして，契約の当事者間に情報や交渉力の格差があるものに関しては，従来から，信義則を規定する民法第１条第２項，権利の濫用を規定する同条第３項などの一定の抽象性を備えた規定の解釈・適用に当たって，その格差の存在も一つの考慮要素とされてきた。具体的には，当事者間の情報，交渉力等に格差がある場合に，これを放置することが妥当な結論を導かないと考えられるときは，信義則上の義務が生じたり，権利の行使が濫用に当たるものとして阻止されることがある。今日においては，民法の適用場面のうちの多くは，消費者契約その他の格差のある当事者間の契約であることにかんがみ，上記のような考慮が必要であることを明らかにする規定を設けるものである。これに対し

て，内容の明確性や実務的な有用性に疑問がある，様々な考慮要素のうち格差のみを取り出すことは相当ではない等として，このような規定を設けるべきでないという考え方があり，また，例示として消費者契約を挙げるべきでないという考え方がある。これらを（注）で取り上げている。

第27 契約交渉段階
1 契約締結の自由と契約交渉の不当破棄

契約を締結するための交渉の当事者の一方は，契約が成立しなかった場合であっても，これによって相手方に生じた損害を賠償する責任を負わないものとする。ただし，相手方が契約の成立が確実であると信じ，かつ，契約の性質，当事者の知識及び経験，交渉の進捗状況その他交渉に関する一切の事情に照らしてそのように信ずることが相当であると認められる場合において，その当事者の一方が，正当な理由なく契約の成立を妨げたときは，その当事者の一方は，これによって相手方に生じた損害を賠償する責任を負うものとする。

（注）このような規定を設けないという考え方がある。

（概要）

契約を締結するための交渉が開始されても，交渉の当事者は契約を締結するかどうかを自由に決定することができ，結果的に契約の成立に至らなかったとしても，互いに，相手方に対して契約が成立しなかったことによる損害を賠償する義務を負わないのが原則である。本文第1文は，この原則を明らかにするものである。もっとも，交渉の当事者が契約を締結する自由を有するということ自体が，一種の原則や理念にすぎず，私法上の効果を持つものではないことから，ここでは，契約が成立しなかった場合でも損害賠償責任を負わないという私法上の効果のみを規定することとし，契約締結の自由の原則は間接的に示すにとどめている。

もっとも，契約交渉の一方の当事者が契約の成立が確実であると信じて費用を支出した後に，他方の当事者が正当な理由なく契約締結を拒絶した場合などの個別の事実関係の下で，信義則上の義務違反を理由に，契約の締結を拒絶した当事者が相手方に対して損害賠償責任を負うとした裁判例もあり，学説上も，契約を締結するかどうかの自由に対する信義則上の制約があることは支持されている。そこで，これを踏まえ，本文第2文では，契約交渉の当事者が契約の成立が確実であると信じ，かつ，そのように信ずることが相当であると言える段階に至っていた場合に，その後に他方の当事者が正当な理由なく契約の成立を妨げたときは，それによって生じた損害を賠償しなければならないこととしている。契約の成立を妨げるとは，典型的には，交渉の当事者が自ら契約の締結を拒絶した場合であるが，交渉の当事者が不誠実な交渉態度に終始したために，相手方が契約の締結を断念せざるを得なくなった場合も含まれる。

以上に対して，本文のような規定は民法第1条第2項と重複するものであって敢えて設ける必要はなく，信義則の具体化は個々の事案における個別の事情に即した妥当な解決を阻害するおそれがあるとして，このような規定を設けるべきでないという考え方もあり，

これを（注）で取り上げている。

2　契約締結過程における情報提供義務
　契約の当事者の一方がある情報を契約締結前に知らずに当該契約を締結したために損害を受けた場合であっても，相手方は，その損害を賠償する責任を負わないものとする。ただし，次のいずれにも該当する場合には，相手方は，その損害を賠償しなければならないものとする。
(1) 相手方が当該情報を契約締結前に知り，又は知ることができたこと。
(2) その当事者の一方が当該情報を契約締結前に知っていれば当該契約を締結せず，又はその内容では当該契約を締結しなかったと認められ，かつ，それを相手方が知ることができたこと。
(3) 契約の性質，当事者の知識及び経験，契約を締結する目的，契約交渉の経緯その他当該契約に関する一切の事情に照らし，その当事者の一方が自ら当該情報を入手することを期待することができないこと。
(4) その内容で当該契約を締結したことによって生ずる不利益をその当事者の一方に負担させることが，上記(3)の事情に照らして相当でないこと
　（注）このような規定を設けないという考え方がある。

（概要）
　契約を締結するかどうかの判断の基礎となる情報は，各当事者がそれぞれの責任で収集すべきであり，ある情報を知らずに契約を締結したことによって損害を受けたとしても，相手方は，そのことによって何ら責任を負わないのが原則である。これが原則であることには異論がなく，本文柱書の第1文は，これを明文化した規定を新たに設けるものである。
　もっとも，この原則に対する例外として，当事者の属性等によっては，個別の事実関係に応じて，信義則に基づき，相手方がその当事者の一方に対して情報を提供しなければならないとした裁判例も多く，また，このような義務が生ずる場合があることは学説上も支持されてきた。本文柱書の第2文は，これらの裁判例等を踏まえ，交渉の当事者の一方に対して相手方が情報提供義務を負う場合がある旨の規定を新たに設けるものである。
　情報提供義務が発生するための要件として，①情報を提供すべき当事者がその情報を知り，又は知ることができたこと，②情報の提供を受けるべき当事者がその情報を知っていたら全く契約を締結しないか，その条件では契約を締結しなかったことを，情報を提供すべき当事者が知ることができたこと，③情報の提供を受けるべき当事者が自ら情報を入手することを期待できないこと，④情報の提供を受けるべき当事者に情報を知らなかったことによる不利益を負担させることが相当でないことという四つを掲げている。また，情報提供義務違反の効果としては，損害賠償を想定している。
　情報提供義務に関する規定を設けることに対しては，契約交渉における当事者の関係は多様であって，一律の規定を設けるのは困難であることから，規定を設けないという考え方があり，この考え方を（注）で取り上げている。

第28　契約の成立
　1　申込みと承諾
　　(1)　契約の申込みに対して，相手方がこれを承諾したときは，契約が成立するものとする。
　　(2)　上記(1)の申込みは，それに対する承諾があった場合に契約を成立させるのに足りる程度に，契約の内容を示したものであることを要するものとする。

（概要）
　本文(1)は，申込みと承諾によって契約が成立するという基本的な法理を新たに明文化するものである。民法が暗黙の前提としている法理を明示するとともに，これにより後記2以下で提示する申込みや承諾の法的意味をより明瞭にすることを意図するものである。なお，本文の規律は，申込みと承諾とに整理することが必ずしも適当でない態様の合意（いわゆる練り上げ型）によっても契約が成立し得ることを否定するものではない。
　本文(2)は，申込みという用語の意味を一般的な理解に従って明文化するものである。申込みは，相手方に申込みをさせようとする行為にすぎない申込みの誘引と異なり，承諾があればそれだけで契約を成立させるという意思表示であるため，契約内容を確定するに足りる事項が提示されている必要があることから，これを定めている。

　2　承諾の期間の定めのある申込み（民法第521条第1項・第522条関係）
　　(1)　民法第521条第1項の規律を改め，承諾の期間を定めてした契約の申込みは，申込者が反対の意思を表示した場合を除き，撤回することができないものとする。
　　(2)　民法第522条を削除するものとする。

（概要）
　本文(1)は，承諾期間の定めのある申込みは撤回することができない旨の民法第521条第1項の規律を維持しつつ，申込者の意思表示によって撤回をする権利を留保することができる旨の規律を付け加えるものである。このような場合には，申込みの撤回を認めても相手方に不当な損害を及ぼすことはないと考えられるからであり，同項の一般的な解釈を明文化するものである。
　本文(2)は，契約の成立の場面においても他の意思表示と同様に到達主義を採る（後記6(1)）のであれば，承諾の意思表示についてのみ，その延着について他の意思表示と異なる扱いをする必要はないと考えられることから，民法第522条を削除するものである。

　3　承諾の期間の定めのない申込み（民法第524条関係）
　　民法第524条の規律を次のように改めるものとする。
　　(1)　承諾の期間を定めないでした申込みは，申込者が承諾の通知を受けるのに相当な期間を経過するまでは，撤回することができないものとする。ただし，申込者が反対の意思を表示したときは，その期間内であっても撤回すること

ができるものとする。
  (2) 上記(1)の申込みは，申込みの相手方が承諾することはないと合理的に考えられる期間が経過したときは，効力を失うものとする。
  （注）民法第５２４条の規律を維持するという考え方がある。

（概要）
　本文(1)は，民法第５２４条の規律を維持しつつ，その適用対象を隔地者以外に拡大するとともに，前記２(1)と同様の趣旨から，申込者の意思表示によって撤回をする権利を留保することができる旨の規律を付け加えるものである。同条の趣旨は，申込みを承諾するか否かを決めるために費用を投じた相手方が，申込みの撤回によって損失を被ることを防止するところにある。隔地者とは，通説的な見解によれば，意思表示の発信から到達までに時間的な隔たりがある者をいうが，同条の趣旨は，このような時間的な隔たりの有無に関わらず当てはまると考えられる。そこで，本文(1)では，隔地者に限定せずに同条を適用することとしている。他方，このように同条の規律を改めると，労働者の側から労働契約を合意解約する旨の申込みをした場合について，撤回を認めてきた裁判例の考え方に影響を与えるおそれがあることを指摘して，同条の規律を維持すべきであるとする考え方があり，これを（注）で取り上げている。
　本文(2)は，承諾期間の定めのない申込みについて，承諾適格（承諾があれば契約が成立するという申込みの効力）の存続期間を新たに定めるものである。申込み後に，もはや相手方が承諾することはないと申込者が考えるのももっともであると言える程度に時間が経過すれば，その信頼は保護すべきと考えられるからである。なお，承諾適格の存続期間は，基本的に，申込みの撤回が許されない期間を定める民法第５２４条の「承諾の通知を受けるのに相当な期間」よりも長くなると考えられる。申込者は承諾期間の定めをしなかったのであるから，その撤回が許されない期間を過ぎた後であっても承諾者の側から承諾の意思表示をすることは妨げられないと考えられるからである。

４　対話者間における申込み
  (1) 対話者間における申込みは，対話が終了するまでの間は，いつでも撤回することができるものとする。
  (2) 対話者間における承諾期間の定めのない申込みは，対話が終了するまでの間に承諾しなかったときは，効力を失うものとする。ただし，申込者がこれと異なる意思を表示したときは，その意思に従うものとする。

（概要）
　本文(1)は，申込みが対話者間でされた場合の撤回について，民法第５２１条第１項及び前記３(1)で改めた場合の同法第５２４条の特則を新たに定めるものである。
　承諾期間の定めのない申込みの撤回については，対話者間についての規律がなく（民法第５２４条参照），学説上は対話が終了するまでの間は自由に認める見解が有力である。その理由としては，対話者間では相手の反応を察知して新たな内容の提案をすることも許さ

れるべきであること，対話継続中に相手方が何らかの準備をすることも考えにくく撤回によって相手方が害されることはないことが挙げられる。これに対して，承諾期間の定めがある申込みについては，対話者間にも同法第５２１条第１項が適用されるため，申込みの撤回は制限される。しかし，上記の理由として挙げたことは承諾期間の定めの有無に関わりなく当てはまると考えられる。そこで，本文(1)では，承諾期間の定めの有無に関わらず対話者間の申込み一般を対象として対話者間における申込みの規律を設けることとしている。

本文(2)は，申込みが対話者間でされた場合の承諾適格について，前記３(2)で改めた場合の同法第５２４条の特則を新たに定めるものである。学説上，対話者間においては，相手方が直ちに承諾をしなかったときは承諾適格が失われるとする商法第５０７条の規律が妥当するという見解が有力であることを踏まえ，これを明文化するものである。

5　申込者及び承諾者の死亡等（民法第５２５条関係）
民法第５２５条の規律を次のように改めるものとする。
(1) 申込者が申込みの通知を発した後に死亡し，意思能力を喪失した常況にある者となり，又は行為能力の制限を受けた場合において，相手方が承諾の通知を発するまでにその事実を知ったときは，その申込みは，効力を有しないものとする。ただし，申込者が反対の意思を表示したときには，この限りでないものとする。
(2) 承諾者が承諾の通知を発した後に死亡し，意思能力を喪失した常況にある者となり，又は行為能力の制限を受けた場合において，その承諾の通知が到達するまでに相手方がその事実を知ったときは，その承諾は，効力を有しないものとする。ただし，承諾者が反対の意思を表示したときには，この限りでないものとする。

（概要）
本文(1)は，以下の点で民法第５２５条の規律を改めるものである。
まず，民法第５２５条の「申込者が反対の意思を表示した場合」という文言を削除するものとする。同法第９７条第２項は，申込みの場合以外であっても当事者の反対の意思表示によって適用を排除できると考えられるため，これを申込みの場面において特に明示する必要がないからである。

申込者が意思能力を喪失した場合の規律を付け加えるものとする。判断能力を欠く状態であるという点では意思能力を喪失した場合も行為能力の制限を受けた場合と異ならないと考えられるからである。ただし，酩酊状態になった場合など一時的な意思能力の喪失状態を排除するため，意思能力が喪失した常況にあることを要するとしている。また，「行為能力の喪失」という文言を「行為能力の制限」に改めるものとする。民法第９７条第２項の「行為能力の喪失」には保佐及び補助が含まれることが認められているとして，その文言を「行為能力の制限」に修正することが検討されており（第３，４(4)），これと同様の修正をするものである。なお，申込者の行為能力の一部が制限されているにとどまり，当

該契約を締結するための行為能力は有している場合には，本文(1)の規律は適用されないと考えられる。

民法第５２５条の要件に該当した場合の効果として，申込みの効力を有しない旨を明示するものとする。申込みの発信時に完全な能力を有していた申込者が契約成立前に死亡等した場合には，そのまま契約を成立させることが申込者の通常の意思に反することから，この意思を尊重して申込みの効力を否定するものである。また，このような理解によれば，承諾者が申込者の死亡等の事実を知った時期についても，これを申込みの到達時までに限定する理由はないことから，承諾の発信までの間に承諾者が申込者の死亡等を知った場合に，同条を適用するものとしている。

さらに，民法第５２５条の規律を申込者の意思表示で排除することができることを明示するものとする。同条の趣旨を以上のように捉えると，申込者が望む場合には同法第９７条第２項が適用されるべきであると考えられるからである。

本文(2)は，契約の成立について到達主義を採る（後記６(1)）と，承諾の発信後到達前に承諾者に死亡等の事情が生じた場合も，承諾の効力について申込みと同様の問題が生じることから，同様の規律を新たに設けるものである。

6　契約の成立時期（民法第５２６条第１項・第５２７条関係）
(1) 民法第５２６条第１項を削除するものとする。
(2) 民法第５２７条を削除するものとする。
　（注）上記(1)については，民法第５２６条第１項を維持するという考え方がある。

（概要）

本文(1)は，隔地者間の契約の成立時期について発信主義を採っている民法第５２６条第１項を削除し，契約の成立についても原則として到達主義（同法第９７条第１項）を採ることとするものである。契約の成立について発信主義を採った趣旨は，早期に契約を成立させることで取引の迅速を図ることにあった。しかし，今日の発達した通信手段の下で発信から到達までの時間は短縮されており，この趣旨を実現するために例外を設けてまで発信主義を採る必要はないと考えられるため，他の意思表示と同様に到達主義を採ることとするものである。

他方，多数の申込みを受ける企業等にとっては契約の成立時を一律に把握することが必要であるとして，契約の成立について現状の発信主義を維持するべきであるとする考え方があり，これを（注）で取り上げている。なお，本文(1)の規律の下でも，予め当事者間で，当該契約の成立時期について発信主義を採用する合意をすることは可能である。

本文(2)は，契約の成立時期について本文(1)で発信主義の特則を廃止するに伴って，民法第５２７条を削除するものである。発信主義の下では，承諾者自身は，承諾の発信と申込みの撤回の到達の先後を把握して契約の成否を知り得ることから，申込みの撤回が延着した場合に承諾者がそれを通知しなければならないとされている。これに対して，到達主義を採るとすれば，契約の成否は承諾の到達と申込みの撤回の到達の先後で決まることになるが，承諾者はその先後関係を知ることができないからである。

7 懸賞広告
  懸賞広告に関する民法第529条から第532条までの規律を基本的に維持した上で，次のように改めるものとする。
 (1) 民法第529条の規律に付け加えて，指定した行為をした者が懸賞広告を知らなかった場合であっても，懸賞広告者は，その行為をした者に対して報酬を与える義務を負うものとする。
 (2) 懸賞広告の効力に関する次の規律を設けるものとする。
   ア 懸賞広告者がその指定した行為をする期間を定めた場合において，当該期間内に指定した行為が行われなかったときは，懸賞広告は，その効力を失うものとする。
   イ 懸賞広告者がその指定した行為をする期間を定めなかった場合において，指定した行為が行われることはないと合理的に考えられる期間が経過したときは，懸賞広告は，その効力を失うものとする。
 (3) 民法第530条の規律を次のように改めるものとする。
   ア 懸賞広告者は，その指定した行為をする期間を定めた場合には，その懸賞広告を撤回することができないものとする。ただし，懸賞広告者がこれと反対の意思を表示したときは，懸賞広告を撤回することができるものとする。
   イ 懸賞広告者は，その指定した行為をする期間を定めなかった場合には，その指定した行為を完了する者がない間は，その懸賞広告を撤回することができるものとする。
   ウ 懸賞広告の撤回は，前の広告と同一の方法によるほか，他の方法によってすることもできるものとする。ただし，他の方法によって撤回をした場合には，これを知った者に対してのみ，その効力を有するものとする。

(概要)
 本文(1)は，指定行為をした者が懸賞広告を知らない場合であっても，報酬請求権を取得することを明確化するものである。このような場合であっても客観的には懸賞広告者の期待が実現されているのであるから，原則として懸賞広告者に報酬支払義務を負担させるべきであると考えられるからである。
 本文(2)は，申込みについて承諾期間を定めた場合の承諾適格の存続期間の定め（民法第521条第2項）と同様の趣旨の定め（同ア）と，申込みについて承諾期間を定めなかった場合の承諾適格の存続期間の定め（前記3(2)）と同様の趣旨の定め（同イ）を，懸賞広告について新たに設けるものである。
 本文(3)アは，民法第530条第1項及び第3項の規律を改め，指定行為をする期間の定めがある懸賞広告では，これを撤回する権利を放棄したものと推定するのではなく，反対の意思の表示がない限り撤回は許されない旨を定めるものである。懸賞広告に応じようとする者は当該期間内に指定行為を完了すれば報酬請求権を取得すると信頼するのが通常で

あり，懸賞広告に応じようとする者が懸賞広告者の反証によって予想外に裏切られることは適切でないと考えられるからである。

本文(3)イは，指定行為をする期間を定めていない場合について民法第５３０条第１項の規律を維持するものである。

本文(3)ウは，民法第５３０条第２項を改め，撤回の方法は当事者が選択できることとした上で，前の広告の方法と異なる方法によって撤回した場合にはこれを知った者に対してのみ効果が生ずることとするものである。同項は懸賞広告と同一の方法による撤回が可能である限りは，それによらなければならないとしている。しかし，他の方法によって撤回したときであっても，これを知った者に対してのみ効果が生ずるとすれば，これを許容しても不測の損害を与えることもないと考えられるからである。

第29 契約の解釈

1　契約の内容について当事者が共通の理解をしていたときは，契約は，その理解に従って解釈しなければならないものとする。
2　契約の内容についての当事者の共通の理解が明らかでないときは，契約は，当事者が用いた文言その他の表現の通常の意味のほか，当該契約に関する一切の事情を考慮して，当該契約の当事者が合理的に考えれば理解したと認められる意味に従って解釈しなければならないものとする。
3　上記１及び２によって確定することができない事項が残る場合において，当事者がそのことを知っていれば合意したと認められる内容を確定することができるときは，契約は，その内容に従って解釈しなければならないものとする。
　（注）契約の解釈に関する規定を設けないという考え方がある。また，上記３のような規定のみを設けないという考え方がある。

（概要）

契約をめぐる紛争には契約の解釈によって解決が図られるものが少なくないが，民法には契約の解釈に関する規定が設けられていない。本文１から３までは，契約の解釈という作業の重要性に鑑み，これに関する基本的な原則を新たに規定するものである。

本文１は，契約の内容についての理解が当事者間で共通している場合における契約解釈の原則を定めるものである。これは，典型的には，契約書の記載や口頭での会話における表現について，当事者がそれを同一の意味で理解している場合であるが，このような場合には，その表現が一般にどのような意味で理解されているかにかかわらず，当事者の理解する意味に従って解釈しなければならないとするものであり，契約解釈に関する最も基本的な原則を明文化するものである。

本文２は，契約の内容について本文１にいう当事者の共通の理解があるとは言えない場合における解釈の原則を定めるものである。「当事者の共通の理解が明らかでない場合」には，当事者が契約内容を共通の意味で理解していたかどうかが明らかでない場合のほか，当事者が契約内容について異なる理解をしていた場合も含まれる。このような場合には，当事者が契約の締結に当たって用いた契約書の記載や口頭での会話における表現が通常ど

のように理解されているかが重要な考慮要素となるが、これにそのまま従うのではなく、当該契約の個別の事情を踏まえて、当事者がその表示をどのように理解するのが合理的かを基準とすることとしている。

本文3は、本文1及び2によっても契約内容を確定することができない事項が残るが、契約の成立自体は認められる場合における契約解釈（いわゆる補充的解釈）の基準を取り上げるものである。その契約にとって本質的に重要な事項についてその内容を確定することができないときは、そもそも契約の成立が認められない。これに対し、その内容を確定することができない事項があるが、契約の成立自体は認められるときは、その内容を補充することが必要になる。補充が問題になる場合として、典型的には、例えば、当事者が合意していなかった付随的な事項について紛争が生じた場合が考えられる。これらの場合にも、慣習、任意規定、条理など、一般的な場面を想定して設けられたルールを直ちに適用するよりも、まず、当該契約に即した法律関係を形成することを考えることが契約制度の趣旨に合致するという考え方に従い、本文3は、契約内容を確定することができない事項があることを当事者が知り、その事項について合意をするとすればどのような合意をすると考えられるかが確定することができるのであれば、その合意の内容に従って契約を解釈するという規定を設けることとしている。

以上に対し、契約の解釈に関する規定は解釈の硬直化を招き、事案ごとの個別の解釈に委ねるのが相当である等として、設けるべきではないとの考え方があるほか、本文3は必ずしも確立されたものではないとして、本文3のような規定のみを設けるべきでないとの考え方があり、これらの考え方を（注）で取り上げている。

第30　約款

1　約款の定義

約款とは、多数の相手方との契約の締結を予定してあらかじめ準備される契約条項の総体であって、それらの契約の内容を画一的に定めることを目的として使用するものをいうものとする。

（注）約款に関する規律を設けないという考え方がある。

（概要）

約款に関する後記2以下の規律を新たに設ける前提として、それらの規律の対象とすべき約款の定義を定めるものである。

現代社会においては、大量の定型的取引を迅速かつ効率的に行うことが求められる場面が多い。これを実現するため、契約の一方当事者があらかじめ一定の契約条項を定めたいわゆる約款を準備して、個別の交渉を省き画一的な内容の契約を結ぶことが必要だといわれている。しかし、民法の原則上、当事者の合意がない契約条項が拘束力を有することは本来ないため、このような約款に拘束力が認められるかどうかが明らかでない。そこで、約款を用いた取引の法的安定性を確保する見地から、本文において約款を定義した上で、後記2において約款が個別の合意がなくても契約内容となる根拠規定を設けることとしている。

ここでは，契約内容を画一的に定める目的の有無に着目した定義をすることとしている。すなわち，ある契約条項の総体について，約款の使用者がどのような目的でそれを用いているかによって，約款に当たるかどうかを定めることとしている。例えば，いわゆるひな形は，それを基礎として交渉を行い，相手ごとに異なった内容の契約を締結する目的で用いる場合には，約款には当たらない。これに対して，市販のひな形をそのまま多数の相手方との間で画一的に契約内容とする目的で用いるならば，約款に当たり得る。
　他方で，約款に関して新たな規律を設ける必要性が乏しいとして，規律を設けるべきでないとする意見があり，これを（注）で取り上げている。

2　約款の組入要件の内容

　契約の当事者がその契約に約款を用いることを合意し，かつ，その約款を準備した者（以下「約款使用者」という。）によって，契約締結時までに，相手方が合理的な行動を取れば約款の内容を知ることができる機会が確保されている場合には，約款は，その契約の内容となるものとする。
　（注）約款使用者が相手方に対して，契約締結時までに約款を明示的に提示することを原則的な要件として定めた上で，開示が困難な場合に例外を設けるとする考え方がある。

（概要）
　約款が契約内容となるための要件を新たに定めるものである。
　約款を使用した契約においても，約款の拘束力の根拠は，究極的には当事者の意思に求めるべきであると考えられることから，まず，約款を準備した契約当事者（約款使用者）と相手方との間に約款を用いる合意があることを要件としている。なお，この合意は必ずしも明示的な合意である必要はない。
　そして，相手方が当該約款を用いた契約を締結することに合意するか否かを判断できるよう，契約締結時までに相手方が約款の内容を認識する機会が確保されている必要がある。その上で，約款の内容を認識する機会をどの程度保障すべきかについては，約款の定義（前記1）との関係が問題となる。約款の定義において，契約内容を画一的に定めることを目的として使用するものに対象を限定し，個別の条項に関して交渉可能性が乏しいものが想定されていることからすると，ここで開示を厳格に求めるのは，相手方にとって煩雑でメリットが乏しい反面，約款使用者にとっては取引コストを不必要に高めることになる。このことを踏まえ，本文では，約款使用者の相手方が合理的に期待することができる行動を取った場合に約款の内容を知ることができる状態が約款使用者によって確保されていれば足りることとしている。ここでいう合理的に期待することができる行動は一律に定まるものではなく，その契約の内容や取引の態様，相手方の属性，約款の開示の容易性，約款の内容の合理性についての公法的な規制の有無等の事情を考慮して定まるものと考えられる。
　他方で，契約の拘束力を当事者の意思に求める原則をより重視する観点から，約款使用者が相手方に対して事前に約款の内容を明示的に提示することを原則的な要件として定めるべきであるという意見があり，これを（注）で取り上げている。

3　不意打ち条項
　　約款に含まれている契約条項であって、他の契約条項の内容、約款使用者の説明、相手方の知識及び経験その他の当該契約に関する一切の事情に照らし、相手方が約款に含まれていることを合理的に予測することができないものは、前記2によっては契約の内容とはならないものとする。

(概要)
　約款が前記2の組入要件を満たす場合であっても、その約款中に含まれているとは合理的に予測できない条項（不意打ち条項）があるときは、その条項には組入の合意が及んでいないと考えられる。そこで、約款の拘束力を当事者の合意に求めること（前記2）の帰結として、不意打ち条項については、その内容の当否を問わず契約内容にならないとするものである。ある契約条項が不意打ち条項か否かの判断を、個別の相手方ごとに具体的にするか、想定している相手方の類型ごとに抽象的にするかについては、解釈に委ねることとしている。なお、ある契約条項の総体が前記1でいう約款に該当する場合であっても、結果的に個別の契約条項について当事者が合意をした場合には、その契約条項は、不意打ち条項には当たらない。この場合は、その契約条項は当該合意によって契約の内容になったと考えられるからである。本文において、不意打ち条項である場合に「上記2によっては」契約の内容とはならないとあるのは、このことを表現するものである。

4　約款の変更
　　約款の変更に関して次のような規律を設けるかどうかについて、引き続き検討する。
　(1) 約款が前記2によって契約内容となっている場合において、次のいずれにも該当するときは、約款使用者は、当該約款を変更することにより、相手方の同意を得ることなく契約内容の変更をすることができるものとする。
　　ア　当該約款の内容を画一的に変更すべき合理的な必要性があること。
　　イ　当該約款を使用した契約が現に多数あり、その全ての相手方から契約内容の変更についての同意を得ることが著しく困難であること。
　　ウ　上記アの必要性に照らして、当該約款の変更の内容が合理的であり、かつ、変更の範囲及び程度が相当なものであること。
　　エ　当該約款の変更の内容が相手方に不利益なものである場合にあっては、その不利益の程度に応じて適切な措置が講じられていること。
　(2) 上記(1)の約款の変更は、約款使用者が、当該約款を使用した契約の相手方に、約款を変更する旨及び変更後の約款の内容を合理的な方法により周知することにより、効力を生ずるものとする。

(概要)
　本文(1)(2)は、契約の成立後に、組み入れられた約款の内容を変更するための要件を定

めるものである。
　約款を使用した契約関係がある程度の期間にわたり継続する場合には，法令の改正や社会の状況の変化により，約款の内容を画一的に変更すべき必要性が生ずることがあるが，多数の相手方との間で契約内容を変更する個別の同意を得ることは，実際上極めて困難な場合がある。このため，実務上は約款使用者による約款の変更がしばしば行われており，取引の安定性を確保する観点から，このような約款の変更の要件を民法に定める必要があると指摘されている。本文(1)(2)は，このような指摘を踏まえ，約款の変更の要件に関する試みの案を提示し，引き続き検討すべき課題として取り上げている。これらの要件の当否について，更に検討を進める必要がある。

　5　不当条項規制
　　前記2によって契約の内容となった契約条項は，当該条項が存在しない場合に比し，約款使用者の相手方の権利を制限し，又は相手方の義務を加重するものであって，その制限又は加重の内容，契約内容の全体，契約締結時の状況その他一切の事情を考慮して相手方に過大な不利益を与える場合には，無効とするものとする。
　　（注）このような規定を設けないという考え方がある。

（概要）
　約款に含まれる個別の契約条項のうち約款使用者の相手方に過大な不利益を与えると認められるものを無効とする規律を設けるものである。このような契約条項は，現在も民法第90条を通じて無効とされ得るものであるが，当事者の交渉や合意によって合理性を確保する過程を経たものではない点で他の契約条項と異なる面がある上，もともと同条の公序良俗に反するという規定のみでは予測可能性が低いという難点がある。そのため，同条のような契約の一般条項に委ねるのではなく，別途の規定を設け，約款の個別条項に対する規律を明確化する必要があると考えられる。他方で，ある契約条項の総体が前記1にいう約款に当てはまる場合であっても，それに含まれる条項のうち当事者が個別に合意したものについては，合意の過程において一定の合理性を確保されているものと考えられるため，本文の規律の対象とならない。本文の対象を「前記2によって契約内容となった契約条項は」としているのは，個別の合意がある条項を本文の適用対象から除外し，あくまで約款の組入要件の規定を通じて契約内容となった条項に適用対象を限定しようとするものである。
　不当条項であるか否かの判断基準については，これを明確にする観点から，比較対象とすべき標準的な内容を条文上明らかにすることとしている。具体的には，その条項がなかったとすれば適用され得たあらゆる規律，すなわち，明文の規定に限らず，判例等によって確立しているルールや，信義則等の一般条項，明文のない基本法理等を適用した場合と比較して，当該条項が相手方の権利を制限し又は義務を加重し，その結果相手方に過大な不利益を与えているかどうかという観点から判断するものとしている。本文に「当該条項が存在しない場合と比し」とあるのは，このことを表現するものである。

民法第９０条に関して検討されている暴利行為の規定（第１，２(2)）では，「著しく過大な不利益を与える」という基準が示されているが，その対象とされているのは，困窮等の事情があるとはいえ，相手方が一応その内容を理解した上で契約をした場合である。これに対し，ここでは契約内容について個別の合意がされていない場面を念頭に置いていることから，暴利行為の規定のように「著しく」過大な不利益であることまでは求めていない。

不当条項であると評価された場合の効果については，無効としている。不当条項に関する同様の規律である消費者契約法第８条から第１０条までや，民法第９０条の効果が無効とされていることを踏まえたものである。

他方，契約条項の内容を制限する規律を設けると，自由な経済活動を阻害するおそれがあるとして，本文のような規律を設けるべきでないという意見があり，これを（注）で取り上げている。

第31　第三者のためにする契約

1　第三者のためにする契約の成立等（民法第５３７条関係）

民法第５３７条の規律を次のように改めるものとする。

(1) 契約により当事者の一方が第三者に対してある給付をすることを約したときは，その第三者（以下「受益者」という。）は，その当事者の一方（以下「諾約者」という。）に対して直接にその給付を請求する権利を有するものとする。

(2) 上記(1)の契約は，その締結時に受益者が胎児その他の現に存しない者である場合であっても，効力を生ずるものとする。

(3) 上記(1)の場合において，受益者の権利は，その受益者が諾約者に対して上記(1)の契約の利益を享受する意思を表示した時に発生するものとする。

(4) 上記(1)の場合において，上記(1)の契約の相手方（以下「要約者」という。）は，諾約者に対し，受益者への債務の履行を請求することができるものとする。

(概要)

本文(1)は，民法第５３７条第１項の規律を維持するものである。その際，受益者，諾約者，要約者（本文(1)，(4)参照）という用語法が定着していることから，これを用いた表現を提示している。

本文(2)は，第三者のためにする契約の締結時には受益者は現存している必要はなく，胎児や設立中の法人のように現に存しない者を受益者とする第三者のためにする契約であっても有効に成立するという判例法理（最判昭和３７年６月２６日民集１６巻７号１３９７頁等）を明文化するものである。

本文(3)は，民法第５３７条第２項の規律を維持するものである。

本文(4)は，要約者が諾約者に対して受益者への債務の履行を請求することができるとする一般的な理解を明文化するものである。

2 要約者による解除権の行使（民法第538条関係）
　民法第538条の規律に付け加えて，諾約者が受益者に対する債務を履行しない場合には，要約者は，受益者の承諾を得て，契約を解除することができるものとする。

（概要）
　諾約者が受益者への債務を履行しない場合に，諾約者の要約者に対する債務の不履行に基づき，要約者が当該第三者のためにする契約を解除することができるかどうかについて，民法第538条の趣旨に照らし，受益者の諾約者に対する履行請求権を受益者に無断で奪うことは妥当ではないと考えられることから，要約者は，受益者の承諾なしには，当該第三者のためにする契約を解除することができないとするものである。この場合の解除の手続（催告の要否等）については，契約の解除に関する規定によることになる。

第32　事情変更の法理
　契約の締結後に，その契約において前提となっていた事情に変更が生じた場合において，その事情の変更が次に掲げる要件のいずれにも該当するなど一定の要件を満たすときは，当事者は，［契約の解除／契約の解除又は契約の改訂の請求］をすることができるものとするかどうかについて，引き続き検討する。
　ア　その事情の変更が契約締結時に当事者が予見することができず，かつ，当事者の責めに帰することのできない事由により生じたものであること。
　イ　その事情の変更により，契約をした目的を達することができず，又は当初の契約内容を維持することが当事者間の衡平を著しく害することとなること。

（概要）
　事情変更の法理（「事情変更の原則」とも言われる。）については，現行民法には明文の規定がないものの，その法理の存在自体は異論なく承認されている。そして，予測困難な例外的場面を扱う法理であるために，個々の契約で対応を図ることが実際上困難であることから，当事者間の利害を適切に調整する法的仕組みとして，事情変更の法理の明文規定を整備する必要があるとの指摘がある。
　事情変更の法理を明文化する場合に，その要件の在り方については，判例（最判平成9年7月1日民集51巻6号2452頁等）・学説の理解を踏まえ，契約の前提となっていた事情に変更が生じたことのほか，本文ア及びイとすることが考えられるが，これらを踏まえつつ，引き続き検討する必要があると考えられる。
　また，効果の在り方については，まず，契約の解除を規定することが考えられる。他方，契約の改訂については，そのような解決のメニューが合理性を有する場面（例えば，請負契約において材料費が海外での戦争勃発等の影響により著しく高騰したときに，注文者が当初の報酬額を主張するのに対し，報酬額の増額調整を認める判決をするのが相当と考えられる場面）があるものの，具体的にどのような改訂をどのような枠組みで許容するかなど，具体的な制度設計につき，引き続き検討を深める必要があると考えられる。また，事

情変更の法理の効果としての契約の解除及び契約の改訂につき，それぞれ裁判上の行使を要するものとするかどうかについても，引き続き検討を深める必要があると考えられる。
　以上を踏まえ，事情変更の法理の明文化の要否及びその要件効果などの具体的な在り方につき，引き続き検討すべき課題として取り上げるものである。

第33　不安の抗弁権

　　双務契約の当事者のうち自己の債務を先に履行すべき義務を負う者は，相手方につき破産手続開始，再生手続開始又は更生手続開始の申立てがあったことその他の事由により，その反対給付である債権につき履行を得られないおそれがある場合において，その事由が次に掲げる要件のいずれかに該当するときは，その債務の履行を拒むことができるものとする。ただし，相手方が弁済の提供をし，又は相当の担保を供したときは，この限りでないものとする。
　　ア　契約締結後に生じたものであるときは，それが契約締結の時に予見することができなかったものであること
　　イ　契約締結時に既に生じていたものであるときは，契約締結の時に正当な理由により知ることができなかったものであること
　　　（注）このような規定を設けないという考え方がある。また，再生手続又は更生手続が開始された後は，このような権利を行使することができないものとするという考え方がある。

（概要）

　双務契約において相手方の信用不安等により反対給付を受けられないおそれが生じたときに，自己の債務の履行を拒絶する権利（いわゆる不安の抗弁権）を明文化するものである。現在も信義則（民法第1条第2項）等を根拠にこのような履行拒絶権を肯定した裁判例が多く見られることなどを踏まえたものである。
　この権利を行使することができる者の要件については，双務契約において先履行義務を負担する者としている。先履行義務を負担していないのであれば，同時履行の抗弁権（民法第533条）又は期限の利益を援用すれば足り，不安の抗弁権の援用を認める必要はないと解されるからである。
　「履行を得られないおそれがあるとき」を要件としているのは，履行を得られないことの主観的な不安感では足りず，客観的かつ合理的な根拠に基づく蓋然性が，抗弁権行使の時点で現に存在する必要があることを示す趣旨である。そして，そのことをより明確にするために，破産手続開始，再生手続開始又は更生手続開始の申立てがあったことを始めとして，それらに相当する具体的な事由が存在することを要件としている。
　そして，上記の具体的な事由につき，それが契約締結後に生じたものであるときは契約締結時に予見することができなかったものであることを要求し（本文ア），当該事由が契約締結時に既に存在していた場合にはそれを正当な理由により知ることができなかったことを要求している（本文イ）。契約締結に当たって既に織り込まれていたと評価できるリスクが顕在化したにとどまる場合には，不安の抗弁権の行使を認めるべきではないとの考慮に

基づくものである。
　本文の第2文は、相手方が弁済の提供をし、又は相当の担保を供したときは、不安の抗弁権を行使することができないとするものである。これらの場合には、先履行義務者の反対給付請求権の履行が得られないおそれが解消されたと見られることによる。
　不安の抗弁権については、濫用のおそれがあるなどとして規定を設けるべきでないとする考え方がある。また、再生手続や更生手続といった再建型倒産手続による事業再建の支障になるおそれがあるなどとして、再建型倒産手続の開始後は行使することができないものとすべきであるとの考え方がある。これらの考え方を（注）で取り上げている。

第34　継続的契約
1　期間の定めのある契約の終了
　(1) 期間の定めのある契約は、その期間の満了によって終了するものとする。
　(2) 上記(1)にかかわらず、当事者の一方が契約の更新を申し入れた場合において、当該契約の趣旨、契約に定めた期間の長短、従前の更新の有無及びその経緯その他の事情に照らし、当該契約を存続させることにつき正当な事由があると認められるときは、当該契約は、従前と同一の条件で更新されたものとみなすものとする。ただし、その期間は、定めがないものとする。
　（注）これらのような規定を設けない（解釈に委ねる）という考え方がある。

（概要）
　いわゆる継続的契約の中には、賃貸借のように性質上当然にそれに該当するものがある一方で、継続的な物品供給契約のようにある典型契約（売買・請負）のうちの一部がそれに該当するものがあり、また、フランチャイズ契約等のように典型契約とはされていないものがある。そのため、契約の終了の場面を中心として継続的契約をめぐる法的紛争が生ずることが少なくないにもかかわらず、その解決は解釈に委ねられることが多いとの指摘がある。そこで、個別の典型契約の規律とは別に、継続的契約の終了に関する一般的な規律を設けることが望ましいと考えられる。
　本文(1)(2)は、期間の定めのある契約は期間の満了によって終了する（当事者の一方から更新の申入れがあっても相手方は自由に拒絶することができる）という原則を確認した上で（本文(1)）、例外的に更新の申入れを拒絶することができずに契約が更新される場合があり得る旨を定めるものであり（本文(2)）、期間の定めのある継続的契約の終了に関する裁判例及び学説における一般的な理解を明文化するものである（札幌高決昭和62年9月30日判時1258号76頁、福岡高判平成19年6月19日判タ1265号253頁等参照）。継続的契約には様々な類型のものがあるため、これを定義して要件化するのではなく、ここでは「期間の定めのある契約」、後記2では「期間の定めのない契約」をそれぞれの規律の適用対象とした上で、契約の更新の可否（本文(2)）や解約の申入れの可否（後記2(3)）に関する具体的な規律の中で、各々の契約が継続性を保護すべき要請の高い類型のものかどうかを個別に判断するものとしている。また、本文(2)では、契約の更新が擬制された場合における当事者間の法律関係について、従前の契約と同一の条件で更新したも

のとみなしつつ，期間についてのみ定めがないものとしている。借地借家法第２６条第１項と同様の趣旨のものである。
　もっとも，以上の規律に対しては，そもそも継続的契約には様々な類型のものがあるためその更新に関して一律に適用されるべき規定を設けることは困難であるとして，特段の規定を設けずに引き続き解釈に委ねるべきであるという考え方があり，これを（注）で取り上げている。

　２　期間の定めのない契約の終了
　　(1) 期間の定めのない契約の当事者の一方は，相手方に対し，いつでも解約の申入れをすることができるものとする。
　　(2) 上記(1)の解約の申入れがされたときは，当該契約は，解約の申入れの日から相当な期間を経過することによって終了するものとする。この場合において，解約の申入れに相当な予告期間が付されていたときは，当該契約は，その予告期間を経過することによって終了するものとする。
　　(3) 上記(1)及び(2)にかかわらず，当事者の一方が解約の申入れをした場合において，当該契約の趣旨，契約の締結から解約の申入れまでの期間の長短，予告期間の有無その他の事情に照らし，当該契約を存続させることにつき正当な事由があると認められるときは，当該契約は，その解約の申入れによっては終了しないものとする。
　　（注）これらのような規定を設けない（解釈に委ねる）という考え方がある。

（概要）
　本文(1)及び本文(2)第１文は，期間の定めのない契約の当事者はいつでも解約の申入れをすることができるという原則を確認した上で（本文(1)），解約の申入れがされたときは相当な期間を経過することによって契約が終了することを示すものである（本文(2)第１文）。民法第６１７条第１項や同法第６２７条第１項と同様の趣旨のものである。この「期間の定めのない契約」も，前記１の「期間の定めのある契約」も，いずれも契約の存続期間を観念することができることを前提とする概念であり，特に「期間の定めのない契約」という概念は，一回の給付で終了する契約を含む趣旨ではなく，契約の存続期間を観念することができるため期間を定めることも可能であるが期間を定めなかった契約という意味で用いている（期間の定めのない賃貸借に関する民法第６１７条，期間の定めのある賃貸借に関する同法第６１８条参照）。本文(2)第２文は，相当な予告期間を付して解約の申入れがされたときはその予告期間を経過することによって契約が終了することを示すものである。相当でない予告期間を付して解約の申入れがされたときは，本文(2)第１文によることになる。
　本文(3)は，期間の定めのない契約の当事者はいつでも解約の申入れをすることができるという本文(1)の原則を前提とした上で，例外的に解約の申入れによっても契約が終了しない（解約の申入れの効力が生じない）場合があり得る旨を定めるものであり，期間の定めのない継続的契約の終了に関する裁判例及び学説における一般的な理解を明文化するもの

である（名古屋高判昭和４６年３月２９日下民集２２巻３・４号３３４頁，大阪地判平成１７年９月１６日判時１９２０号９６頁等参照）。
　もっとも，以上の規律に対しては，そもそも継続的契約には様々な類型のものがあるためその解約の申入れに関して一律に適用されるべき規定を設けることは困難であるとして，特段の規定を設けずに引き続き解釈に委ねるべきであるという考え方があり，これを（注）で取り上げている。

　３　解除の効力
　　前記１(1)又は２(1)の契約を解除した場合には，その解除は，将来に向かってのみその効力を生ずるものとする。

（概要）
　契約の存続期間を観念することができる前記１(1)及び２(1)の契約（期間の定めのある契約及び期間の定めのない契約）の解除には遡及効がない旨を定めるものであり，継続的契約の解除に関する一般的な理解を明文化するものである（民法第６２０条等参照）。なお，前記２の解約の申入れは，ここにいう解除には該当しないが，遡及効がないことを当然の前提としている。

第35　売買
　１　売買の予約（民法第５５６条関係）
　　民法第５５６条第１項の規律を改め，売買の予約とは，当事者の一方又は双方に対して，予め定めた内容の売買契約を単独の意思表示によって成立させる権利を与える旨の当事者間の合意をいうものとする。

（概要）
　民法第５５６条第１項を売買の予約の意義が明らかになる規定に改めるとともに，当事者の一方だけでなく双方が予約完結権を有する形態の予約が許容されることを規定上明らかにするものである。

　２　手付（民法第５５７条関係）
　　民法第５５７条第１項の規律を次のように改めるものとする。
　　買主が売主に手付を交付したときは，買主はその手付を放棄し，売主はその倍額を現実に提供して，契約の解除をすることができるものとする。ただし，その相手方が契約の履行に着手した後は，この限りでないものとする。

（概要）
　民法第５５７条第１項が規定する手付解除の要件につき，判例等を踏まえた明確化を図るものである。具体的には，まず，「履行に着手」したのが手付解除をする本人であるときは手付解除が否定されないとする判例法理（最判昭和４０年１１月２４日民集１９巻８号

２０１９頁)を明文化し,その際,「履行の着手」があったことの主張立証責任は手付解除を争う相手方が負担すると解されていることとを表現する趣旨で,その旨を第２文で表記している。また,売主による手付倍戻しによる解除は,倍額につき現実の償還までは要しないが現実に提供する必要があるとの判例(最判平成６年３月２２日民集４８巻３号８５９頁)を踏まえ,「償還」を「現実に提供」に改めている。

3 売主の義務
(1) 売主は,財産権を買主に移転する義務を負うほか,売買の内容に従い,次に掲げる義務を負うものとする。
　ア　買主に売買の目的物を引き渡す義務
　イ　買主に,登記,登録その他の売買の内容である権利の移転を第三者に対抗するための要件を具備させる義務
(2) 売主が買主に引き渡すべき目的物は,種類,品質及び数量に関して,当該売買契約の趣旨に適合するものでなければならないものとする。
(3) 売主が買主に移転すべき権利は,当該売買契約の趣旨に適合しない他人の地上権,抵当権その他の権利による負担又は当該売買契約の趣旨に適合しない法令の制限がないものでなければならないものとする。
(4) 他人の権利を売買の内容としたとき(権利の一部が他人に属するときを含む。)は,売主は,その権利を取得して買主に移転する義務を負うものとする。
(注)上記(2)については,民法第５７０条の「瑕疵」という文言を維持して表現するという考え方がある。

(概要)
　本文(1)は,売買契約に基づいて売主が負う基本的な義務を明記するものである。
　本文(2)は,売主が引き渡すべき目的物が種類,数量及び品質に関して,当該売買契約の趣旨に適合したものでなければならない旨を明記するものである(「契約の趣旨」の意味については,前記第８,１参照)。これにより,民法第５６５条(数量不足及び一部滅失)及び第５７０条(隠れた瑕疵)の適用場面をカバーするが,後記４で取り上げるように,同条の「隠れた」という要件は設けないものとしている。引き渡された目的物が契約の趣旨に適合しないことは,売主の債務不履行を構成する。なお,「瑕疵」が定着した用語であることを理由に,引き続き「瑕疵」という文言を用いて規律を表現すべきであるとの考え方があり,これを(注)で取り上げている。この(注)の考え方は,「瑕疵」という文言を売買と同様に置き換えるものとしている贈与(後記第３６,２),消費貸借(後記第３７,５),請負(後記第４０,２)についても同様に当てはまる。
　本文(3)は,売主が移転すべき権利につき,当該売買契約の趣旨に適合しない他人の用益物権,担保物権又は建築基準法等の法令による制限がないものであることを要する旨を明記するものである。これにより,権利の瑕疵と称されることのある民法第５６６条及び第５６７条の適用場面をカバーする。移転に係る権利に当該売買契約の趣旨に反するような他人の権利による負担等が存することは,売主の債務不履行を構成する。

本文(4)は，他人物売買の場合に，売主が権利を取得して買主に移転する義務を負う旨を定める民法第５６０条を維持するものである。移転すべき権利の全部（同法第５６１条参照）が他人に属する場合だけでなく，その一部が他人に属する場合（同法第５６３条第１項参照）をも適用場面としており，そのことを括弧書きにより明らかにしている。

4　目的物が契約の趣旨に適合しない場合の売主の責任
　民法第５６５条及び第５７０条本文の規律（代金減額請求・期間制限に関するものを除く。）を次のように改めるものとする。
(1) 引き渡された目的物が前記3(2)に違反して契約の趣旨に適合しないものであるときは，買主は，その内容に応じて，売主に対し，目的物の修補，不足分の引渡し又は代替物の引渡しによる履行の追完を請求することができるものとする。ただし，その権利につき履行請求権の限界事由があるときは，この限りでないものとする。
(2) 引き渡された目的物が前記3(2)に違反して契約の趣旨に適合しないものであるときは，買主は，売主に対し，債務不履行の一般原則に従って，その不履行による損害の賠償を請求し，又はその不履行による契約の解除をすることができるものとする。
(3) 売主の提供する履行の追完の方法が買主の請求する方法と異なる場合には，売主の提供する方法が契約の趣旨に適合し，かつ，買主に不相当な負担を課するものでないときに限り，履行の追完は，売主が提供する方法によるものとする。

（概要）
　民法第５６５条及び第５７０条本文の規律を改めるものである。その際，代金減額請求権の規律を付け加えるかどうか（後記5）や，買主の権利の期間制限に関する同法第５６５条及び第５７０条本文（それぞれ同法第５６４条・第５６６条第３項の準用）の規律をどのように見直すか（後記6）等については，後の項目で取り上げている。
　本文(1)第１文は，売買の目的物が契約の趣旨に適合しないものである場合に，目的物の欠陥か数量不足かといった契約不適合の内容に応じて，その修補を請求し，又は代替物若しくは不足分の引渡しを請求することができる（履行の追完を請求する権利を有する）とするものである。ある契約不適合の追完につき修補による対応と代替物等の引渡しによる対応等のいずれもが想定される場合に，いずれを請求するかは買主の選択に委ねることを前提としている。第２文では，それらの履行の追完を請求する権利の限界事由（履行不能）につき，履行請求権の限界事由の一般原則に従うことを明らかにしている（その内容につき，前記第9，2）。
　本文(2)は，売主が引き渡した目的物が前記3(2)に違反して契約の趣旨に適合しないものである場合に，債務不履行の一般原則に従って，債務不履行による損害賠償の請求をし，又は債務不履行による契約の解除ができるとするものである。
　本文(3)は，買主の選択する履行の追完の方法と売主が提供する追完の方法とが異なると

きは，売主の提供する追完の方法が契約の趣旨に適合し，かつ買主に不相当な負担を課すものでないときに限り，履行の追完は，売主が提供した方法によるものとするものである。追完手段の選択が買主に委ねられるという本文(1)の原則に対する制約であることから，買主による選択の利益を不当に害しないものとするために，限定的な要件を設けるものである。売主が本文(3)の要件を満たす履行の追完の提供をしたときは，弁済の提供としての効力が生じ，買主は当初選択した方法による履行の追完の請求ができない。

　以上で取り上げたような目的物が契約に適合しない場合の買主の権利（後記5の代金減額請求権も含む。）の行使要件について，その不適合が「隠れた」（民法第570条）ものであるという要件を設けないこととしている。「隠れた」とは，瑕疵の存在についての買主の善意無過失を意味するとされてきたが，売主が引き渡した目的物が契約に適合しないにもかかわらず買主に過失があることのみをもって救済を一律に否定することは適切ではなく，むしろ，目的物に存する欠陥等がどこまで売買契約に織り込まれていたかを契約の趣旨を踏まえて判断すべきであるとの指摘を踏まえたものである。

5　目的物が契約の趣旨に適合しない場合における買主の代金減額請求権
　　前記4（民法第565条・第570条関係）に，次のような規律を付け加えるものとする。
　(1) 引き渡された目的物が前記3(2)に違反して契約の趣旨に適合しないものである場合において，買主が相当の期間を定めて履行の追完の催告をし，売主がその期間内に履行の追完をしないときは，買主は，意思表示により，その不適合の程度に応じて代金の減額を請求することができるものとする。
　(2) 次に掲げる場合には，上記(1)の催告を要しないものとする。
　　ア　履行の追完を請求する権利につき，履行請求権の限界事由があるとき。
　　イ　売主が履行の追完をする意思がない旨を表示したことその他の事由により，売主が履行の追完をする見込みがないことが明白であるとき。
　(3) 上記(1)の意思表示は，履行の追完を請求する権利（履行の追完に代わる損害の賠償を請求する権利を含む。）及び契約の解除をする権利を放棄する旨の意思表示と同時にしなければ，その効力を生じないものとする。

（概要）

　本文(1)は，引き渡された目的物が契約に適合しない場合における買主の救済手段として，その不適合の程度に応じて代金の減額を請求する権利（代金減額請求権）を設けるものである。この権利は，履行の追完を請求する権利につき履行請求権の限界事由がある場合や，債務不履行による損害賠償につき免責事由がある場合であっても行使することができる点に存在意義がある。代金減額請求権は形成権であり，訴訟外における買主の一方的な意思表示で効力が生ずる。売主が不適合を追完する利益に配慮する観点から，その原則的な行使要件として，相当の期間を定めた追完の催告を経ることを必要としている。その期間内に買主が求める内容による追完の提供がされたときは，代金減額請求権は行使することができないのはもとより，売主が買主の選択と異なる追完の提供をした場合であっても，そ

の内容が前記4(3)に該当するときには弁済の提供の効力が生じるから，履行の追完に代わる損害賠償及び契約の解除の場合と同様に，代金減額請求権を行使することができない。
　本文(2)は，代金減額請求権の行使要件としての追完の催告が不要となる場合を規定するものである。履行に代わる損害賠償の要件と平仄を合わせたものとしている（前記第10，3参照）。
　本文(3)は，代金減額請求権行使の意思表示につき，履行の追完を請求する権利（履行の追完に代わる損害の賠償を請求する権利を含む。）及び契約の解除をする権利を放棄する旨の意思表示と同時にしなければその効力を生じないものとするものである。代金減額請求権は，代金を減額することによって確定的に法律関係を処理し，それと矛盾する救済手段は行使しないという場面で機能することが想定されている権利であることから，そのような代金減額請求権の性格付けを明確にするための規律を設けるものである。履行の追完を請求する権利等を放棄する旨の意思表示を代金減額請求権の行使要件に織り込んでいるのは，代金減額請求権が形成権であることに関連して，その行使によりこれと矛盾する権利を喪失するとの規律を単純に導入すると，目的物の不適合が露見した後における交渉において値引きの要求をしたことが代金減額請求権行使の意思表示とされて，履行の追完を請求する権利等を喪失するという予想外の事態が生じるおそれがあるとの指摘があることを踏まえたものである。

6　目的物が契約の趣旨に適合しない場合における買主の権利の期間制限
　民法第565条及び第570条本文の規律のうち期間制限に関するものは，次のいずれかの案のように改めるものとする。
　【甲案】　引き渡された目的物が前記3(2)に違反して契約の趣旨に適合しないものである場合の買主の権利につき，消滅時効の一般原則とは別の期間制限（民法第564条，第566条第3項参照）を廃止するものとする。
　【乙案】　消滅時効の一般原則に加え，引き渡された目的物が前記3(2)に違反して契約の趣旨に適合しないものであることを買主が知った時から［1年以内］にそれを売主に通知しないときは，買主は，前記4又は5による権利を行使することができないものとする。ただし，売主が引渡しの時に目的物が前記3(2)に違反して契約の趣旨に適合しないものであることを知り，又は重大な過失によって知らなかったときは，この限りでないものとする。

（概要）
　甲案は，目的物が前記3(2)に違反して契約の趣旨に適合しない場合の買主の権利に関して，民法第564条及び第566条第3項により消滅時効とは別途設けられている期間制限（買主が事実を知った時から1年）を廃止し，買主の権利の期間制限を消滅時効の一般原則に委ねる提案である。
　乙案は，消滅時効とは別に，目的物が前記3(2)に違反して契約の趣旨に適合しないことに関する買主の権利につき，そのことを知った時を起算点とする買主の権利の期間制限（民

法第564条,第566条第3項)を維持するものである。その上で,同法第566条第3項では権利保存の要件として「契約の解除又は損害賠償の請求」を1年以内にすることを求めており,これが買主に過重な負担になっているとの指摘があることを踏まえ,これを不適合があることの通知に改めるものとしている。また,期間について,現状の1年がやや短すぎるとの指摘があることを踏まえ,1年をブラケットで囲んで提示している。その上で,売主が引渡しの時に目的物が前記3(2)に違反して契約の趣旨に適合しないことを知り,又は知らないことにつき重大な過失があるときは,期間制限を適用しないものとしている。この場合には消滅時効の一般原則に委ねることとなる。

乙案を採用する場合には,商人間の売買の特則である商法第526条が権利保存の要件として,乙案と同じく「通知」を定めていることから,同条との適用関係を整理する必要があると考えられる。

7 買主が事業者の場合における目的物検査義務及び適時通知義務
(1) 買主が事業者であり,その事業の範囲内で売買契約をした場合において,買主は,その売買契約に基づき目的物を受け取ったときは,遅滞なくその目的物の検査をしなければならないものとする。
(2) 上記(1)の場合において,買主は,受け取った目的物が前記3(2)に違反して契約の趣旨に適合しないものであることを知ったときは,相当な期間内にそれを売主に通知しなければならないものとする。
(3) 買主は,上記(2)の期間内に通知をしなかったときは,前記4又は5による権利を行使することができないものとする。上記(1)の検査をしなかった場合において,検査をすれば目的物が前記3(2)に違反して契約の趣旨に適合しないことを知ることができた時から相当な期間内にそれを売主に通知しなかったときも,同様とするものとする。
(4) 上記(3)は,売主が引渡しの場に目的物が前記3(2)に違反して契約の趣旨に適合しないものであることを知り,又は重大な過失によって知らなかったときは,適用しないものとする。
(注1) これらのような規定を設けないという考え方がある。また,上記(3)についてのみ,規定を設けないという考え方がある。
(注2) 事業者の定義について,引き続き検討する必要がある。

(概要)
本文(1)は,買主が事業者である場合におけるその事業の範囲内においてした売買について,買主は目的物を受け取った後遅滞なくその目的物の検査をする義務を負うとするものであり,商法第526条第1項を参考とするものである。

本文(2)は,本文(1)の場合につき,買主は,受け取った目的物が契約に適合しないことを知った時から相当な期間内にそれを売主に通知する義務を負うとするものである。

本文(3)は,本文(2)に違反した場合の効果として,履行の追完を請求する権利,債務不履行による損害賠償請求権,契約の解除権及び代金減額請求権を行使することができない

ものとしている。また，本文(1)の検査義務を怠った場合について，検査をすれば目的物が契約に適合しないことを発見することができたと考えられる時から相当な期間内に売主にその事実を通知しなかった場合も，同様に失権するものとしている。

本文(4)は，売主が引渡しの時に目的物が契約に適合しないことを知り，又は重大な過失により知らなかったときに，本文(3)の失権効が生じないとするものであり，この場合，買主の権利の消長は消滅時効の一般原則に委ねられる。

以上の本文(1)から(4)までについては，事業者という概念を民法に導入するのは相当でないことなどを理由に，規定を設けるべきでないとの考え方がある。また，本文(3)については，失権効といった一定の効果を明記する規定を設けないで，債務不履行による損害賠償の一般原則に委ねるとの考え方がある。これらの考え方を（注１）で取り上げている。

また，本文のような規律を設ける場合，事業者をどのように定義するかが問題となる。本文で「事業者」という概念を用いているのは，商法第５２６条第１項における「商人」という概念（同法第４条第１項）よりも規定の適用範囲を拡げる必要があるという問題意識によるものであるが，このような問題意識を踏まえつつ，事業者をどのように定義するかを検討する必要がある。この検討課題を（注２）で取り上げている。

8 権利移転義務の不履行に関する売主の責任等

民法第５６１条から第５６７条まで（第５６５条を除く。）の規律を次のように改めるものとする。

(1) 売主が買主に売買の内容である権利の全部又は一部を移転せず，又は売主が移転した権利に前記３(3)に違反する他人の権利による負担若しくは法令の制限があるときは，買主は，売主に対し，一般原則に従って，その履行を請求し，その不履行による損害の賠償を請求し，又はその不履行による契約の解除をすることができるものとする。

(2) 上記(1)の債務不履行がある場合（移転すべき権利の全部を移転しない場合を除く。）において，買主が相当の期間を定めてその履行の催告をし，売主がその期間内に履行をしないときは，買主は，意思表示により，不履行の程度に応じて代金の減額を請求することができるものとする。

(3) 次に掲げる場合には，上記(2)の催告を要しないものとする。

ア 履行を請求する権利につき，履行請求権の限界事由があるとき。

イ 売主が履行をする意思がない旨を表示したことその他の事由により，売主が履行をする見込みがないことが明白であるとき。

(4) 上記(2)の意思表示は，履行を請求する権利（履行に代わる損害の賠償を請求する権利を含む。）及び契約の解除をする権利を放棄する旨の意思表示と同時にしなければ，その効力を生じないものとする。

(注) 上記(2)の規律は，抵当権等の金銭債務の担保を内容とする権利による負担がある場合については，適用しないものとするという考え方がある。

(概要)

民法第５６１条から第５６７条まで（第５６５条を除く。）の規律を改めるものである。同法第５６５条については，前記４で取り上げている。
　本文(1)は，売主が権利を移転する義務を履行しない場合（権利を全く移転しない場合のほか，一部を移転しないこと及び移転する権利に契約の趣旨に反する他人の権利による負担等がある場合が包含される。）の買主の権利として，その債務の履行の請求，債務不履行による損害賠償の請求及び契約の解除が，それぞれ一般原則に基づいて認められることを明記するものである。損害賠償及び契約の解除について，民法第５６１条から第５６７条まで（第５６５条を除く。）により一般原則とは異なる規律が設けられているのを改めるものである。売買の目的が他人の権利であることにつき売主が善意であった場合に売主が解除権を有することを規定する同法第５６２条については，権利移転義務を履行しない売主に契約離脱の選択肢を与える合理性が乏しいと指摘されていることによる。また，同法第５６７条に関しては，抵当権等の負担がある場合の解除の要件として買主が「所有権を失ったとき」としているが，所有権の喪失前であっても契約の解除を認めるべき場面があるとの指摘があることによる。また，権利移転義務の不履行に関しては，前記６のような期間制限に関する規律を取り上げていないが，これは消滅時効とは別の期間制限を設けず，消滅時効の一般原則に委ねる趣旨である。したがって，同法第５６４条及び第５６６条第３項は，単純に削除することとなる。
　本文(2)は，引き渡された目的物に契約の趣旨に反する他人の権利の負担等があった場合における買主の救済手段として，その意思表示により，他人の権利による負担の程度に応じて代金を減額することができる権利（代金減額請求権）を設けるものである。引き渡された目的物に契約不適合があった場合に関する前記５(1)と同趣旨の規定である。かっこ書により移転すべき権利の全部を移転しない場合を除外しているのは，この場合は対価の一部を削減するにとどまる代金減額請求権による処理がなじまず，専ら契約全体の解除により処理すれば足りると考えられることによる。なお，本文(2)は，売買の目的である権利に抵当権等の金銭債務の担保を内容とする権利の負担がある場合についても適用されるものとしているが，この場面についても権利の全部を移転しない場合と同様に代金減額請求権による処理がなじまないとして，代金減額請求権の対象から除外するとの考え方があり，これを（注）で取り上げている。
　本文(3)は，代金減額請求権の行使要件としての履行の催告が不要となる場合を規定するものであり，前記５(2)と同趣旨の規定である。履行に代わる損害賠償の要件及び債務不履行による契約の解除の要件と平仄を合わせたものとしている。
　本文(4)は，代金減額請求権行使の意思表示につき，履行を請求する権利（履行に代わる損害の賠償を請求する権利を含む。）及び契約の解除をする権利を放棄する旨の意思表示と同時にしなければその効力を生じないものとするものである。前記５(3)と同趣旨の規定である。

9　競売における買受人の権利の特則（民法第５６８条及び第５７０条ただし書関係）

　民法第５６８条及び第５７０条ただし書の規律を次のように改めるものとす

る。
(1) 民事執行法その他の法律の規定に基づく競売における買受人は，買い受けた目的物又は権利について買受けの申出の時に知らなかった損傷，他人の権利による負担その他の事情（以下「損傷等」という。）がある場合において，その損傷等により買い受けた目的を達することができないときは，債務者に対し，契約の解除をし，又はその損傷等の程度に応じて代金の減額を請求することができるものとする。ただし，買受人が［重大な］過失によってその損傷等を知らなかったときは，この限りでないものとする。
(2) 上記(1)の場合において，債務者が無資力であるときは，買受人は，代金の配当を受けた債権者に対し，その代金の全部又は一部の返還を請求することができるものとする。
(3) 上記(1)又は(2)の場合において，債務者が目的物若しくは権利の不存在を知りながら申し出なかったとき，又は債権者がこれを知りながら競売を請求したときは，買受人は，これらの者に対し，損害賠償の請求をすることができるものとする。
(4) 買受人は，買い受けた目的物又は権利に損傷等があることを知った時から1年以内にその損傷等を債務者又は配当を受領した債権者に通知しなければ，上記(1)から(3)までの権利を失うものとする。ただし，買い受けた権利の全部が他人に属していたときは，この限りでないものとする。
(注) 競売における担保責任に関して，現状を維持するという考え方がある。また，上記(2)の規律は，上記(3)の要件を満たす債権者についてのみ適用するという考え方がある。

（概要）
　本文(1)は，民事執行法その他の法律に基づく競売の目的物に損傷等があった場合の買受人の救済手段を整備するものである。民法第５６８条第１項は，買受人の救済手段に関して，売主の担保責任に関する同法第５６１条から第５６７条までの規定に従うこととしているが，それに加えて，同法第５７０条ただし書のように「（隠れた）瑕疵」を救済の対象から一律に除外する考え方は採らないこととしている。物の瑕疵であっても，買受人にとって権利の瑕疵と比肩すべき重大な不利益となる場合があり得ることを考慮したものである。このように買受人が救済される場面を拡張するに当たり，本文(1)では，まず，買い受けた目的を達成し得ないことを，解除だけでなく代金減額請求の要件ともしている。また，第２文において，買受人が損傷等を知らなかったことにつき（重大な）過失があった場合には，救済しないこととしている。いずれも，救済の対象を真に必要なものに限定する趣旨である。
　本文(2)及び(3)は，救済の対象となる損傷等が本文(1)で画されることを前提に，一定の場合に，買受人が配当受領者に受領した代金の全部又は一部の返還を請求し，又は債務者若しくは配当受領者に損害賠償の請求ができるとする民法第５６８条第２項及び第３項の規律を維持するものである。

本文(4)は，前記6（買主の権利の期間制限）の見直しの在り方にかかわらず，競売における担保責任に適用されている民法第564条及び第566条第3項の期間制限を実質的に維持して，買受人が損傷等を知った時から1年以内にその事実を債務者又は配当受領者に通知しなければ，それらの者に対して本文(1)から(3)までの救済を求める権利を喪失するとするものである。権利保存のための行為を「通知」に改めているのは，前記6の見直し（乙案参照）と平仄を合わせたものである。本文(4)の第2文は，権利の全部が他人に属する場合につき，期間制限が設けられていない現状を維持するものである（同法第560条，第561条参照）。

以上に対し，競売手続の結果が実質的に覆滅される場面が現行法よりも拡大することにより配当受領者の地位が不安定になるおそれがあり，執行裁判所がそれを慮って競売手続を慎重に進めざるを得なくなって，手続の円滑が害されるおそれがあることなどを理由に，競売に関する担保責任の規律につき現状を維持すべきであるとの考え方がある。また，本文(2)の規律については，配当受領者につき上記(3)の要件を満たす場合にのみ適用されるものとすべきであるとの考え方がある。これらの考え方を，（注）で取り上げている。

10　買主の義務
　　買主は，売主に代金を支払う義務を負うほか，次に掲げる義務を負うものとする。
　ア　売買の目的物（当該売買契約の趣旨に適合するものに限る。）を受け取る義務
　イ　前記3(1)イの対抗要件を具備させる義務の履行に必要な協力をする義務

（概要）
本文は，売買契約による買主の基本的義務として，代金支払義務（民法第555条参照）のほか，目的物の受取義務及び目的物の対抗要件を具備させる義務の履行に必要な協力をする義務（対抗要件引取義務）を条文上明記するものである。括弧書きは，買主の受取義務の対象が契約の趣旨に適合した目的物でなければならないことを明らかにするものである。その違反の効果として，債務不履行の一般原則に従い，債務不履行による損害賠償請求権又は契約の解除権が発生する。

11　代金の支払場所（民法第574条関係）
　　民法第574条の規律を次のように改めるものとする。
　(1)　売買の目的物の引渡しと同時に代金を支払うべきときは，その引渡しの場所において支払わなければならないものとする。
　(2)　上記(1)は，代金の支払前に目的物の引渡しがあったときは，適用しないものとする。

（概要）
本文(1)は，代金の支払場所に関する民法第574条の規律を維持するものである。

本文(2)は，売買の目的物の引渡しと同時に代金を支払うべきときであっても，代金の支払前に目的物の引渡しが現にあったときは，同法第５７４条の適用はなく，弁済の場所に関する原則である民法第４８４条の規定に従うものとする判例（大判昭和２年１２月２７日民集６巻７４３頁）の規律を明文化するものである。

12　権利を失うおそれがある場合の買主による代金支払の拒絶（民法第５７６条関係）

民法第５７６条の規律を次のように改めるものとする。

売買の目的について権利を主張する者があることその他の事由により，買主がその買い受けた権利の全部又は一部を取得することができないおそれがあるとき，又はこれを失うおそれがあるときは，買主は，その危険の程度に応じて，代金の全部又は一部の支払を拒むことができるものとする。ただし，売主が相当の担保を供したときは，この限りでないものとする。

（概要）

買主による代金支払拒絶権を定める民法第５７６条については，買主が既に取得した権利を失うおそれがある場合に加え，買主が権利の取得前にそれを取得することができないおそれがある場合にも適用があると解されている。本文は，このことを規定上も明らかにするとともに，代金支払拒絶権の行使要件である「売買の目的について権利を主張するものがあること」を，権利の喪失又は権利の取得不能を疑うにつき客観的かつ合理的な理由を要することを示すための一つの例示と見て，これと同等の事由がある場合もカバーするために「その他の事由」を付加するものとしている。

13　抵当権等の登記がある場合の買主による代金支払の拒絶（民法第５７７条関係）

民法第５７７条の規律に付け加えて，先取特権，質権又は抵当権の負担を考慮して代金の額が定められたときは，同条の規定は適用しないものとする。

（概要）

民法第５７７条は，抵当不動産の買主が抵当権消滅請求（同法第３７９条）をする機会を確保するためのものとされるが，当事者が抵当権等の存在を考慮して代金額を決定していたときは，抵当権消滅請求の機会を与える必要がないから（同法第３８０条参照），同法第５７７条が適用されないことには異論がない。本文は，この異論のない解釈を条文上明記するものである。なお，抵当権消滅請求制度の在り方との整合性に留意する必要がある。

14　目的物の滅失又は損傷に関する危険の移転

(1) 売主が買主に目的物を引き渡したときは，買主は，その時以後に生じた目的物の滅失又は損傷を理由とする前記４又は５の権利を有しないものとする。ただし，その滅失又は損傷が売主の債務不履行によって生じたときは，この

限りでないものとする。
(2) 売主が当該売買契約の趣旨に適合した目的物の引渡しを提供したにもかかわらず買主がそれを受け取らなかった場合であって，その目的物が買主に引き渡すべきものとして引き続き特定されているときは，引渡しの提供をした時以後に生じたその目的物の滅失又は損傷についても，上記(1)と同様とする。

（概要）
　本文(1)は，いわゆる危険の移転時期に関するルールを，最も適用場面が多いと考えられる売買のパートに新設するものである。民法第５３４条が規定する危険負担の債権者主義については，目的物が引き渡された後に適用場面を制限する解釈が広い支持を得ていることなどを踏まえ，目的物の滅失又は損傷の危険の移転時期を目的物の引渡し時とした上で，買主は，目的物の引渡し時以後に生じた目的物の滅失又は損傷を理由とする債務不履行による損害賠償を請求する権利，契約の解除をする権利又は代金減額請求権を有しない旨を規定するものとしている。もっとも，その滅失又は損傷が売主の債務不履行によって生じたとき（例えば，目的物の滅失又は損傷が引渡し後に生じたがそれが引渡し前の保存義務違反に起因する場合等）は，その滅失又は損傷が引渡し後に生じたものであっても売主にその危険を負担させるのが相当であることから，第２文でその旨を規定している。
　本文(2)は，売主が目的物の引渡しを提供したにもかかわらず買主がそれを受け取らなかったときに，その引渡しの提供をした時点を危険の移転時期として規定するものである。受領遅滞（民法第４１３条）の効果として売主から買主に危険が移転することは異論のない解釈とされており，これを踏まえたものである。種類物売買については，危険の移転の効果が発生するには，引渡しの提供があったのみでは足りず，目的物が特定（同法第４０１条第２項）されている必要があると解されているが，引渡しの提供時以後に生じた目的物の滅失又は損傷のリスクを買主が負担すべきと言えるためには，滅失又は損傷が生じた時点でも引き続き特定されている状態が維持されている必要があると考えられる。そこで，「買主に引き渡すべきものとして引き続き特定されているとき」との要件を設けている。これは種類物売買を念頭に置いた要件であり，特定物売買においては実際上問題となることはないと考えられる。

15 買戻し（民法第５７９条ほか関係）
　買戻しに関する民法第５７９条から第５８５条までの規律を基本的に維持した上で，次のように改めるものとする。
(1) 民法第５７９条の規律に付け加えて，売主が返還すべき金額について当事者に別段の合意がある場合には，それに従うものとする。
(2) 民法第５８１条第１項を次のように改めるものとする。
　買戻しの特約を登記したときは，買戻しは，第三者に対しても，その効力を有するものとする。

（概要）

本文(1)は，民法第５７９条が規定する買戻権の行使に際して売主が返還すべき金額につき，当事者の合意により定めることができる旨の規定に改めるものである。同条は，買戻権の行使に際して売主が返還すべき金額を強行的に規定しているとされるが，当事者の合意による修正を肯定すべきであるとの指摘があることを踏まえたものである。
　本文(2)は，民法第５８１条第１項の「売買契約と同時に」という文言を削り，買戻しの特約の登記が売買契約の登記（売買を原因とする所有権の移転の登記）より後にすることができるものと改めるものである。
　なお，買戻特約付の売買契約という形式が採られていたとしても，それが債権担保の目的で締結されたものである場合には，その性質は譲渡担保契約であり，民法第５７９条以下の買戻しの規定は適用されないとするのが判例である（最判平成１８年２月７日民集６０巻２号４８０頁等）。本文(1)(2)は，このような判例法理に影響を与えることを意図するものではない。

第36　贈与

1　贈与契約の意義（民法第５４９条関係）
　民法第５４９条の規律を次のように改めるものとする。
　贈与は，当事者の一方が財産権を無償で相手方に移転する意思を表示し，相手方が受諾をすることによって，その効力を生ずるものとする。

（概要）
　贈与契約の意義につき，今日では，売買契約と同様に財産権の移転を内容とする契約であるとの理解が一般的であることを踏まえて，民法第５４９条に規定する贈与者の義務の明確化を図るものである。具体的には，贈与の対象につき「財産」を「財産権」に改め，「与える」を「移転する」に改めるものとしている。また，他人の財産権を贈与する契約も有効であると解されていることから，「自己の」という文言を削ることとしている。

2　贈与者の責任（民法第５５１条関係）
　民法第５５１条の規律を次のように改めるものとする。
(1) 贈与者は，次に掲げる事実について，その責任を負わないものとする。ただし，贈与者がこれらの事実を知りながら受贈者に告げなかったときは，この限りでないものとする。
　ア　贈与によって引き渡すべき目的物が存在せず，又は引き渡した目的物が当該贈与契約の趣旨に適合しないものであること。
　イ　贈与者が贈与によって移転すべき権利を有さず，又は贈与者が移転した権利に当該贈与契約の趣旨に適合しない他人の権利による負担若しくは法令の制限があること。
(2) 他人の権利を贈与の内容とした場合（権利の一部が他人に属する場合を含む。）であっても，贈与者がその権利を取得した場合には，その権利を受贈者に移転する義務を負うものとする。

(3) 上記(1)に掲げる事実があることにより，受贈者が贈与契約をした目的を達することができないときは，受贈者は，贈与契約の解除をすることができるものとする。
 (4) 負担付贈与の受贈者は，贈与者が贈与契約によって引き渡すべき目的物又は移転すべき権利に上記(1)に掲げる事実があることにより，受贈者の負担の価額がその受け取った物又は権利の価額を超えるときは，受贈者は，その超える額に相当する負担の履行を拒み，又は履行した負担の返還を請求することができるものとする。この場合において，負担を返還することができないときは，負担の価額の償還を請求することができるものとする。
 (注) 上記(1)から(3)までについては，贈与者の履行義務並びにその不履行による損害賠償及び契約の解除に関する規律をそれぞれ一般原則に委ねるという考え方がある。

(概要)
　本文(1)は，贈与者の責任に関する民法第５５１条の実質的な規律内容を維持しつつ（契約の解除については後述する。），「瑕疵」から「契約の趣旨に適合しないものであること」に改めるなど，主に概念の用い方につき，売買契約における売主の責任に関する規定の見直し（前記第３５，３）と平仄を合わせる観点からの見直しをするものである。もとよりこれは任意規定であり，贈与者がこれよりも厳格な責任を負担する約定の効力を否定する趣旨ではない。この点については，贈与契約についても，贈与者につき契約責任の一般原則と異なる規律を設ける合理性はないとして，物又は権利が契約の趣旨に適合しない場面における贈与者の履行義務や，債務不履行による損害賠償及び契約に解除に関する規律をそれぞれ一般原則に委ねるとの考え方があり，これを（注）で取り上げている。
　本文(2)は，他人物贈与につき，贈与者が他人に属する権利を自ら取得して受贈者に移転する義務は負わないが，その権利を相続等により取得した場合には，それを受贈者に移転する義務を負うものとするものである。
　本文(3)は，本文(1)によりに贈与者が履行又は損害賠償の責任を免れる場合であっても，本文(1)に掲げる事実があることにより贈与契約をした目的を達することができないときは，受贈者は，贈与契約の解除ができるとするものである。本文(1)に掲げる事実につき，贈与者が履行又は損害賠償の責任を負わないとしても，その事実によって贈与契約をした目的が達せられないときには，契約を解消する手段受贈者に認めるのが適切であると考えられることによる。
　本文(4)は，負担付贈与の贈与者の担保責任について規定する民法第５５１条第２項につき，その規律内容に関する一般的な理解に従い，規定内容の明確化を図るものである。この規定は，贈与者が本文(1)により責任を負わない場合にも適用される。

3　贈与契約の解除による返還義務の特則
　　贈与契約が解除されたときは，受贈者は，解除の時に現に存していた利益の限度において，返還の義務を負うものとする。

（概要）
　契約の解除に伴う原状回復義務の内容（前記第１１，３）につき，贈与契約に関する特則を定めるものである。贈与契約は無償契約であり，受贈者は贈与者の債務と対価関係にある債務を負担していない。そうすると，贈与契約の当事者に，双務契約を念頭においた解除の一般原則どおりに全面的な原状回復義務（給付を返還できない場合には，価額償還義務）を負担させるのは相当でないと考えられる。そこで，贈与契約の解除による贈与者の返還義務につき，解除の時に存していた利益を限度とするものとしている。

　　４　贈与者の困窮による贈与契約の解除
　　　贈与者が贈与契約の時に予見することのできなかった事情の変更が生じ，これにより贈与者の生活が著しく困窮したときは，贈与者は，贈与契約の解除をすることができるものとする。ただし，履行の終わった部分については，この限りでないものとする。

（概要）
　贈与者が予見することのできなかった贈与契約後の事情変更により贈与者の生活が著しく困窮した場合に，贈与者に解除権を付与する規定を新設するものである。その要件設定の具体的な在り方は更に検討する必要があるが，贈与契約の無償性に照らすと，本文に掲げるこのような場合にまで契約の拘束力を貫徹するのは相当でなく，贈与の解除を認めるべきであるとの指摘があることを踏まえたものである。もっとも，履行が終わった部分についても返還を要するものとすると，贈与者の困窮に責めを負うべき立場にあるとは限らない受贈者に不測の損害を与えるおそれがあることから，第２文により，贈与が終わった部分については解除ができないものとしている。

　　５　受贈者に著しい非行があった場合の贈与契約の解除
　　(1)　贈与契約の後に，受贈者が贈与者に対して虐待をし，若しくは重大な侮辱を加えたとき，又は受贈者にその他の著しい非行があったときは，贈与者は，贈与契約の解除をすることができるものとする。
　　(2)　上記(1)の解除権は，贈与者の一身に専属するものとする。ただし，受贈者が上記(1)に該当する行為により贈与者を死亡させたときは，この限りでないものとする。
　　(3)　上記(1)の解除があったときは，受贈者は，上記(1)の解除の原因が生じた時に現に存していた利益の限度で，返還の義務を負うものとする。
　　(4)　上記(1)の解除権は，贈与の履行が終わった時から［１０年］を経過したときは，その部分については行使できないものとする。

（概要）
　本文(1)は，受贈者に，推定相続人の廃除事由（民法第８９２条参照）に該当し得る贈与

者に対する著しい非行があった場合に，贈与者が贈与契約を解除することができるとする規律を新設するものである。学説上，受贈者が贈与契約の基礎となる人間関係を破壊し，贈与者の身体又は人格等を著しく蹂躙したような場合には，贈与者を契約に拘束するのは相当でなく，その解消を認めるべきであるとの見解は古くから唱えられており，裁判例にも，このような場合に負担付贈与の「負担」の解釈その他の法的構成により贈与者の救済を図ったものが存在することを踏まえたものである。

　本文(2)第1文は，本文(1)の解除権が贈与者の一身に専属し，原則として相続の対象にならないとするものである（民法第896条ただし書参照）。この解除権は贈与者と受贈者の人間関係の破綻等を根拠とするものだからである。第2文は，受贈者が本文(1)アに該当する行為により贈与者を死亡させたときは，相続人による解除権の行使を認めるものである。このような場合には，解除するかどうかを贈与者自身が意思決定する機会が受贈者の行為により奪われたのであるから，解除権を行使するかどうかの判断を贈与者の相続人に委ねるのが相当であると考えられるからである。

　本文(3)は，贈与契約の解除による原状回復義務の内容（前記3）につき，本文(1)による解除の場合の特則を設けるものである。すなわち，著しい背信行為等により贈与契約の解除の原因を自ら作出した受贈者は，その時点で存していた利益の限度で返還義務を負担することを覚悟すべきである。そこで，解除の原因が生じた時点で現に存在した利益の限度で，返還義務を負担するものとしている。

　本文(4)は，本文(1)の解除権につき，消滅時効とは別に，履行が終わった時を起算点とする期間制限を設けるものである。本文(1)の解除権が問題となるような人間関係の破綻を契機とする紛争については，早期に法律関係を安定化する必要があるとの指摘がされている。また，贈与の履行から時間が経過することにより，贈与と本文(1)所定の背信行為との関連性が一般的には希薄になると考えられる。本文(4)は，これらを踏まえたものである。その期間については，差し当たり，現行民法における債権についての原則的な時効期間（民法第167条第1項）を参照して，10年をブラケットで囲んで提示している。もとより，解除権につき消滅時効の一般原則も併せて適用されることを前提としている。

第37　消費貸借

1　消費貸借の成立等（民法第587条関係）

　民法第587条の規律を次のように改めるものとする。

(1) 消費貸借は，当事者の一方が種類，品質及び数量の同じ物をもって返還をすることを約して相手方から金銭その他の物を受け取ることによって，その効力を生ずるものとする。

(2) 上記(1)にかかわらず，書面でする消費貸借は，当事者の一方が金銭その他の物を引き渡すことを約し，相手方がその物を受け取った後にこれと種類，品質及び数量の同じ物をもって返還をすることを約することによって，その効力を生ずるものとする。

(3) 消費貸借がその内容を記録した電磁的記録（電子的方式，磁気的方式その他人の知覚によっては認識することができない方式で作られる記録であって，

電子計算機による情報処理の用に供されるものをいう。)によってされたときは、その消費貸借は、書面によってされたものとみなすものとする。
(4) 上記(2)又は(3)の消費貸借の借主は、貸主から金銭その他の物を受け取るまで、その消費貸借の解除をすることができるものとする。この場合において、貸主に損害が生じたときは、借主は、その損害を賠償しなければならないものとする。
(5) 上記(2)又は(3)の消費貸借は、借主が貸主から金銭その他の物を受け取る前に当事者の一方が破産手続開始の決定を受けたときは、その効力を失うものとする。
(注) 上記(4)第2文については、規定を設けない(解釈に委ねる)という考え方がある。

(概要)
本文(1)は、目的物の引渡しによって消費貸借が成立する旨の民法第587条の規定を維持するものである。
本文(2)は、諾成的な消費貸借の成立要件について定めるものである。判例(最判昭和48年3月16日金法683号25頁)が諾成的な消費貸借の成立を認めており、実際上も融資の約束に拘束力を認めることが必要な場合は少なくないこと等を踏まえたものである。消費貸借の合意に書面を要求することによって、借主又は貸主が軽率に消費貸借の合意をすることを防ぐとともに、本文(1)の消費貸借の前提としての合意との区別を図っている。
本文(3)は、電磁的記録によってされた消費貸借を書面によってされた消費貸借とみなすものであり、保証契約に関する民法第446条第3項と同様の趣旨のものである。
本文(4)第1文は、諾成的な消費貸借の借主による目的物引渡し前の解除権について定めるものである。諾成的な消費貸借を認めるのであれば、目的物引渡し前に資金需要がなくなった借主に契約の拘束力から解放される手段を与えるべきであるからである。本文(4)第2文は、上記解除権の行使によって貸主に損害が生じた場合における借主の損害賠償責任について定めるものである。損害の内容については個別の判断に委ねることとしている。もっとも、この借主の損害賠償責任については、特段の規定を設けずに解釈に委ねるべきであるという考え方があり、これを(注)で取り上げている。
本文(5)は、諾成的な消費貸借の当事者の一方が目的物引渡し前に破産手続開始の決定を受けた場合に関する規律を定めるものであり、民法第589条(後記2(3))と同様の趣旨のものである。なお、当事者の一方が再生手続開始又は更生手続開始の決定を受けた場合に関する規律は、民事再生法第49条又は会社更生法第61条や本文(5)の解釈に委ねることとしている。

2　消費貸借の予約(民法第589条関係)
　民法第589条の規律を次のように改めるものとする。
(1) 消費貸借の予約は、書面でしなければ、その効力を生じないものとする。
(2) 消費貸借の予約がその内容を記録した電磁的記録(前記1(3)参照)によっ

てされたときは，その消費貸借の予約は，書面によってされたものとみなすものとする。
(3) 消費貸借の予約は，その後に当事者の一方が破産手続開始の決定を受けたときは，その効力を失うものとする。

(概要)
　本文(1)は，消費貸借の予約について書面を要求するものである。前記1(2)の諾成的な消費貸借については目的物の引渡しに代えて書面を要求することによって軽率な消費貸借の締結を防ぐこととしているが，この趣旨は消費貸借の予約についても妥当することを理由とする。
　本文(2)は，前記1(3)と同様の趣旨のものである。
　本文(3)は，民法第589条の規定を維持するものである。消費貸借の予約をした後本契約が成立するまでは本文(3)が適用され，本契約が成立した後目的物が引き渡されるまでは前記1(5)が適用される。なお，前記1(5)と同様，当事者の一方が再生手続開始又は更生手続開始の決定を受けた場合に関する規律は，民事再生法第49条又は会社更生法第61条や民法第589条の解釈に委ねることとしている。

3　準消費貸借（民法第588条関係）
　民法第588条の規律を次のように改めるものとする。
　金銭その他の物を給付する義務を負う者がある場合において，当事者がその物を消費貸借の目的とすることを約したときは，消費貸借は，これによって成立したものとみなすものとする。

(概要)
　民法第588条の「消費貸借によらないで」という文言を削除することによって，消費貸借に基づく債務を旧債務とする準消費貸借の成立を認める判例法理（大判大正2年1月24日民録19巻11号）を明文化するものである。なお，準消費貸借は，前記1(2)の諾成的な消費貸借とは異なり，契約に基づく目的物の引渡しを予定していないため，目的物の引渡しに代えて書面を要求することにより軽率な消費貸借の締結を防ぐという趣旨が妥当しないと考えられる。そのため，準消費貸借については書面を要求していない。

4　利息
　利息の定めがある場合には，借主は，貸主から金銭その他の物を受け取った日から起算して利息を支払う義務を負うものとする。

(概要)
　利息の合意がある場合に限り利息の支払債務が生ずるという解釈上異論のないところを明文化するとともに，利息は元本の受領日から生ずるという判例法理（最判昭和33年6月6日民集12巻9号1373頁）を明文化するものである。

5 貸主の担保責任(民法第590条関係)
　民法第590条の規律を次のように改めるものとする。
(1) 利息付きの消費貸借において，引き渡された目的物が当該消費貸借契約の趣旨に適合していない場合における貸主の担保責任については，売主の担保責任に関する規定を準用するものとする。
(2) 無利息の消費貸借において，引き渡された目的物が当該消費貸借契約の趣旨に適合していない場合における貸主の担保責任については，贈与者の担保責任に関する規定を準用するものとする。
(3) 利息の有無にかかわらず，借主は，当該消費貸借契約の趣旨に適合していない引き渡された物の価額を返還することができるものとする。

(概要)
　本文(1)(2)は，民法第590条第1項及び第2項後段の規律を改め，利息付消費貸借の貸主は売主の担保責任(前記第35，4以下)，無利息消費貸借の貸主は贈与者の担保責任(前記第36，2)と同様の責任を負う旨を定めるものである。消費貸借は貸主が借主に目的物の所有権を移転させる点において売買や贈与と共通するため，消費貸借の目的物が当該消費貸借契約の趣旨に適合しない場合における貸主の担保責任については，売主及び贈与者の担保責任の規律と整合的である必要があると考えられることによる。なお，同条の「瑕疵」という用語については，売主の担保責任の見直しとの平仄を合わせ，契約の趣旨との適合性を問う表現を用いることとしている。
　本文(3)は，民法第590条第2項前段の規定を利息の有無を問わずに適用されるものに改めるものである。同項前段は無利息の消費貸借に関する規定であるが，利息の有無によって異なる取扱いをする理由はないとの指摘を踏まえたものである。

6 期限前弁済(民法第591条第2項，第136条第2項関係)
　民法第591条第2項の規律を次のように改めるものとする。
(1) 当事者が返還の時期を定めなかったときは，借主は，いつでも返還をすることができるものとする。
(2) 当事者が返還の時期を定めた場合であっても，借主は，いつでも返還をすることができるものとする。この場合において，貸主に損害が生じたときは，借主は，その損害を賠償しなければならないものとする。

(概要)
　本文(1)は，民法第591条第2項の規定を維持するものである。同項は，一般に同条第1項に引き続いて返還時期の定めのない消費貸借について定めた規定であると解されている。
　本文(2)は，民法第136条第2項の規定について，その適用が最も問題となる消費貸借の場面に即した規律を設けることによって，消費貸借のルールの明確化を図るものである。

同項の規律の内容を変更する趣旨のものではない。前記1(4)と同様，損害の内容については個別の判断に委ねることとしている。

第38 賃貸借
1 賃貸借の成立（民法第601条関係）
民法第601条の規律を次のように改めるものとする。
　賃貸借は，当事者の一方がある物の使用及び収益を相手方にさせることを約し，相手方がこれに対してその賃料を支払うこと及び引渡しを受けた物を契約が終了した後に返還することを約することによって，その効力を生ずるものとする。

（概要）
民法第601条の規定を基本的に維持しつつ，賃貸借の終了によって賃借人の目的物返還債務が生ずる旨を明記するものであり，賃料支払債務と並ぶ賃借人の基本的な債務（民法第616条，第597条第1項参照）を賃貸借の冒頭規定に盛り込むものである。

2 短期賃貸借（民法第602条関係）
民法第602条柱書の部分の規律を次のように改めるものとする。
　処分の権限を有しない者が賃貸借をする場合には，同条各号に掲げる賃貸借は，それぞれ当該各号に定める期間を超えることができないものとする。契約でこれより長い期間を定めたときであっても，その期間は，当該各号に定める期間とするものとする。

（概要）
本文第1文は，民法第602条の「処分につき行為能力の制限を受けた者」という文言を削除するものである。この文言は，未成年者，成年被後見人，被保佐人及び被補助人を指すものとされているが，これらの者が短期賃貸借をすることができるかどうかは同法第5条，第9条，第13条，第17条等によって規律されており，同法第602条の存在はかえって短期賃貸借であれば未成年者や成年被後見人であっても単独ですることができる等の誤解を生むおそれがあることを理由とする。
本文第2文は，民法第602条各号に定める期間を超える賃貸借をした場合にはその超える部分のみを無効とする旨を定めるものであり，同条に関する一般的な理解を明文化するものである。

3 賃貸借の存続期間（民法第604条関係）
民法第604条を削除するものとする。
　（注）民法第604条を維持するという考え方がある。

（概要）

賃貸借の存続期間の上限(20年)を廃止するものである。特則の置かれている借地借家法等ではなく民法第604条の適用がある賃貸借であっても，例えばゴルフ場の敷地の賃貸借，重機やプラントのリース契約等においては20年を超える存続期間を定めるニーズがあるとの指摘を踏まえたものである。もっとも，長期の存続期間を一般的に認めると賃貸借物の損傷や劣化が顧みられない状況が生じかねないこと等から同条の規定を維持(必要に応じて特別法で対処)すべきであるという考え方があり，これを(注)で取り上げている。

4　不動産賃貸借の対抗力，賃貸人たる地位の移転等(民法第605条関係)
　　民法第605条の規律を次のように改めるものとする。
　(1) 不動産の賃貸借は，これを登記したときは，その不動産について物権を取得した者その他の第三者に対抗することができるものとする。
　(2) 不動産の譲受人に対して上記(1)により賃貸借を対抗することができる場合には，その賃貸人たる地位は，譲渡人から譲受人に移転するものとする。
　(3) 上記(2)の場合において，譲渡人及び譲受人が，賃貸人たる地位を譲渡人に留保し，かつ，当該不動産を譲受人が譲渡人に賃貸する旨の合意をしたときは，賃貸人たる地位は，譲受人に移転しないものとする。この場合において，その後に譲受人と譲渡人との間の賃貸借が終了したときは，譲渡人に留保された賃貸人たる地位は，譲受人又はその承継人に移転するものとする。
　(4) 上記(2)又は(3)第2文による賃貸人たる地位の移転は，賃貸物である不動産について所有権移転の登記をしなければ，賃借人に対抗することができないものとする。
　(5) 上記(2)又は(3)第2文により賃貸人たる地位が譲受人又はその承継人に移転したときは，後記7(2)の敷金の返還に係る債務及び民法第608条に規定する費用の償還に係る債務は，譲受人又はその承継人に移転するものとする。
　(注) 上記(3)については，規定を設けない(解釈に委ねる)という考え方がある。

(概要)
　本文(1)は，まず，民法第605条の「その後その不動産について物権を取得した者」という文言について，「その他の第三者」を付加するとともに，「その後」を削除するものである。同条の規律の対象として，二重に賃借をした者，不動産を差し押さえた者等が含まれることを明確にするとともに，「その後」という文言を削除することによって賃貸借の登記をする前に現れた第三者との優劣も対抗要件の具備の先後によって決まること(最判昭和42年5月2日判時491号53頁参照)を明確にするものである。また，本文(1)では，同条の「その効力を生ずる」という文言を「対抗することができる」に改めている。これは，第三者に対する賃借権の対抗の問題と，第三者への賃貸人たる地位の移転の問題とを区別し，前者を本文(1)，後者を本文(2)で規律することによって，同条の規律の内容をより明確にすることを意図するものである。

本文(2)は，民法第６０５条の規律の内容のうち賃貸人たる地位の移転について定めるものであり，賃貸人たる地位の当然承継に関する判例法理（大判大正１０年５月３０日民録２７輯１０１３頁）を明文化するものである。なお，本文(2)は，所有者が賃貸人である場合が典型例であると見て，その場合における当該所有権の譲受人に関する規律を定めたものであるが，地上権者が賃貸人である場合における当該地上権の譲受人についても同様の規律が妥当すると考えられる。

　本文(3)は，賃貸人たる地位の当然承継が生ずる場面において，旧所有者と新所有者との間の合意によって賃貸人たる地位を旧所有者に留保するための要件について定めるものである。実務では，例えば賃貸不動産の信託による譲渡等の場面において賃貸人たる地位を旧所有者に留保するニーズがあり，そのニーズは賃貸人たる地位を承継した新所有者の旧所有者に対する賃貸管理委託契約等によっては賄えないとの指摘がある。このような賃貸人たる地位の留保の要件について，判例（最判平成１１年３月２５日判時１６７４号６１頁）は，留保する旨の合意があるだけでは足りないとしているので，その趣旨を踏まえ，留保する旨の合意に加えて，新所有者を賃貸人，旧所有者を賃借人とする賃貸借契約の締結を要件とし（本文(3)第１文），その賃貸借契約が終了したときは改めて賃貸人たる地位が旧所有者から新所有者又はその承継人に当然に移転するというルールを用意することとしている（本文(3)第２文）。もっとも，賃貸人たる地位の留保に関しては，個別の事案に即した柔軟な解決を図るという観点から特段の規定を設けずに引き続き解釈に委ねるべきであるという考え方があり，これを（注）で取り上げている。

　本文(4)は，賃貸人たる地位の移転（当然承継）を賃借人に対抗するための要件について定めるものであり，判例法理（最判昭和４９年３月１９日民集２８巻２号３２５頁）を明文化するものである。

　本文(5)は，賃貸人たる地位の移転（当然承継）の場面における敷金返還債務及び費用償還債務の移転について定めるものである。敷金返還債務について，判例（最判昭和４４年７月１７日民集２３巻８号１６１０頁）は，旧所有者の下で生じた延滞賃料等の弁済に敷金が充当された後の残額についてのみ敷金返還債務が新所有者に移転するとしているが，実務では，そのような充当をしないで全額の返還債務を新所有者に移転させるのが通例であり，当事者の通常の意思もそうであるとの指摘がある。そこで，上記判例法理のうち敷金返還債務が新所有者に当然に移転するという点のみを明文化し，充当の関係については解釈・運用又は個別の合意に委ねることとしている。費用償還債務については，必要費，有益費ともに，その償還債務は新所有者に当然に移転すると解されていることから（最判昭和４６年２月１９日民集２５巻１号１３５頁参照），この一般的な理解を明文化することとしている。

5　合意による賃貸人たる地位の移転

　不動産の譲受人に対して賃貸借を対抗することができない場合であっても，その賃貸人たる地位は，譲渡人及び譲受人の合意により，賃借人の承諾を要しないで，譲渡人から譲受人に移転させることができるものとする。この場合においては，前記４(4)及び(5)を準用するものとする。

(概要)
　本文第1文は，合意による賃貸人たる地位の移転について定めるものであり，判例法理（最判昭和46年4月23日民集25巻3号388頁）を明文化するものである。一般に，契約上の地位の移転には相手方の承諾が必要とされているが（前記第21参照），賃貸人たる地位の移転については，少なくとも目的物の所有権の移転と共に行う限りにおいては，相手方の承諾は不要とされている。
　本文第2文は，本文第1文の合意承継の場面における法律関係の明確化を図るため，当然承継の場面における前記4(4)及び(5)の規律を準用するものである。

6　不動産の賃借人による妨害排除等請求権
　　不動産の賃借人は，賃貸借の登記をした場合又は借地借家法その他の法律が定める賃貸借の対抗要件を備えた場合において，次の各号に掲げるときは，当該各号に定める請求をすることができるものとする。
　(1)　不動産の占有を第三者が妨害しているとき
　　　当該第三者に対する妨害の停止の請求
　(2)　不動産を第三者が占有しているとき
　　　当該第三者に対する返還の請求

(概要)
　対抗要件を備えた不動産の賃借人が賃借権に基づく妨害排除請求（本文(1)）や返還請求（本文(2)）をすることができる旨を定めるものであり，判例法理（最判昭和28年12月18日民集7巻12号1515頁等）を明文化するものである。他の法律が定める対抗要件としては，借地借家法第10条・第31条，農地法第16条等がある。対抗要件の不存在を主張する正当な利益を有しない第三者（不法占拠者等）に対する妨害排除等請求の要件としても対抗要件の具備が要求されるかどうかについては，それが要求されないという解釈を排除する趣旨ではない。

7　敷金
　(1)　敷金とは，いかなる名義をもってするかを問わず，賃料債務その他の賃貸借契約に基づいて生ずる賃借人の賃貸人に対する金銭債務を担保する目的で，賃借人が賃貸人に対して交付する金銭をいうものとする。
　(2)　敷金が交付されている場合において，賃貸借が終了し，かつ，賃貸人が賃貸物の返還を受けたとき，又は賃借人が適法に賃借権を譲渡したときは，賃貸人は，賃借人に対し，敷金の返還をしなければならないものとする。この場合において，賃料債務その他の賃貸借契約に基づいて生じた賃借人の賃貸人に対する金銭債務があるときは，敷金は，当該債務の弁済に充当されるものとする。
　(3)　上記(2)第1文により敷金の返還債務が生ずる前においても，賃貸人は，賃

借人が賃料債務その他の賃貸借契約に基づいて生じた金銭債務の履行をしないときは,敷金を当該債務の弁済に充当することができるものとする。この場合において,賃借人は,敷金を当該債務の弁済に充当することができないものとする。

(概要)
　本文(1)は,敷金(民法第316条,第619条第2項参照)の意義を判例(大判大正15年7月12日民集5巻616頁等)や一般的な理解を踏まえて明確にするものである。
　本文(2)は,敷金返還債務が生ずる時期を明確にするものである。判例(最判昭和48年2月2日民集27巻1号80頁)は,賃貸借が終了し,かつ,目的物が返還された時に敷金返還債務が生ずるとしている。また,賃借人が適法に賃借権を譲渡したときも,賃貸人と旧賃借人との間に別段の合意がない限り,その時点で敷金返還債務が生ずると考えられる(最判昭和53年12月22日民集32巻9号1768頁参照)。そこで,本文(2)では,これらの理解を明文化することとしている。
　本文(3)は,敷金返還債務が本文(2)第1文により具体的に生ずる前における敷金の充当に関する規律について定めるものであり,判例法理(大判昭和5年3月10民集9巻253頁)を明文化するものである。

　8　賃貸物の修繕等(民法第606条第1項関係)
　　民法第606条第1項の規律を次のように改めるものとする。
　(1) 賃貸人は,賃貸物の使用及び収益に必要な修繕をする義務を負うものとする。
　(2) 賃借物が修繕を要する場合において,賃借人がその旨を賃貸人に通知し,又は賃貸人がその旨を知ったにもかかわらず,賃貸人が相当の期間内に必要な修繕をしないときは,賃借人は,自ら賃借物の使用及び収益に必要な修繕をすることができるものとする。ただし,急迫の事情があるときは,賃借人は,直ちに賃借物の使用及び収益に必要な修繕をすることができるものとする。
　　(注) 上記(2)については,「賃貸人が上記(1)の修繕義務を履行しないときは,賃借人は,賃借物の使用及び収益に必要な修繕をすることができる」とのみ定めるという考え方がある。

(概要)
　本文(1)は,民法第606条第1項の規定を維持するものである。
　本文(2)は,賃借人の修繕権限について定めるものである。民法第608条第1項が含意しているところを明文化するものであるが,賃借物は飽くまで他人の所有物であることから,賃借人が自ら修繕し得る要件については,契約に別段の定めがない限り,修繕の必要が生じた旨を賃貸人に通知し(民法第615条参照。通知の到達に関しては前記第3,4(2)(3)参照),又は賃貸人がその旨を知ったにもかかわらず,賃貸人が必要な修繕をしない

ことを要するとする一方で，急迫な事情がある場合には例外を許容することとしている。もっとも，あらゆる場面に妥当する細かな要件を一律に設けるのは困難であるとして，「賃貸人が修繕義務を履行しないとき」という比較的抽象度の高い要件を定めた上で，その解釈・運用又は個別の合意に委ねるべきであるという考え方があり，これを（注）で取り上げている。なお，賃借人が必要な修繕をしたことにより民法第608条第1項の必要費償還請求権が生ずるかどうかは，同項の要件を満たすかどうかによって決せられるため，当該修繕が本文(2)の修繕権限に基づくものかどうかという問題とは切り離して判断されることを前提としている。

9 減収による賃料の減額請求等（民法第609条・第610条関係）
　民法第609条及び第610条を削除するものとする。

（概要）
　減収による賃料の減額請求について定める民法第609条，減収による解除について定める同法第610条の各規定を削除するものである。これらの規定は戦後の農地改革以前の小作関係を想定したものであるが，現在は農地法第20条（借賃等の増額又は減額の請求権）があるため，上記各規定は実質的にはその機能を失っているとの指摘がある。また，上記各規定は，不可抗力によって賃料より少ない収益を得たことのみを要件として賃料の減額請求や解除を認めているが，農地法第20条や借地借家法第11条のように賃料の額が経済事情の変動により不相当となったことや近傍類似の土地の賃料に比較して不相当となったこと等を考慮することなく，収益が少なかったことのみをもって賃料の減額請求や解除を認めるのは相当でないとの指摘もある。本文はこれらの指摘を踏まえたものである。

10 賃借物の一部滅失等による賃料の減額等（民法第611条関係）
　民法第611条の規律を次のように改めるものとする。
　(1) 賃借物の一部が滅失した場合その他の賃借人が賃借物の一部の使用及び収益をすることができなくなった場合には，賃料は，その部分の割合に応じて減額されるものとする。この場合において，賃借物の一部の使用及び収益をすることができなくなったことが契約の趣旨に照らして賃借人の責めに帰すべき事由によるものであるときは，賃料は，減額されないものとする。
　(2) 上記(1)第2文の場合において，賃貸人は，自己の債務を免れたことによって利益を得たときは，これを賃借人に償還しなければならないものとする。
　(3) 賃借物の一部が滅失した場合その他の賃借人が賃借物の一部の使用及び収益をすることができなくなった場合において，残存する部分のみでは賃借人が賃借をした目的を達することができないときは，賃借人は，契約の解除をすることができるものとする。
　　（注）上記(1)及び(2)については，民法第611条第1項の規律を維持するという考え方がある。

(概要)
　本文(1)第１文は，民法第６１１条第１項の規定を改め，賃借物の一部滅失の場合に限らず賃借物の一部の使用収益をすることができなくなった場合一般を対象として賃料の減額を認めるとともに，賃借人からの請求を待たずに当然に賃料が減額されることとするものである。賃料は，賃借物が賃借人の使用収益可能な状態に置かれたことの対価として日々発生するものであるから，賃借人が賃借物の一部の使用収益をすることができなくなった場合には，その対価としての賃料も当然にその部分の割合に応じて発生しないとの理解に基づくものである。
　本文(1)第２文は，賃借物の一部の使用収益をすることができなくなったことが賃借人の責めに帰すべき事由によるものであるときは，本文(1)第１文の例外として賃料の減額はされない旨を定めるものである。これは，賃料債務の発生根拠に関する上記理解を踏まえたとしても，賃借人に帰責事由がある場合にまで賃料の減額を認めるのは相当でないとの指摘を踏まえたものであり，この限りにおいて民法第６１１条第１項の規定を維持するものである（請負，委任，雇用，寄託の報酬請求権に関する後記第４０，１(3)，第４１，４(3)イ，第４２，１(2)，第４３，６参照）。
　本文(2)は，賃借物の一部の使用収益をすることができなくなったことによって，賃貸人が賃貸借契約に基づく債務（例えば当該部分のメンテナンスに関する債務）を免れ，これによって利益を得たときは，それを賃借人に償還しなければならない旨を定めるものである。民法第５３６条第２項後段の規律を取り入れるものであり，同法第６１１条第１項の下では従前必ずしも明らかではなかった規律を補うものである。
　もっとも，以上の本文(1)(2)に対しては，現行の民法第６１１条第１項の規律のほうが合理的であるとして，同項の規律を維持すべきであるという考え方があり，これを（注）で取り上げている。
　本文(3)は，民法第６１１条第２項の規定を改め，賃借物の一部滅失の場合に限らず賃借物の一部の使用収益をすることができなくなった場合一般を対象として賃借人の解除権を認めるとともに，賃借人の過失によるものである場合でも賃借人の解除権を認めることとするものである。賃借物の一部の使用収益をすることができなくなったことによって賃借人が賃借をした目的を達することができない以上，それが一部滅失によるものかどうか，賃借人の過失によるものかどうかを問わず，賃借人による解除を認めるのが相当であると考えられるからである。賃貸人としては，賃借人に対する損害賠償請求等によって対処することになる。

11　転貸の効果（民法第６１３条関係）
　　民法第６１３条の規律を次のように改めるものとする。
　　(1) 賃借人が適法に賃借物を転貸したときは，賃貸人は，転借人が転貸借契約に基づいて賃借物の使用及び収益をすることを妨げることができないものとする。
　　(2) 賃借人が適法に賃借物を転貸したときは，転借人は，転貸借契約に基づく債務を賃貸人に対して直接履行する義務を負うものとする。この場合におい

て，直接履行すべき債務の範囲は，賃貸人と賃借人（転貸人）との間の賃貸借契約に基づく債務の範囲に限られるものとする。
(3) 上記(2)の場合において，転借人は，転貸借契約に定めた時期の前に転貸人に対して賃料を支払ったとしても，上記(2)の賃貸人に対する義務を免れないものとする。
(4) 上記(2)及び(3)は，賃貸人が賃借人に対してその権利を行使することを妨げないものとする。
(5) 賃借人が適法に賃借物を転貸した場合において，賃貸人及び賃借人が賃貸借契約を合意により解除したときは，賃貸人は，転借人に対し，当該解除の効力を主張することができないものとする。ただし，当該解除の時点において債務不履行を理由とする解除の要件を満たしていたときは，この限りでないものとする。
（注）上記(3)については，民法第６１３条第１項後段の文言を維持するという考え方がある。

（概要）
　本文(1)は，適法な転貸借がされた場合における賃貸人と転借人との関係に関する一般的な理解を明文化するものであり，本文(2)と併せて民法第６１３条第１項前段の規律の内容を明確にすることを意図するものである。
　本文(2)は，適法な転貸借がされた場合における転借人が賃貸人に対して直接負う義務の具体的な内容について定めるものであり，民法第６１３条第１項前段の規律の内容を一般的な理解に基づいて明確にするものである。
　本文(3)は，民法第６１３条第１項後段の「前払」という文言の意味を，判例（大判昭和７年１０月８日民集１１巻１９０１頁）に従って明確にすることを意図するものである。もっとも，本文(3)のように改めると転貸人と転借人との間における弁済期の定め方次第で適用を免れるおそれがある等の指摘があることから，同項後段の「前払」という文言を維持すべきであるという考え方を（注）で取り上げている。
　本文(4)は，民法第６１３条第２項の規律を維持するものである。
　本文(5)は，適法な転貸借がされた後に原賃貸人と転借人との間の賃貸借契約が合意解除された場合には，その合意解除の時点において債務不履行解除の要件を満たしていたときを除き，原賃貸人はその合意解除の効力を転借人に主張することができない旨を定めるものであり，判例法理（最判昭和６２年３月２４日判時１２５８号６１頁，最判昭和３８年２月２１日民集１７巻１号２１９頁等）を明文化するものである。

12　賃借物の全部滅失等による賃貸借の終了
　賃借物の全部が滅失した場合その他の賃借人が賃借物の全部の使用及び収益をすることができなくなった場合には，賃貸借は，終了するものとする。

（概要）

賃借物の全部滅失その他の賃借物の全部の使用収益をすることができなくなったことを賃貸借の終了事由とするものであり，判例法理（最判昭和３２年１２月３日民集１１巻１３号２０１８頁，最判昭和３６年１２月２１日民集１５巻１２号３２４３頁等）を明文化するものである。

13　賃貸借終了後の収去義務及び原状回復義務（民法第６１６条，第５９８条関係）
　　民法第６１６条（同法第５９８条の準用）の規律を次のように改めるものとする。
　　(1) 賃借人は，賃借物を受け取った後にこれに附属させた物がある場合において，賃貸借が終了したときは，その附属させた物を収去する権利を有し，義務を負うものとする。ただし，賃借物から分離することができない物又は賃借物から分離するのに過分の費用を要する物については，この限りでないものとする。
　　(2) 賃借人は，賃借物を受け取った後にこれに生じた損傷がある場合において，賃貸借が終了したときは，その損傷を原状に復する義務を負うものとする。この場合において，その損傷が契約の趣旨に照らして賃借人の責めに帰することができない事由によって生じたものであるときは，賃借人は，その損傷を原状に復する義務を負わないものとする。
　　(3) 賃借人は，賃借物の通常の使用及び収益をしたことにより生じた賃借物の劣化又は価値の減少については，これを原状に復する義務を負わないものとする。

（概要）
　本文(1)は，民法第６１６条（同法第５９８条の準用）の規定のうち収去義務及び収去権に関する規律の内容を明確にするものであり，賃借人の収去義務及び収去権に関する一般的な理解を明文化するものである。
　本文(2)(3)は，民法第６１６条（同法第５９８条の準用）の規定のうち原状回復義務に関する規律の内容を明確にするものであり，賃借人の原状回復義務に関する一般的な理解を明文化するものである。このうち本文(3)は，いわゆる通常損耗（経年変化を含む。）の回復は原則として原状回復義務の内容に含まれないとする判例法理（最判平成１７年１２月１６日集民２１８号１２３９頁）を明文化するものである。

14　損害賠償及び費用償還の請求権に関する期間制限（民法第６２１条，第６００条関係）
　　民法第６２１条（同法第６００条の準用）の規律を次のように改めるものとする。
　　(1) 契約の趣旨に反する使用又は収益によって生じた損害の賠償は，賃貸人が賃貸物の返還を受けた時から１年以内に請求しなければならないものとする。

(2) 上記(1)の損害賠償請求権については，賃貸人が賃貸物の返還を受けた時から１年を経過するまでの間は，消滅時効は，完成しないものとする。
(3) 賃借人が支出した費用の償還請求権に関する期間制限の部分を削除するものとする。

（概要）
　本文(1)は，民法第６２１条（同法第６００条の準用）の規定のうち賃借人の用法違反による賃貸人の損害賠償請求権に関する期間制限（除斥期間と解されている。）の部分の内容を維持しつつ，同法第６００条の「契約の本旨に反する」という表現を「契約の趣旨に反する」という表現に改めるものである。「本旨」という言葉は法令によっては「本質」といった意味で用いられることがあり，そのままでは賃借人による用法違反の態様等を限定する趣旨に誤読されるおそれがあるとの指摘があるため（前記第１０，１(1)参照），そのような誤読を避けることを意図するものである。
　本文(2)は，賃借人の用法違反による賃貸人の損害賠償請求権に関する消滅時効（民法第１６７条第１項）について新たな停止事由を定めるものである。この損害賠償請求権は，賃貸人が賃貸物の返還を受けた時から起算される１年の除斥期間（本文(1)）のほかに，賃借人が用法違反をした時から起算される１０年の消滅時効（民法第１６７条第１項）にも服するとされており，長期にわたる賃貸借においては，賃貸人が賃借人の用法違反の事実を知らない間に消滅時効が進行し，賃貸人が賃貸物の返還を受けた時には既に消滅時効が完成しているといった事態が生じ得る。本文(2)は，このような事態に対処する趣旨のものである。
　本文(3)は，民法第６２１条（同法第６００条の準用）の規定のうち賃借人の費用償還請求権に関する期間制限（除斥期間と解されている。）の部分を削除するものである。賃借人の費用償還請求権（同法第６０８条）と同様の法的性格を有する他の費用償還請求権（例えば同法第１９６条，第２９９条等）についてはこのような期間制限がなく，賃借人の費用償還請求権についてのみこのような期間制限を設ける必要性，合理性は乏しいと考えられることを理由とする。

15　賃貸借に類似する契約
(1) ファイナンス・リース契約
　　賃貸借の節に次のような規定を設けるものとする。
　ア　当事者の一方が相手方の指定する財産を取得してこれを相手方に引き渡すこと並びに相手方による当該財産の使用及び収益を受忍することを約し，相手方がその使用及び収益の対価としてではなく当該財産の取得費用等に相当する額の金銭を支払うことを約する契約については，民法第６０６条第１項，第６０８条第１項その他の当該契約の性質に反する規定を除き，賃貸借の規定を準用するものとする。
　イ　上記アの当事者の一方は，相手方に対し，有償契約に準用される売主の担保責任（前記第３５，４以下参照）を負わないものとする。

ウ　上記アの当事者の一方がその財産の取得先に対して売主の担保責任に基づく権利を有するときは，上記アの相手方は，その当事者の一方に対する意思表示により，当該権利（解除権及び代金減額請求権を除く。）を取得することができるものとする。
　(2)　ライセンス契約
　　賃貸借の節に次のような規定を設けるものとする。
　　当事者の一方が自己の有する知的財産権（知的財産基本法第2条第2項参照）に係る知的財産（同条第1項参照）を相手方が利用することを受忍することを約し，相手方がこれに対してその利用料を支払うことを約する契約については，前記4(2)から(5)まで（賃貸人たる地位の移転等）その他の当該契約の性質に反する規定を除き，賃貸借の規定を準用するものとする。
　(注)　上記(1)及び(2)のそれぞれについて，賃貸借の節に規定を設けるのではなく新たな典型契約とするという考え方，そもそも規定を設けないという考え方がある。

(概要)
　本文(1)は，いわゆるファイナンス・リース契約のうち一定の類型のものについて，新たに明文規定を設けるものである。
　本文(1)アは，ある財産の所有者でない者が当該財産の使用収益をすることを内容とする契約であって，当該財産の使用収益の対価としてではなく金銭を支払うことを約するものを対象として，当該契約にはその性質に反しない限り賃貸借に関する規定が準用される旨を定めるものである。ファイナンス・リース契約には様々な類型のものがあるため，その中にはユーザーがリース提供者に支払う金銭が使用収益の対価と評価されるもの（賃貸借と評価されるファイナンス・リース契約）が存在するとの指摘がある一方で，ユーザーがリース提供者に支払う金銭が使用収益の対価とは評価されないものも少なくない（最判平成7年4月14日民集49巻4号1063頁等参照）。ファイナンス・リース契約のうち後者の類型のものは，本文(1)アの契約に該当することになる。ここで準用されない賃貸借の規定として民法第606条第1項（賃貸人の修繕義務）及び第608条第1項（賃借人の必要費償還請求権）が例示されているのは，財産の使用収益をする者が支払う金銭が当該財産の使用収益の対価ではないため，当該財産の修繕義務や必要費を負担する義務が発生しないことを根拠とする。
　本文(1)イは，この契約の当事者の一方が相手方に対して，有償契約に準用される売主の担保責任を負わない旨を定めるものである。財産の使用収益をする者が支払う金銭が当該財産の使用収益の対価ではないことから導かれる帰結を明文化するものである。
　本文(1)ウは，当該財産の使用収益をする者が，当該財産の取得者がその取得先に対して有する売主の担保責任に基づく権利を取得することができる旨を定めるものである。取得することのできる権利から解除権及び代金減額請求権を除いているのは，これらの権利がいずれも当該財産の取得者とその取得先との間の契約に対する形成的な効果を与えるものにすぎず，損害賠償請求権や瑕疵修補請求権のように当該財産の使用収益をする者の保護

に直接つながるものではないからである。
　もっとも，以上の本文(1)については，使用収益の対価として賃料を支払うことは賃貸借の本質的な要素であるからこの要素を欠く契約を賃貸借に類似するものとして整理するのは相当でないこと，賃貸借の規定の一部の準用のみによって適切な規律を設けるのは困難であること等を根拠として，本文のような規定を賃貸借の節に設けるべきではないという考え方，そもそも本文のような規定を設けるべきではないという考え方があり，これらを（注）で取り上げている。
　本文(2)は，知的財産の利用許諾に関する契約（いわゆるライセンス契約）を対象として，当該契約にはその性質に反しない限り賃貸借に関する規定が準用される旨を定めるものである。賃貸人たる地位の当然承継に関する前記4(2)から(5)までについては，ライセンス契約の性質に反するとの指摘があることから，準用されない規定として例示することとしている。ライセンス契約には無償のものも多いとの指摘があるが，そのような無償のライセンス契約を否定する趣旨ではなく，飽くまで典型的なライセンス契約の要素を明文化する趣旨のものである。
　もっとも，以上の本文(2)については，知的財産を対象とするライセンス契約と有体物を対象とする賃貸借契約とを類似のものとして整理するのは相当でないこと，賃貸借の規定の一部の準用のみによって適切な規律を設けるのは困難であること等を根拠として，本文のような規定を賃貸借の節に設けるべきではないという考え方，そもそも本文のような規定を設けるべきではないという考え方があり，これらを（注）で取り上げている。

第39　使用貸借
1　使用貸借の成立等（民法第593条関係）
　　民法第593条の規律を次のように改めるものとする。
　(1)　使用貸借は，当事者の一方がある物を引き渡すことを約し，相手方が引渡しを受けた物を無償で使用及び収益をした後に返還することを約することによって，その効力を生ずるものとする。
　(2)　使用貸借の当事者は，借主が借用物を受け取るまでは，契約の解除をすることができるものとする。ただし，書面による使用貸借の貸主は，借主が借用物を受け取る前であっても，契約の解除をすることができないものとする。

（概要）
　本文(1)は，使用貸借を要物契約とする民法第593条の規定を改め，使用貸借を諾成契約として規律するものである。使用貸借は，経済的な取引の一環として行われることも多いため，目的物が引き渡されるまで契約上の義務が生じないのでは取引の安定を害するおそれがあり得ることを理由とする。なお，使用貸借の諾成契約化に伴う論点として，使用貸借に基づく目的物の引渡し前に当事者の一方が破産手続開始，再生手続開始又は更生手続開始の決定を受けた場合の処理に関しては，特段の規定を設けずに破産法第53条，民事再生法第49条，会社更生法第61条，前記第37，1(5)，2(3)（民法第589条）の解釈に委ねることとしている。

本文(2)は，使用貸借を諾成契約とすることに伴い，目的物の引渡し前の各当事者による解除に関する規律を定めるものである。目的物が引き渡されるまで各当事者は自由に契約の解除をすることができることを原則としつつ，例外的に書面による使用貸借の貸主については目的物の引渡し前であっても契約の解除をすることができない旨を定めている。書面によらない贈与の撤回（解除）に関する民法第５５０条と基本的に同様の趣旨のものであるが，使用貸借の借主については，従来，目的物をいつでも返還することができると解されており（後記２(5)参照），使用貸借を諾成契約とすることを前提としても，書面の有無や目的物の引渡しの有無を問わず，いつでも契約の解除をすることができるとするのが相当であるとの考慮に基づくものである。なお，目的物の引渡し後の借主による解除については，後記２(5)参照。

2 　使用貸借の終了（民法第５９７条関係）
　民法第５９７条の規律を次のように改めるものとする。
　(1)　当事者が返還の時期を定めたときは，使用貸借は，その時期が到来した時に終了するものとする。
　(2)　当事者が返還の時期を定めず，使用及び収益の目的を定めたときは，使用貸借は，借主がその目的に従い使用及び収益を終わった時に終了するものとする。
　(3)　当事者が返還の時期を定めず，使用及び収益の目的を定めた場合において，借主がその目的に従い使用及び収益をするのに足りる期間を経過したときは，貸主は，契約の解除をすることができるものとする。
　(4)　当事者が返還の時期並びに使用及び収益の目的を定めなかったときは，貸主は，いつでも契約の解除をすることができるものとする。
　(5)　借主は，借用物を受け取った後であっても，いつでも契約の解除をすることができるものとする。

（概要）
　本文(1)から(4)までは，民法第５９７条の規律の内容を維持しつつ，同条のように目的物の返還時期という点に着目した規定ぶりではなく，存続期間の満了（本文(1)(2)）や貸主による解除（本文(3)(4)）という点に着目した規定ぶりに改めることによって，同条の規律の内容をより明確にすることを意図するものである。存続期間の満了や貸主による解除によって使用貸借が終了すると，これによって借主の目的物返還債務が生ずることになる。
　本文(5)は，借主による解除について定めるものである。現行法では明文の規定はないが，一般に，使用貸借の借主はいつでも目的物の返還をすることができると解されており，この理解を借主による解除という点に着目した規定ぶりによって明文化するものである。なお，目的物を受け取る前の借主による解除については，前記１(2)参照。

3 使用貸借終了後の収去義務及び原状回復義務（民法第598条関係）
　民法第598条の規律を次のように改めるものとする。
　(1) 借主は，借用物を受け取った後にこれに附属させた物がある場合において，使用貸借が終了したときは，その附属させた物を収去する権利を有し，義務を負うものとする。ただし，借用物から分離することができない物又は借用物から分離するのに過分の費用を要する物については，この限りでないものとする。
　(2) 借主は，借用物を受け取った後にこれに生じた損傷がある場合において，使用貸借が終了したときは，その損傷を原状に復する義務を負うものとする。この場合において，その損傷が契約の趣旨に照らして借主の責めに帰することができない事由によって生じたものであるときは，借主は，その損傷を原状に復する義務を負わないものとする。

（概要）
　本文(1)は，民法第598条の規定のうち収去義務及び収去権に関する規律をより明確にするものであり，使用貸借の借主の収去義務及び収去権に関する一般的な理解を明文化するものである（賃貸借に関する前記第38，13(1)参照）。
　本文(2)は，民法第598条の規定のうち原状回復義務に関する規律をより明確にするものであり，使用貸借の借主の原状回復義務に関する一般的な理解を明文化するものである。賃貸借の場合（前記第38，13(3)参照）とは異なり，通常損耗の回復が原状回復義務に含まれるかどうかについては，個々の使用貸借契約の趣旨によって様々であると考えられることから，デフォルトルールは置かないこととしている。

4 損害賠償及び費用償還の請求権に関する期間制限（民法第600条関係）
　民法第600条の規律を次のように改めるものとする。
　(1) 契約の趣旨に反する使用又は収益によって生じた損害の賠償は，貸主が目的物の返還を受けた時から1年以内に請求しなければならないものとする。
　(2) 上記(1)の損害賠償請求権については，貸主が目的物の返還を受けた時から1年を経過するまでの間は，消滅時効は，完成しないものとする。
　(3) 借主が支出した費用の償還請求権に関する期間制限の部分を削除するものとする。

（概要）
　借主の用法違反による貸主の損害賠償請求権及び借主の費用償還請求権に関する期間制限について，賃貸借に関する前記第38，14と同様の扱いをするものである。賃貸借と同様に扱うという限りにおいて，現行法を維持するものである。

第40　請負
　1　仕事が完成しなかった場合の報酬請求権・費用償還請求権
　　(1) 請負人が仕事を完成することができなくなった場合であっても，次のいずれかに該当するときは，請負人は，既にした仕事の報酬及びその中に含まれていない費用を請求することができるものとする。
　　　ア　既にした仕事の成果が可分であり，かつ，その給付を受けることについて注文者が利益を有するとき
　　　イ　請負人が仕事を完成することができなくなったことが，請負人が仕事を完成するために必要な行為を注文者がしなかったことによるものであるとき
　　(2) 解除権の行使は，上記(1)の報酬又は費用の請求を妨げないものとする。
　　(3) 請負人が仕事を完成することができなくなった場合であっても，それが契約の趣旨に照らして注文者の責めに帰すべき事由によるものであるときは，請負人は，反対給付の請求をすることができるものとする。この場合において，請負人は，自己の債務を免れたことにより利益を得たときは，それを注文者に償還しなければならないものとする。
　　（注）上記(1)イについては，規定を設けないという考え方がある。

（概要）

　仕事の完成が不可能になったとしても請負人が報酬を請求することができる場合及びその範囲についての規律を設けるものである。請負報酬を請求するには仕事を完成させることが必要であり，仕事を完成させることができなくなった場合には報酬を請求することができないのが原則であるが，仕事の完成が不能になった原因によっては，報酬の全部又は一部を請求することができることとすべき場合があると考えられ，不能になった原因に応じて，既履行部分の報酬を請求することができる場合と，約定の報酬全額を請求することができる場合とを定めている。
　本文(1)は，請負報酬の全額を請求することはできないが，既履行部分に対応する報酬を請求することができる場合について規定するものである。まず，アは，既履行部分が可分でその給付を受けることについて注文者に利益がある場合であり，判例法理（最判昭和56年2月17日判時996号61頁など）を踏まえたものである。次に，イは，注文者が必要な行為（材料を提供することや，目的物を適切に保存することなど）をしなかったために請負人が仕事を完成させることができなくなった場合に，その行為をしなかったことについて注文者に帰責事由があるかどうかを問わず，既履行部分についての報酬請求権を認める。これは，仕事の完成が不能になった原因が注文者の支配領域において生じた場合を表現しようとするものであり，注文者の支配領域において生じた原因による不能のリスクは，不能について注文者に帰責事由がないとしても請負人が現実に仕事をした部分については報酬支払義務を負うという限度で，注文者が負担すべきであるという考え方に基づくものである。契約の趣旨に照らして注文者の責めに帰すべき事由があるときは，請負人は，本文(3)に基づいて反対給付を請求することができることになるが，必要な行為を注文

者がしなかったことについて帰責事由がない場合であっても既履行分の報酬を請求することができる点で,本文(1)イに独自の意味がある。これに対し,本文(1)イについては,請負報酬は本来仕事を完成して始めて請求することができるものであり,注文者に責めに帰すべき事由がない以上,報酬を請求することができなくてもやむを得ないとして,本文(1)イのような規定を設けないという考え方があり,これを（注）で取り上げている。

　本文(2)は,請負人の債務不履行を理由として注文者が請負の解除をした場合であっても,本文(1)の報酬又は費用の請求は妨げられないとするものである。本文(1)の場合には注文者は請負を解除することができるが,これによって請負人の報酬請求権等が失われるとすると,本文(1)で報酬請求権等を認めた趣旨が失われるからである。

　本文(3)は,請負に関して民法第５３６条第２項を維持するものである。従来から,注文者の帰責事由により請負人が仕事を完成することができなくなった場合には,請負人は,民法第５３６条第２項に基づいて,報酬を請求することができるとされてきた。本文(3)はこれを確認したものであり,前記第１２,２と同趣旨を定めるものである。

2 仕事の目的物が契約の趣旨に適合しない場合の請負人の責任
(1) 仕事の目的物が契約の趣旨に適合しない場合の修補請求権の限界（民法第６３４条第１項関係）

民法第６３４条第１項の規律を次のように改めるものとする。

仕事の目的物が契約の趣旨に適合しない場合には,注文者は,請負人に対し,相当の期間を定めて,その修補の請求をすることができるものとする。ただし,修補請求権について履行請求権の限界事由があるときは,この限りでないものとする。

（概要）

　仕事の目的物が契約の趣旨に適合しない場合における注文者の修補請求権（民法第６３４条第１項）に関して,その限界を定める同項ただし書の規律を改め,売買の目的物が契約の趣旨に適合しない場合（前記第３５,４(1)第２文）と同様に,履行請求権の限界事由（前記第９,２）の一般原則に委ねることとするものである。

(2) 仕事の目的物が契約の趣旨に適合しないことを理由とする解除（民法第６３５条関係）

民法第６３５条を削除するものとする。

（概要）

　民法第６３５条本文は,仕事の目的物に瑕疵があるために契約目的を達することができない場合には注文者は契約を解除することができることを規定している。しかし,仕事の目的物に瑕疵があることは請負人の債務不履行の一場面であるから,債務不履行による契約の解除一般について,債務不履行によって契約の目的を達することができない場合には契約を解除することができるという規律（前記第１１,１）を設けるとすると,規律の内

容が重複することになる。そこで，仕事の目的物が契約の趣旨に適合しないために契約の目的を達することができない場合の解除については債務不履行による契約の解除に関する一般的な規定に委ねれば足り，同条本文は不要であると考えられる。

民法第635条ただし書は，仕事の目的物が土地の工作物である場合には，瑕疵があるために契約目的を達することができない場合であっても解除することができないことを規定している。その趣旨として，土地の工作物が目的物である場合に解除を認めると請負人の負担が大きくなることが挙げられるが，裁判例には，建築請負の目的物に重大な瑕疵があるために建て替えざるを得ない場合に建替費用相当額の損害賠償を認めたもの（最判平成14年9月24日判時1801号77頁）があり，これは，瑕疵の程度によっては，請負人が解除を認めたのと同様の負担を負うべき場合があることを前提したものであると言える。また，同条ただし書の趣旨として，解除を認めて土地工作物を撤去することは社会経済的に損失であることも挙げられるが，注文者の下に，契約目的を達することができない程度に重大な瑕疵がある工作物があったとしても，それが有効に利用されることを期待することは現実的ではない。このように，同条ただし書は必ずしも合理的な規律ではない。

以上から，民法第635条を削除することとしている。

(3) 仕事の目的物が契約の趣旨に適合しない場合の注文者の権利の期間制限（民法第637条関係）

民法第637条の規律を次のいずれかの案のように改めるものとする。

【甲案】 民法第637条を削除する（消滅時効の一般原則に委ねる）ものとする。

【乙案】 消滅時効の一般原則に加え，仕事の目的物が契約の趣旨に適合しないことを注文者が知ったときから［1年以内］にその適合しないことを請負人に通知しないときは，注文者は，請負人に対し，その適合しないことに基づく権利を行使することができないものとする。ただし，請負人が，引渡しの時に，仕事の目的物が契約の趣旨に適合しないことを知り，又は重大な過失によって知らなかったときは，この限りでないものとする。

(注) 乙案について，引渡時（引渡しを要しない場合には仕事の終了時）から期間を起算するという考え方がある。

(概要)

仕事の目的物が契約の趣旨に適合しない場合の注文者の権利の存続期間について，売買の目的物が契約の趣旨に適合しない場合の売主の責任（前記第35，6）と同様の規律を設けるものである。

甲案は，仕事の目的物の瑕疵に関して民法第637条により消滅時効の一般原則とは別に設けられている期間制限（引渡時又は仕事終了時から1年）を廃止し，仕事の目的物が契約に適合しなかった場合の注文者の権利の期間制限を消滅時効の一般原則に委ねることとするものである。

乙案は，消滅時効の一般原則とは別に，仕事の目的物が契約の趣旨に適合しない場合の注文者の権利について固有の期間制限を維持した上で，期間制限の内容を，売買の目的物が契約の趣旨に適合しない場合における買主の権利の期間制限に関する前記第３５，６の乙案と同様の規律に改めることとするものである。売買と請負は，現実の取引においては類似していることもあり，目的物が契約の趣旨に適合しない場合の取扱いを売買と請負とで異にするのは合理的でないという考え方に基づく。具体的には，まず，民法第６３７条は，制限期間の起算点を引渡しの時（引渡しを要しないときは仕事が終了した時）としているが，これを民法第５６４条と同様に事実を知った時と改めることとしている。また，注文者の権利を保存するためにこの期間中にすることが必要な行為についても，売買におけるのと同様に，瑕疵があったことを通知すれば足りるとすることとしている。その上で，請負人が，引渡しの時に，仕事の目的物が契約の趣旨に適合しないことを知り，又は重大な過失によって知らなかったときは，期間制限を適用しないものとしている。この場合には消滅時効の一般原則に委ねることとなる。
　これに対し，基本的に乙案の考え方によりつつ，期間の起算点については，債務の履行が完了したという請負人の信頼を保護するため，民法第６３７条を維持して引渡時（引渡しを要しない場合には仕事の終了時）とする考え方があり，これを（注）で取り上げている。

(4) 仕事の目的物である土地工作物が契約の趣旨に適合しない場合の請負人の責任の存続期間（民法第６３８条関係）
　民法第６３８条を削除するものとする。

（概要）
　前記(3)について甲案を採ると，担保責任についての短期の期間制限が廃止されて消滅時効の規律に委ねられることになるが，契約の趣旨に適合しない目的物が土地の工作物である場合について，注文者の権利の存続期間を一般的に消滅時効期間よりも長くする必要性は乏しいと考えられる。また，乙案を採る場合には，制限期間の起算点が，目的物が契約の趣旨に適合しないことを注文者が知った時となるが，目的物が土地の工作物であっても，契約の趣旨に適合しないことが注文者に明らかになった以上，通知期間を他の一般的な場合に比べて長期のものとする必要性は乏しい（民法第６３８条第２項参照）。以上から，民法第６３８条第１項を削除することとしている。
　民法第６３８条第２項は，土地の工作物が滅失などしたときは注文者にとって瑕疵の存在が明白になることから同条第１項の制限期間を短縮したものであるが，前記(3)について乙案を採る場合には，仕事の目的物が契約の趣旨に適合しない場合の注文者の権利一般について同条第２項と同様の趣旨に基づく規定が設けられることになるから，同項の規定は不要になる。他方，前記(3)について甲案を採るときは，消滅時効一般について権利者の認識に着目した起算点の考え方（前記第７，２の乙案）が取り入れられるのであればそれによれば足りると考えられ，消滅時効一般についてその考え方を取り入れないのであれば，それにもかかわらず土地工作物の瑕疵に基づく担保責任についてのみ注文者の認識に着目

した起算点の考え方を取り入れる必要はないと考えられる。そこで，同項も削除することとしている。

(5) 仕事の目的物が契約の趣旨に適合しない場合の請負人の責任の免責特約（民法第６４０条関係）

民法第６４０条の規律を改め，請負人は，仕事の目的物が契約の趣旨に適合しないことについての責任を負わない旨の特約をした場合であっても，目的物の引渡時（引渡しを要しない場合には，仕事の終了時）に仕事の目的物が契約の趣旨に適合しないことを知っていたときは，その責任を免れることができないものとする。

(概要)

仕事の目的物が契約の趣旨に適合しない場合の請負人の責任を免除する特約がある場合であっても，請負人がその適合しないことを知っていたときは，それを告げたかどうかにかかわらず責任を免れることができないものとして，民法第６４０条の規律を改めるものである。同条の文言によれば，請負人が瑕疵の存在を知っていてもそれを告げさえすれば瑕疵担保責任は免責されるようにも読めるが，自分のした仕事が完全でないことを知っているにもかかわらず，それを単に注文者に告げるだけで免責されるとするのは妥当ではないという考え方に基づくものである。

3 注文者についての破産手続の開始による解除（民法第６４２条関係）

民法第６４２条第１項前段の規律のうち請負人の解除権に関する部分を改め，注文者が破産手続開始の決定を受けたときは，請負人が仕事を完成しない間は，請負人は契約の解除をすることができるものとする。

(概要)

請負人による仕事の完成は報酬の支払に対する先履行とされており（民法第６３３条），注文者による支払が危殆化した後も請負人は積極的に役務を提供して仕事を完成させなければならないとすると請負人は多額の損害を受けるおそれがあることから，民法第６４２条第１項は破産管財人に加えて請負人にも解除権を与えたとされている。このような趣旨からすると，仕事が既に完成し，請負人がその後積極的に役務を提供して仕事を完成させることが不要になった場合には，請負人に同項による解除を認める必要はないと考えられる。そこで，本文は，同項の規律を改め，注文者が破産手続開始の決定を受けた場合に請負人が契約の解除をすることができるのを請負人が仕事を完成しない間に限定しようとするものである。破産管財人の解除権については現状を変更しない。

なお，本文記載の案の検討に当たっては倒産法との関係にも留意する必要がある。

第41 委任
1 受任者の自己執行義務
(1) 受任者は，委任者の許諾を得たとき，又はやむを得ない事由があるときでなければ，復受任者を選任することができないものとする。
(2) 代理権の授与を伴う復委任において，復受任者は，委任者に対し，その権限の範囲内において，受任者と同一の権利を有し，義務を負うものとする。
(注) 上記(1)については，「許諾を得たとき，又は復受任者を選任することが契約の趣旨に照らして相当であると認められるとき」に復受任者を選任することができるものとするという考え方がある。

(概要)
　復受任の可否や委任者と復受任者の関係については固有の規定がなく，代理の規定が類推適用されてきた。本文は，委任者と受任者及び復受任者との関係（内部関係）について，委任の箇所に固有の規定を設けることとするものである。
　本文(1)は，民法第１０４条を委任に類推適用すべきであるとする学説に従い，同条と同内容の規定を委任において設けるものである。委任関係は当事者間の信頼関係を基礎とするから，同条を類推適用することにより，委任事務は原則として自ら処理しなければならず，同条に規定する場合のほかは第三者に委任事務を処理させることはできないとされてきた。本文(1)は，復受任者を選任して委任事務を処理させることが受任者の債務不履行に該当するかどうかという委任の内部関係に関して，同条と同内容の規定を委任固有の規定として設けるものである。本文(1)のような規定が設けられると，民法第１０４条は，選任した復受任者の行為が本人に帰属するかどうかという委任の外部関係に関する規定として存続することになる。
　本文(1)については，復受任者を選任することができるのが，委任者の許諾を得た場合のほかは「やむを得ない事由があるとき」に限定されているのは狭過ぎるとして，復受任者の選任が契約の趣旨に照らして相当であると認められる場合にも復受任者の選任を認めるべきであるという考え方があり，これを（注）で取り上げている。なお，（注）で取り上げた考え方を採る場合には，民法第１０４条についても同様の考え方に従って改正するのが整合的であると考えられる。
　本文(2)は，民法第１０７条第２項の規定のうち任意代理人が選任した復代理人と本人との関係に関する部分を委任の箇所に移動させるものである。同項によれば，復代理人は本人及び第三者に対して代理人と同一の権利を有し，義務を負うものとしているが，このうち，任意代理人が選任した復代理人と本人との関係に関する部分は委任の内部関係に関するものであるから，委任の箇所に設けるのが適当であると考えられるからである。もっとも，復代理人が本人に対して代理人と同一の権利・義務を有するのは，受任者が処理することとされた委任事務のうち，復受任者の権限の範囲とされた部分についてのみであることには異論がない。本文(2)は，このことも併せて明文化することとしている。

2　受任者の金銭の消費についての責任（民法第647条関係）
　　民法第647条を削除するものとする。
　（注）民法第647条を維持するという考え方がある。

（概要）
　受任者が委任者に引き渡すべき金額又は委任者の利益のために用いるべき金額を消費した場合の責任について定める民法第647条を削除するものである。同条は，受任者の資産の状況等から見て，消費した額と同額の金銭を引き渡し又は委任者のために支出することが困難となる事情がある場合に限って適用されると解されているが，このような場合にその金額を消費することは，善管注意義務をもって金銭を保管する義務に反した債務不履行責任を生じさせると考えられ，同条のような規定がなくても損害賠償義務を認めることができる。また，損害賠償の範囲についても，受任者が善管注意義務の内容として保管する金銭の利殖を図る義務を負う場合は，債務不履行による損害賠償に関する一般原則により，通常発生すべき利息の損害賠償が認められると考えられる。逆に，受任者が利殖を図る義務を負わない場合にまで，返還すべき日からの遅延損害金のほかに消費した日以降の利息を賠償させる必要はないとも考えられる。
　これに対し，民法第647条を維持するという考え方があり，これを（注）で取り上げている。

3　受任者が受けた損害の賠償義務（民法第650条第3項関係）
　　民法第650条第3項の規律に付け加えて，委任事務が専門的な知識又は技能を要するものである場合において，その専門的な知識又は技能を有する者であればその委任事務の処理に伴ってその損害が生ずるおそれがあることを知り得たときは，同項を適用しないものとする。
　（注）民法第650条第3項の現状を維持するという考え方がある。

（概要）
　民法第650条第3項は，受任者が過失なく受けた損害は，委任者が自ら当該事務を処理していたら委任者自身に生じていたであろうと言えるから委任者が負担すべきであるという考え方に基づくとされているが，今日多く見られる専門家への委任は，委任者が自ら行うことができない仕事を対象としており，同項の趣旨は必ずしも妥当しない。このような委任契約においては，当該委任事務に通常伴うと考えられるリスクが顕在化した場合の損害は受任者が負担するというのが当事者の通常の意思であると考えられるし，受任者は委任事務の処理にどのようなリスクが伴うかを予測できるから，そのリスクを対価に反映させることもできる。そこで，専門的な知識・技能を要する委任事務を内容とする委任契約においては，その専門的知識・技能を有する者であれば予測することができるリスク要因が顕在化したために受任者に損害が生じた場合には，当事者がその負担についての特段の合意をしていないときの原則的な規定としては，民法第650条第3項を適用せず，その損害を受任者が負担するものとしている。

本文のように受任者の専門性を基準として委任者への賠償請求の可否を区別することに対しては批判もあり，民法第６５０条第３項の現状を維持する考え方を（注）で取り上げている。

4 報酬に関する規律
 (1) 無償性の原則の見直し（民法第６４８条第１項関係）
  民法第６４８条第１項を削除するものとする。

（概要）
民法第６４８条第１項は，委任の無償性の原則を定めたものであるとされているが，委任において無償を原則とすることは必ずしも今日の取引に適合しないと考えられる。そこで，同項を削除することとしている。

 (2) 報酬の支払時期（民法第６４８条第２項関係）
  民法第６４８条第２項の規律に付け加えて，委任事務を処理したことによる成果に対して報酬を支払うことを定めた場合には，目的物の引渡しを要するときは引渡しと同時に，引渡しを要しないときは成果が完成した後に，これを請求することができるものとする。

（概要）
民法第６４８条第２項を基本的に維持した上で，成果が完成した場合にその成果に対して報酬を支払うという報酬支払方式が採られている場合の規律を付加するものである。完成した成果に対して報酬が支払われる方式は請負における報酬と類似することから，請負に関する同法第６３３条と同様に，目的物の引渡しを要するときは引渡しと同時に，引渡しを要しないときは成果が完成した後に，報酬を請求することができるものとしている。

 (3) 委任事務の全部又は一部を処理することができなくなった場合の報酬請求権（民法第６４８条第３項関係）
  ア 民法第６４８条第３項の規律を改め，委任事務の一部を処理することができなくなったときは，受任者は，既にした履行の割合に応じて報酬を請求することができるものとする。ただし，委任事務を処理したことによる成果に対して報酬を支払うことを定めた場合は，次のいずれかに該当するときに限り，既にした履行の割合に応じて報酬を請求することができるものとする。
   (ｱ) 既にした委任事務の処理の成果が可分であり，かつ，その給付を受けることについて委任者が利益を有するとき
   (ｲ) 受任者が委任事務の一部を処理することができなくなったことが，受任者が成果を完成するために必要な行為を委任者がしなかったことによるものであるとき

イ　受任者が委任事務の全部又は一部を処理することができなくなった場合であっても，それが契約の趣旨に照らして委任者の責めに帰すべき事由によるものであるときは，受任者は，反対給付の請求をすることができるものとする。この場合において，受任者は，自己の債務を免れたことにより利益を得たときは，それを委任者に償還しなければならない。
　　（注）上記ア(イ)については，規定を設けないという考え方がある。

（概要）
　民法第648条第3項は，委任が受任者の帰責事由によらずに中途で終了した場合には，既履行部分の割合に応じて報酬を請求することができるとしている。しかし，予定された委任事務の一部とは言え，委任が終了するまでは受任者は現に委任事務を処理したのであるから，委任が終了した原因が受任者の帰責事由によるものであるかどうかにかかわらず，原則的な規律としては，受任者は既履行部分の割合に応じた報酬を請求することができるとすることが合理的である。そこで，本文ア柱書の第1文は，同項のうち「責めに帰すべき事由によらずに」の部分を削除し，委任事務の一部を処理することができなくなった場合には，既にした履行の割合に応じて報酬を請求することができるものとしている。
　本文ア柱書の第2文は，成果が完成したときにその成果に対して委任の報酬が支払われることが合意されていた場合において，委任事務の一部の処理が不可能になった場合の報酬請求権に関するものである。この場合には，その成果が完成しなかった以上，報酬を請求することができないのが原則であるが，この原則に対する例外として，既にした履行の割合に応じて報酬を請求することができる場合を定めている。第1に，既に履行された委任事務の処理の成果が可分で，その給付を受けることについて委任者に利益がある場合である。第2に，委任者が必要な行為をしなかったことによって委任者が委任事務の一部を処理することができなくなった場合（その行為をしなかったことについて委任者に帰責事由があるかどうかを問わない。）である。いずれも，請負に関する前記第40，1(1)アイと同様の規定を設けるものである。これに対し，本文ア(イ)については，前記第40，1(1)イと同様に規定を設けないという考え方があり，これを（注）で取り上げている。
　本文イは，委任に関して民法第536条第2項の規律を維持するものである。従来から，委任者の帰責事由により受任者が仕事を完成することができなくなった場合には，受任者は，同項に基づいて報酬を請求することができるとされてきた。本文イは，請負に関する前記第40，1(3)と同様に，従来からの理解を確認して前記第12，2と同趣旨を定めるものである。

5　委任の終了に関する規定
　(1)　委任契約の任意解除権（民法第651条関係）
　　　民法第651条の規律を維持した上で，次のように付け加えるものとする。
　　　委任が受任者の利益をも目的とするものである場合（その利益が専ら報酬を得ることによるものである場合を除く。）において，委任者が同条第1項による委任の解除をしたときは，委任者は，受任者の損害を賠償しなければな

らないものとする。ただし、やむを得ない事由があったときはこの限りでないものとする。

(概要)
　判例は、委任契約が受任者の利益をも目的とする場合には、委任者は原則として民法第６５１条に基づいて委任を解除することができないとする（大判大正９年４月２４日民録２６輯５６２頁）。しかし、委任者が解除権を放棄したものとは解されない事情がある場合には委任を解除することができ、ただし受任者は委任者に損害賠償を請求することができるとしており（最判昭和５６年１月１９日民集３５巻１号１頁）、結論的には、委任の解除を広く認めていると言われている。本文の第１文は、このような判例への評価を踏まえて、委任が受任者の利益をも目的とする場合であっても原則として委任を解除することができるが、委任者が解除をしたときは、受任者の損害を賠償しなければならないとするものである。
　また、判例は、委任が受任者の利益をも目的とする場合であっても、やむを得ない事情がある場合には損害を賠償することなく委任を解除することができるとしている（最判昭和５６年１月１９日民集３５巻１号１頁）。そこで、このことを本文の第２文で明らかにしている。
　なお、判例は、委任が有償であるというだけではその委任が受任者の利益をも目的とするとは言えないとしている（最判昭和５８年９月２０日集民１３９号５４９頁）から、受任者の利益をも目的とするとは、受任者がその委任によって報酬以外の利益を得る場合である。本文の括弧内はこのことを明らかにするものである。

(2) 破産手続開始による委任の終了（民法第６５３条第２号関係）
　民法第６５３条第２号の規律を次のように改めるものとする。
　ア　有償の委任において、委任者が破産手続開始の決定を受けたときは、受任者又は破産管財人は、委任の解除をすることができるものとする。この場合において、受任者は、既にした履行の割合に応じた報酬について、破産財団の配当に加入することができるものとする。
　イ　受任者が破産手続開始の決定を受けたときは、委任者又は有償の委任における破産管財人は、委任の解除をすることができるものとする。
　ウ　上記ア又はイの場合には、契約の解除によって生じた損害の賠償は、破産管財人が契約の解除をした場合における相手方に限り、請求することができるものとする。この場合において、相手方は、その損害賠償について、破産財団の配当に加入するものとする。
　(注)　民法第６５３条第２号の規律を維持するという考え方がある。また、同号の規律を基本的に維持した上で、委任者が破産手続開始の決定を受けた場合に終了するのは、委任者の財産の管理及び処分を目的とする部分に限るという考え方がある。

(概要)

　民法第653条第2号は，委任者又は受任者が破産手続開始の決定を受けたときは委任は終了すると規定しているが，同号の規律を改めるものである。
　本文アは，民法第653条第2号の規律のうち委任者が破産手続開始の決定を受けた場合について，委任が当然に終了するという規律を改め，有償の委任においては，請負に関する同法第642条と同様に，受任者又は破産管財人が委任を解除することができるとするものである。委任者が破産手続開始の決定を受けた場合でも，従前の委任契約に基づく委任事務の処理を継続した方が合理的な財産の管理処分が可能であるという場面もあり得るから，当然に委任を終了させる必要はないという考え方に基づく。すなわち，委任者が破産手続開始の決定を受けた場合でも委任が当然には終了するものとせず，破産管財人が委任の解除権を有することとして従前の委任契約を解除するかどうかを判断することができるとするとともに，有償の契約においては受任者がその後委任事務を処理しても報酬の支払を受けることができないおそれがあることから，受任者にも解除権を与えることとしている。破産管財人が委任を解除することができるのは，それが破産管財人の業務に関するものである場合，すなわち，委任が委任者の財産の管理又は処分に関するものである場合であることを前提としている。なお，無償の委任契約は，双務契約でなく，受任者の報酬請求権の保護を図る必要もないため，いずれにも解除権は与えられない。
　本文アの第2文は，第1文に基づいて委任が解除された場合には，受任者は既履行部分の報酬請求権を破産債権として行使することができることとするものであり，解除された場合の受任者の報酬請求権について，民法第642条第1項後段と同様に扱うものである。
　本文イは，民法第653条第2号の規律を改め，受任者が破産手続開始の決定を受けた場合に委任が当然に終了するのではなく，委任者が契約を解除することができるとするものである。受任者破産の場合に委任が終了するという同号の規律は，受任者の破産によって委任関係の基礎である当事者間の信頼関係が失われることを理由とするとされていることからすると，委任者が引き続き受任者に委任事務の処理を委ねる意思を有している場合にまで当然に委任を終了させる必要はなく，委任を終了させるかどうかは委任者の判断に委ねれば足りると考えられるからである。また，破産管財人は，破産法第53条に基づいて解除権を有し，本文イがこのことを否定するものではないので，破産管財人が委任を解除することができることを併せて確認している。
　本文ウは，委任が解除された場合の報酬請求権や損害賠償請求権の扱いについて，民法第642条第2項と同様の規律を設けるものである。
　以上に対して，委任を終了させるためには破産管財人による解除が必要であるとすると，解除前に受任者が委任事務を処理することによって委任者の法律関係が変動する可能性があるとして，当然終了という構成を取る民法第653条第2号の規律を維持するという考え方がある。また，判例は，破産管財人の管理処分権と無関係な行為について委任関係は当然には終了しないとしており（最判平成16年6月10日民集58巻5号1178頁，最判平成21年4月17日判例タイムズ1297号124頁），これを踏まえて，現在の同号の規律を基本的に維持した上で，当然に終了するのは，委任のうち委任者の財産の管理及び処分を目的とする部分に限るという考え方がある。これらの考え方を（注）で取り上

げている。
　なお，本文記載の案の検討に当たっては倒産法との関係にも留意する必要がある。

　6　準委任（民法第656条関係）
　(1)　民法第656条の規律を維持した上で，次のように付け加えるものとする。
　　　法律行為でない事務の委託であって，[受任者の選択に当たって，知識，経験，技能その他の当該受任者の属性が主要な考慮要素になっていると認められるもの以外のもの]については，前記1（自己執行義務），民法第651条，第653条（委任者が破産手続開始の決定を受けた場合に関する部分を除く。）を準用しないものとする。
　(2)　上記(1)の準委任の終了について，次の規定を設けるものとする。
　　ア　当事者が準委任の期間を定めなかったときは，各当事者は，いつでも解約の申入れをすることができる。この場合において，準委任契約は，解約の申入れの日から[2週間]を経過することによって終了する。
　　イ　当事者が準委任の期間を定めた場合であっても，やむを得ない事由があるときは，各当事者は，直ちに契約の解除をすることができる。この場合において，その事由が当事者の一方の過失によって生じたものであるときは，相手方に対して損害賠償の責任を負う。
　　ウ　無償の準委任においては，受任者は，いつでも契約の解除をすることができる。
　（注）民法第656条の現状を維持するという考え方がある。

（概要）
　本文(1)は，法律行為でない事務の委託について委任の規定を準用するという民法第656条を原則として維持することとするものである。しかし，準委任は，役務の提供を内容とする契約のうち他の典型契約に該当しないものの受け皿としての役割を果たしているとの指摘もあるが，このように多様なものが準委任に該当するとすれば，必ずしも委任の規定の全てを準用するのが適当であるとは言えない場合がある。特に，委任は当事者間の信頼関係を基礎とするとされ，そのため，当事者はいつでも任意に契約を解除することができるとする規定（民法第651条）などが設けられているが，これらが役務の提供を内容とする契約に一般的に妥当するとは言えない。そこで，本文(1)では，準委任のうち，委任の規定を全面的に準用するのが適当でないと考えられる類型を抽出し，委任の規定のうちの一部の準用を否定するものである。
　委任の規定の一部が準用されない類型をどのような基準によって抽出するかは，引き続き検討する必要があるが，本文(1)では，その受任者の個性に着目し，その受任者であるからこそ当該委任事務を委託するという関係があるかどうかによって区別することとし，このことを，[受任者の選択に当たって，知識，経験，技能その他の当該受任者の属性が主要な考慮要素になっていると認められるもの以外のもの]と表現している。これに該当するものとして，比較的単純な事務作業を内容とする契約が考えられる。これらの契約におい

ては委任の規定のうち，信頼関係を背景とする規定を準用することは必ずしも合理的ではない。そこで，前記1（自己執行義務），民法第651条（任意解除権。前記5(1)参照），第653条（委任の終了。ただし，委任者が破産手続開始の決定を受けた場合に関する部分を除く。前記5(2)参照）を準用しないこととしている。これらの規定は，受任者の個性に着目し，当該受任者との信頼関係を基礎とするものであるからこそ妥当するものであり，このような特殊な関係にない，通常の事務処理契約には必ずしも妥当しないと考えられるからである。

本文(2)は，［受任者の選択に当たって，知識，経験，技能その他の当該受任者の属性が主要な考慮要素になっていると認められるもの以外のもの］について民法第651条が準用されないことから，その終了についての規定を設けるものである。本文(2)のア及びイは，雇用に関する同法第627条第1項，第628条と同様の規定を設けることとするものである。本文(2)ウは，無償の準委任についての特則を設けるものであり，これは受任者の好意に基づく性格を持つことから，受任者に対する契約の拘束力を緩和し，受任者はいつでも契約を解除することができるものとすることとしている。

第42　雇用
1　報酬に関する規律（労務の履行が中途で終了した場合の報酬請求権）
　(1)　労働者が労務を中途で履行することができなくなった場合には，労働者は，既にした履行の割合に応じて報酬を請求することができるものとする。
　(2)　労働者が労務を履行することができなくなった場合であっても，それが契約の趣旨に照らして使用者の責めに帰すべき事由によるものであるときは，労働者は，反対給付を請求することができるものとする。この場合において，自己の債務を免れたことによって利益を得たときは，これを使用者に償還しなければならないものとする。
　　（注）上記(1)については，規定を設けないという考え方がある。

（概要）

本文(1)は，労働者が労務を中途で履行することができなくなった場合における労働者の報酬請求権の発生根拠について，民法第648条第3項を参照して，異論のない解釈を明文化するものである。もっとも，明文化に慎重な意見があり，これを（注）で取り上げている。

本文(2)は，雇用に関して民法第536条第2項の規律を維持するものである。ただし，雇用契約においては，労務を履行しなければ報酬請求権が発生しないとされていることから，「反対給付を受ける権利を失わない」という同項の表現によっては，労務が現に履行されなかった部分についての報酬請求権の発生を基礎づけることができない。そこで，同項の表現を「反対給付を請求することができる」と改めることを提案している。

2　期間の定めのある雇用の解除（民法第626条関係）
　民法第626条の規律を次のように改めるものとする。

(1) 期間の定めのある雇用において，5年を超える期間を定めたときは，当事者の一方は，5年を経過した後，いつでも契約を解除することができるものとする。
　(2) 上記(1)により契約の解除をしようとするときは，2週間前にその予告をしなければならないものとする。

(概要)
　本文(1)は，民法第626条第1項を以下のとおり改めるものである。まず，同項本文の「雇用が当事者の一方若しくは第三者の終身の間継続すべきとき」を削除している。当事者の一方の終身の間継続する雇用契約は人身を不当に拘束する契約であって，その有効性を認めるかのような規律は維持すべきでないと考えられるからである。また，同項ただし書についても削除しているが，これは，そもそも実際に適用される場面が想定し難い上に，職業別の取扱いを規定している点で取りわけ今日における合理性に疑問があるからである。
　本文(2)は，民法第626条第2項の規律を改め，解除の予告をすべき時期を2週間前とするものである。現在の3か月前では長すぎて不当であるという考えに基づき，解除の予告期間について後記3（同法第627条第1項参照）と整合的な期間とすることを意図するものである。

3　期間の定めのない雇用の解約の申入れ（民法第627条関係）
　　民法第627条第2項及び第3項を削除するものとする。

(概要)
　民法第627条第2項及び第3項は，労働基準法第20条の存在によって実際上の適用場面がほとんど想定されなくなっている上，労働者の辞職の申入れの期間として3か月を要するのは長すぎて不当であると考えられることから，規定を削除することによって規律の合理化を図るものである。これらの規定の削除により，使用者による解雇の予告期間については労働基準法第20条又は民法第627条第1項が適用され，他方，労働者からの解約の予告期間については一律に同項が適用されることになる。

第43　寄託
1　寄託契約の成立等
　(1) 寄託契約の成立（民法第657条関係）
　　　民法第657条の規律を次のように改めるものとする。
　　ア　寄託は，当事者の一方が相手方のためにある物を保管することとともに，保管した物を相手方に返還することを約し，相手方がこれを承諾することによって，その効力を生ずるものとする。
　　イ　有償の寄託の寄託者は，受寄者が寄託物を受け取るまでは，契約の解除をすることができるものとする。この場合において，受寄者に損害が生じたときは，寄託者は，その損害を賠償しなければならないものとする。

ウ　無償の寄託の当事者は，受寄者が寄託物を受け取るまでは，契約の解除をすることができるものとする。ただし，書面による無償の寄託の受寄者は，受寄者が寄託物を受け取る前であっても，契約の解除をすることができないものとする。
　　エ　有償の寄託又は書面による無償の寄託の受寄者は，寄託物を受け取るべき時を経過したにもかかわらず，寄託者が寄託物を引き渡さない場合において，受寄者が相当の期間を定めて寄託物の引渡しを催告し，その期間内に引渡しがないときは，受寄者は，契約の解除をすることができるものとする。
　（注）上記エについては，規定を設けないという考え方がある。

（概要）
　本文アは，寄託を諾成契約に改めるものである。寄託を要物契約とする民法の規定は，現在の取引の実態とも合致していないと指摘されていることを踏まえ，規律の現代化を図るものである。
　本文イは，寄託を諾成契約に改めることに伴い，有償寄託について，寄託物受取前の寄託者による解除についての規律を定めるものである。寄託物受取前には，寄託者が自由に寄託を解除することができるとともに，これによって受寄者に生じた損害を寄託者が賠償しなければならない旨の規律を設けている。寄託は寄託者のためにされる契約であることから，寄託者が契約締結後に寄託することを望まなくなった場合には契約関係を存続させる必要はなく（民法第６６２条参照），受寄者に生じた損害があればそれを賠償することで足りると考えられるからである。
　本文ウは，無償寄託について，寄託物受取前の各当事者による解除についての規律を定めるものである。寄託物を受け取るまで各当事者は自由に契約の解除をすることができることを原則としつつ，例外的に書面による無償寄託の受寄者については寄託物の受取前であっても契約の解除をすることができない旨を定めている。使用貸借における目的物引渡し前の規律（前記第３９，１(2)）と同趣旨のものである。
　本文エは，寄託者が寄託物を引き渡さない場合に受寄者が契約に拘束され続けることを防止するために，受寄者による契約の解除を認める必要があるので，その旨の規律を設けるものである。もっとも，このような規律を設ける必要性はないとの考え方があり，これを（注）で取り上げている。

　(2)　寄託者の破産手続開始の決定による解除
　　有償の寄託の受寄者が寄託物を受け取る前に寄託者が破産手続開始の決定を受けたときは，受寄者又は破産管財人は，契約の解除をすることができるものとする。この場合において，契約の解除によって生じた損害の賠償は，破産管財人が契約の解除をしたときにおける受寄者に限り，請求することができ，受寄者は，その損害賠償について，破産財団の配当に加入するものとする。

(概要)
　受寄者が寄託物を受け取る前に寄託者について破産手続開始の決定があったときに，受寄者又は寄託者の破産管財人が契約を解除することができるとするものである。有償寄託の寄託者について破産手続開始の決定があった場合には，報酬全額を受け取ることができないおそれがあるため，受寄者が契約を解除することができるようにする必要があるという考慮に基づくものである。また，この場合における損害賠償請求権の帰すうについては，民法第６４２条第２項及び前記第４１，５(2)と同様の趣旨である。
　なお，本文記載の案の検討に当たっては倒産法との関係にも留意する必要がある。

2　寄託者の自己執行義務（民法第６５８条関係）
(1) 民法第６５８条第１項の規律を次のように改めるものとする。
　ア　受寄者は，寄託者の承諾を得なければ，寄託物を使用することができないものとする。
　イ　受寄者は，寄託者の承諾を得たとき，又はやむを得ない事由があるときでなければ，寄託物を第三者に保管させることができないものとする。
(2) 民法第６５８条第２項の規律を次のように改めるものとする。
　再受寄者は，寄託者に対し，その権限の範囲内において，受寄者と同一の権利を有し，義務を負うものとする。
(注)　上記(1)イについては，「受寄者の承諾を得たとき，又は再受寄者を選任することが契約の趣旨に照らして相当であると認められるとき」でなければ，寄託物を第三者に保管させることができないものとするという考え方がある。

(概要)
　本文(1)は，やむを得ない事由がある場合にも寄託者が再受寄者を選任することができることとして（本文(1)イ），民法第６５８条第１項の規律を改めている。寄託者の承諾を得た場合にのみ再寄託をすることができるとする同項の規律については，硬直的で実務的に不都合を生ずるおそれがあるとの指摘のほか，委任の規律（前記第４１，１参照）との整合性を欠くとの指摘があることを踏まえたものである。なお，本文(1)イについては，委任の規律と同様に，再受寄者を選任することができるのが，寄託者の承諾を得た場合のほかは「やむを得ない事由があるとき」に限定されているのは狭過ぎるとして，再受寄者の選任が契約の趣旨に照らして相当であると認められる場合にも再受寄者の選任を認めるべきであるという考え方があり，これを（注）で取り上げている。
　本文(2)は，適法に再受寄者を選任した場合における寄託者，受寄者及び再受寄者の法律関係について，民法第１０５条を準用しないこととして，同法第６５８条第２項の規律を改めるものである。履行補助者である再受寄者を選任することができる場合であっても，再受寄者の行為によって生じた受寄者の責任が履行補助者の選任又は監督の責任に縮減される理由はないことから，履行補助者の行為によって債務不履行が生じた場合にはその責

任を負うという一般原則に従うこととしている。

3 受寄者の保管に関する注意義務（民法第６５９条関係）
民法第６５９条の規律に付け加えて，有償で寄託を受けた者は，善良な管理者の注意をもって，寄託物を保管する義務を負うものとする。

（概要）
有償寄託については，民法第４００条の一般規定が適用され，受寄者は善管注意義務を負うとされており，この異論のない解釈を明らかにするものである。受寄者の保管義務は寄託の本質的な内容であることから，その規律を明示的に補う趣旨である。同条については，注意義務（保存義務）の具体的内容が契約の趣旨を踏まえて画定される旨を定めることが検討されているが（前記第８，１参照），それを前提としても，個別の契約類型に応じて任意規定を設けることは有益であると考えられる。

4 寄託物についての第三者の権利主張（民法第６６０条関係）
民法第６６０条の規律を次のように改めるものとする。
(1) 寄託物について権利を主張する第三者が受寄者に対して訴えを提起し，又は差押え，仮差押え若しくは仮処分をしたときは，受寄者は，遅滞なくその事実を寄託者に通知しなければならないものとする。ただし，寄託者が既にこれを知っているときは，この限りでないものとする。
(2) 受寄者は，寄託物について権利を主張する第三者に対して，寄託者が主張することのできる権利を援用することができるものとする。
(3) 第三者が寄託物について権利を主張する場合であっても，受寄者は，寄託者の指図がない限り，寄託者に対し寄託物を返還しなければならないものとする。ただし，受寄者が上記(1)の通知をし，又はその通知を要しない場合において，その第三者が受寄者に対して寄託物の引渡しを強制することができるときは，その第三者に寄託物を引き渡すことによって，寄託物を寄託者に返還することができないことについての責任を負わないものとする。
(4) 受寄者は，上記(3)により寄託者に対して寄託物を返還しなければならない場合には，寄託物について権利を主張する第三者に対し，寄託物の引渡しを拒絶したことによる責任を負わないものとする。
(注) 上記(3)及び(4)については，規定を設けない（解釈に委ねる）という考え方がある。

（概要）
本文(1)は，民法第６６０条の規定を維持した上で，第２文を付け加え，第三者による訴えの提起等の事実を寄託者が知っている場合には受寄者が通知義務を負わないという一般的な理解を明文化するものである。賃貸借に関する同法第６１５条と平仄を合わせるものである。

本文(2)は，第三者が受寄者に対して寄託物の引渡請求等の権利の主張をする場合において，その引渡しを拒絶し得る抗弁権（同時履行の抗弁権，留置権等）を寄託者が有するときは，受寄者において当該抗弁権を主張することを認めるものである。これを認めなければ，寄託者が直接占有する場合と寄託によって間接占有する場合とで結論が異なることになり，寄託者が不利益を被ることを理由とするものである。
　本文(3)は，寄託物について第三者が権利主張する場合であっても，受寄者はその第三者に寄託物を引き渡してはならず，寄託物を寄託者に対して返還しなければならないという原則とともに，寄託物について権利を主張する第三者の存在を民法第６６０条に従い通知した場合において，その第三者が確定判決を得たときや，それに基づく強制執行をするときのように，受寄者に対して寄託物の引渡しを強制することができるときに，その例外として，寄託者以外の第二者に寄託物を引き渡すことができ，これによって寄託者に対して返還義務の不履行の責任を負わない場合があることを定めるものである。従来，規律が不明確であるとされてきた点について，規律の明確化を図るものである。
　本文(4)は，本文(3)により寄託者に対して寄託物を返還しなければならない場合には，受寄者はその第三者に対して引渡しを拒絶することができ，その拒絶によって第三者に対する責任を負わないとすることを提案している。本文(3)の場合に，権利を主張してきた第三者が真の権利者であったときは，受寄者は第三者に対して損害賠償責任を負い，これを寄託者に対して求償することによって処理することになり得るが，寄託者と第三者との間の寄託物をめぐる紛争に受寄者が巻き込まれないようにするのが妥当であるから，受寄者が返還を拒んだことにより第三者に生じた損害については，第三者が寄託者に対して直接請求することによって解決することを意図するものである。
　以上に対して，民法第６６０条の通知義務違反によって寄託者に対する寄託物の返還義務が常に免責されないことになるという結論の合理性を疑問視する立場から，本文(3)及び(4)の規定を設けない考え方があり，これを（注）で取り上げている。

5　寄託者の損害賠償責任（民法第６６１条関係）
　民法第６６１条の規律を次のように改めるものとする。
　(1) 寄託者は，寄託物の性質又は状態に起因して生じた損害を受寄者に賠償しなければならないものとする。
　(2) 上記(1)にかかわらず，次のいずれかに該当する場合には，寄託者は，上記(1)の損害を賠償する責任を負わないものとする。
　　ア　受寄者が有償で寄託を受けた場合において，寄託者が過失なく上記(1)の性質又は状態を知らなかったとき。
　　イ　受寄者が上記(1)の性質又は状態を知っていたとき。
　（注）上記(2)アに代えて，寄託物の保管が専門的な知識又は技能を要するものである場合において，その専門的な知識又は技能を有する受寄者であればその寄託物の保管に伴ってその損害が生ずるおそれがあることを知り得たときとするという考え方がある。

(概要)
　民法第６６１条の規律のうち，寄託者が原則として無過失責任を負う旨の同条本文を維持した上で（本文(1)），過失がなければ責任を免れるのは有償寄託の場合に限られることとして，同条ただし書を改めるものである（本文(2)）。寄託者が原則として無過失責任を負うのは，寄託物の性質等を知り得る立場にあるのは寄託者であり，かつ，寄託はその利益が寄託者にあることから，寄託物の性質等から損害が発生するリスクは寄託者が負担すべきであるためとされている。これに対し，有償寄託においては，受寄者は寄託物を保管するための設備を有することが多く，とりわけ寄託物の種類が限定されている場合には，寄託物の性質等について寄託者より詳しい知識を有する場合も少なくないことや，保険により危険を分散することも可能な立場にあることが多いと考えられるからである。もっとも，寄託者が損害賠償責任を負わない場合の規律の在り方については，同法第６５０条第３項の見直し（前記第４１，３）と同様に，寄託の内容や受寄者の専門性に着目するのが適当であるという考え方があり，これを（注）で取り上げている。

６　報酬に関する規律（民法第６６５条関係）
　　受寄者の報酬に関して，民法第６６５条の規律を維持し，受任者の報酬に関する規律（前記第４１，４）を準用するものとする。

(概要)
　受寄者の報酬に関する規律は，民法第６６５条によって受任者の報酬に関する規律（同法第６４８条）が準用されているが，受任者の報酬に関する規律について前記第４１，４による改正がされたとしても，その改正後の規律に従うこととするものである。すなわち，成果が完成したときにその成果に対して報酬が支払われる合意をすることが考えにくい寄託契約については，無償性の原則を採らないことと，契約の趣旨に照らして寄託者の責めに帰すべき事由により寄託の履行が中途で終了した場合における報酬請求権の根拠規定として委任のルールを準用することとして，報酬に関する規律を改めることになる。

７　寄託物の損傷又は一部滅失の場合における寄託者の損害賠償請求権の短期期間制限
　(1)　返還された寄託物に損傷又は一部滅失があった場合の損害の賠償は，寄託者が寄託物の返還を受けた時から１年以内に請求しなければならないものとする。
　(2)　上記(1)の損害賠償請求権については，寄託者が寄託物の返還を受けた時から１年を経過するまでの間は，消滅時効は，完成しないものとする。

(概要)
　本文(1)及び(2)は，寄託物の損傷又は一部滅失の場合における寄託者の損害賠償請求権について，賃貸借における賃借人の用法違反による賃貸人の損害賠償請求権に関する期間制限（前記第３８，１４）と同内容の規律を設けるものである。この点について現在は規

定が設けられていないが，短期の期間制限を設ける必要性がある点において賃借人の用法違反による損害賠償請求権と異なるところはないと考えられるからである。

　8　寄託者による返還請求（民法第662条関係）
　　民法第662条の規律に付け加えて，有償の寄託について，同条による返還の請求によって受寄者に損害が生じたときは，寄託者は，その損害を賠償しなければならないものとする。

（概要）
　民法第662条は，当事者が寄託物の返還の時期を定めたときであっても，寄託者は，いつでもその返還を請求することができるとするが，これによって受寄者に生じた損害を賠償しなければならないことについては，争いがない。本文は，このような異論のない解釈を明らかにするものであり，前記1(1)イ第2文と同様の趣旨である。

　9　寄託物の受取後における寄託者の破産手続開始の決定
　　(1)　有償の寄託において，寄託者が破産手続開始の決定を受けた場合には，返還時期の定めがあるときであっても，受寄者は寄託物を返還することができ，破産管財人は寄託物の返還を請求することができるものとする。この場合において，受寄者は，既にした履行の割合に応じた報酬について，破産財団の配当に加入することができるものとする。
　　(2)　上記(1)により破産管財人が返還時期より前に返還請求をした場合には，受寄者は，これによって生じた損害の賠償を請求することができるものとする。この場合において，受寄者は，その損害賠償について，破産財団の配当に加入するものとする。
　　（注）これらのような規定を設けないという考え方がある。

（概要）
　寄託者が破産手続開始の決定を受けた場合であっても，寄託物の返還の時期を定めていたときは受寄者が契約に拘束されるとすると，有償寄託の場合には，受寄者は報酬を受けることができないおそれがあるにもかかわらず保管を続けなければならず，不合理である。そこで，この場合には，受寄者は寄託物を返還することができるものとし，併せて破産管財人からの寄託物の返還請求も認めることとして規律の合理化を図るものであり，前記4　1，5(2)ア及びウと同趣旨の規律である。これに対して，本文のような規定を設ける必要はないという考え方があり，これを（注）で取り上げている。
　なお，本文記載の案の検討に当たっては倒産法との関係にも留意する必要がある。

　10　混合寄託
　　(1)　複数の寄託者からの種類及び品質が同一である寄託物（金銭を除く。）がある場合において，これらを混合して保管するためには，受寄者は，全ての寄

託者の承諾を得なければならないものとする。
(2) 上記(1)に基づき受寄者が複数の寄託者からの寄託物を混合して保管したときは，各寄託者は，その寄託した物の数量の割合に応じた物の返還を請求することができるものとする。

(概要)
本文(1)は，混合寄託の要件として全ての寄託者の承諾を得ることが必要であるとするものであり，一般的な理解を明文化するものである。
本文(2)は，混合寄託をした場合の効果として，寄託者が，寄託した物の数量の割合に応じた物の返還を請求することができるとするものであり，これも一般的な理解を明文化するものである。

11 消費寄託（民法第６６６条関係）
民法第６６６条の規律を次のように改めるものとする。
(1) 受寄者が契約により寄託物を消費することができる場合には，受寄者は，寄託された物と種類，品質及び数量の同じ物をもって返還しなければならないものとする。
(2) 上記(1)の契約については，消費貸借に関する民法第５８８条（前記第３７，3），第５９０条（前記第３７，5）及び第５９２条と，寄託に関する前記1，民法第６６２条（前記8），第６６３条及び前記9を準用するものとする。
(注) 上記(2)のうち，寄託物の返還に関する民法第６６２条，第６６３条及び前記9を準用する部分については，現状を維持する（基本的に消費貸借の規定を準用する）という考え方がある。

(概要)
本文(1)は，消費寄託において受寄者が負う返還義務の内容を明らかにするものである。
本文(2)は，消費寄託に消費貸借の規定を準用している民法第６６６条の規律を以下の2点において改め，その結果として，同条において準用する消費貸借の規定を同法第５８８条，第５９０条及び第５９２条に限ることとするものである。
第1に，消費寄託の成立に関しては，寄託の規律（前記1）を準用することとしている。消費寄託の利益は寄託者にあるとされるのに対し，消費貸借の利益は借主にあるとされている点で違いがあるため，寄託物の受取前の法律関係については寄託の規定を適用するのが適当であると考えられるからである。第2に，消費寄託の終了に関する規律のうち，受寄者がいつでも返還をすることができる点（民法第６６６条第１項，第５９１条第２項）についても，消費寄託の利益は寄託者にあり，返還の時期を定めている場合に受寄者がいつでも寄託物を返還することができるとするのは妥当でないとの指摘がある。そこで，受寄者の寄託物の返還に関する規律については，寄託の規定（同法第６６２条，第６６３条）を準用することとしている。これに対して，寄託物の返還に関する規律については，基本的に消費貸借の規律を準用している現状を維持するという考え方があり，これを（注）で

取り上げている。

第44 組合

1 組合契約の無効又は取消し
組合契約に関し，組合員の一部について意思表示又は法律行為に無効又は取消しの原因があっても，他の組合員の間における当該組合契約の効力は，妨げられないものとする。

(概要)
組合契約については，その団体的性格から，意思表示又は法律行為の無効又は取消しに関する規定の適用に一定の修正が加えられるという一般的な理解を踏まえ，組合員の一部について組合契約に関する意思表示又は法律行為に無効又は取消しの原因があっても，他の組合員の間における当該組合契約の効力は妨げられないとするものである。意思表示又は法律行為に無効又は取消しの原因があった組合員のみが離脱し，組合は他の組合員を構成員として存続するという処理が想定されている。これにより，組合と取引をした第三者の保護が図られることになる。

2 他の組合員が出資債務を履行しない場合
(1) 組合員は，他の組合員が出資債務の履行をしないことを理由として，自己の出資債務の履行を拒むことができないものとする。
(2) 組合員は，他の組合員が出資債務の履行をしない場合であっても，組合契約の解除をすることができないものとする。

(概要)
本文(1)は，組合契約における同時履行の抗弁の規定の適用に関し，組合員は，他の組合員が出資債務の履行をしないことを理由として，自己の出資債務の履行を拒むことができないという一般的な理解を明文化するものである。
本文(2)は，組合契約の終了に関しては，組合員の脱退，組合員の除名，組合の解散に関する規定が置かれていることから解除の規定の適用はないという理解が一般的であり（大判昭和14年6月20日民集18巻666頁参照），このことを明文化するものである。

3 組合の財産関係（民法第668条ほか関係）
(1) 組合の財産関係について，民法第668条，第674条，第676条及び第677条の規律を維持した上で，次のような規律を付け加えるものとする。
　ア　組合員の債権者は，組合財産に属する財産に対し，その権利を行使することができないものとする。
　イ　組合員は，組合財産に属する債権について，自己の持分に応じて分割して行使することができないものとする。
　ウ　組合の債権者は，組合財産に属する財産に対し，その権利を行使するこ

とができるものとする。
　(2) 民法第675条の規律を改め，組合の債権者は，各組合員に対しても，等しい割合でその権利を行使することができるものとする。ただし，組合の債権者がその債権の発生の時に組合員の損失分担の割合を知っていたときは，その割合によってのみその権利を行使することができるものとする。
　（注）上記(1)アについては，このような規定を設けるべきではない（解釈に委ねる）という考え方がある。

（概要）
　本文(1)アは，組合員の債権者は，組合財産に属する財産に対して権利行使をすることができないとするものである。組合員が組合財産上の持分を処分することを禁じている民法第676条第1項の趣旨から，一般に，組合員の債権者が当該組合員の組合財産上の持分を差し押さえることはできないと理解されていることを踏まえたものである。もっとも，一般社団法人及び一般財団法人に関する法律や有限責任事業組合契約に関する法律などの団体法理に関する制度の整備が進んだ現在において，公示機能なしに組合財産の独立性を強調する規律を明文化することには慎重であるべきであるとする考え方があり，これを（注）で取り上げている。
　本文(1)イは，組合員は，組合財産に属する債権を，自己の持分に応じて分割して行使することができないとするものである。組合財産に属する債権の債務者がその債務と組合員に対する債権とを相殺することを禁じている民法第677条は，一般に，組合財産に属する債権には分割主義の原則（同法第427条）が適用されないことを前提とするものであると理解されていることを踏まえたものである。
　本文(1)ウは，組合の債務については，各組合員に分割されて帰属するのではなく，1個の債務として総組合員に帰属し，組合財産がその引当てとなるという一般的な理解を明文化するものである。
　本文(2)は，民法第675条の規律を改めるものである。同条は，組合の債権者がその債権の発生の時に組合員の損失分担の割合を知らなかったときは各組合員に対して等しい割合でその権利を行使することができると規定しているところ，これに対して，債権者に組合員相互の損失分担の割合を知らなかったことの証明を求めるよりも，均等割合を原則とした上で，これと異なる分担割合の定めがある場合には，各組合員において，これを債権者が知っていたことを証明するものとした方が適当であるという指摘があることを踏まえたものである。

4　組合の業務執行（民法第670条関係）
　民法第670条の規律を次のように改める。
　(1) 組合の業務は，組合員の過半数をもって決定し，各組合員がこれを執行するものとする。
　(2) 組合の業務執行は，組合契約の定めるところにより，一人又は数人の組合員又は第三者に委任することができるものとする。

(3) 上記(2)の委任を受けた者（業務執行者）は，組合の業務を決定し，これを執行するものとする。業務執行者が二人以上ある場合には，組合の業務は，業務執行者の過半数をもって決定し，各業務執行者がこれを執行するものとする。
(4) 業務執行者を置いている場合であっても，総組合員によって組合の業務を執行することは妨げられないものとする。
(5) 上記(1)から(4)までにかかわらず，組合の常務は，各組合員又は各業務執行者が単独で決定し，これを執行することができるものとする。ただし，その完了前に他の組合員又は業務執行者が異議を述べたときは，この限りではないものとする。

（概要）
　本文(1)は，業務執行者を置かない組合の業務執行について規定する民法第６７０条第１項の規律を改めるものである。同項に対しては，主として意思決定の方法について定めるにとどまっており，その意思決定を実行する方法が明示されていないという指摘があることを踏まえ，決定された意思の実行に関しては各組合員が業務執行権を有するという一般的な理解を明文化している。
　本文(2)から(4)までは，民法第６７０条第２項の規律を改めるものである。このうち，本文(2)は，組合の業務執行者の選任に関して，組合契約で定めれば組合員に限らず組合員以外の第三者に対しても業務の執行を委任することができ，また，その委任の方法は組合契約で定めるところに従うという一般的な理解（大判大正６年８月１１日民録２３輯１１９１頁参照）を明文化するものである。
　本文(3)は，本文(1)と同様の理由から，業務執行者の過半数によって決定された意思の実行に関しては各業務執行者が業務執行権を有するという一般的な理解を明文化するものである。
　本文(4)は，代理法理から当然に導かれる帰結として，業務執行者に業務の執行を委任した場合であっても，組合員全員が揃えば業務を執行することができることを明文化するものである。
　本文(4)は，組合の業務執行が組合の意思を決定し，それを実行するという二つの次元から成り立つものであることを明確にした上で，民法第６７０条第３項の規律を維持するものである。

5　組合代理
(1) 各組合員が他の組合員を代理して組合の業務を執行するには，組合員の過半数をもってした決定による代理権の授与を要するものとする。ただし，組合の常務に関しては，各組合員は，当然に他の組合員を代理してこれを行う権限を有するものとする。
(2) 業務執行者を定めた場合には，組合員を代理する権限は，業務執行者のみが有するものとする。

(3) 業務執行者が二人以上ある場合に，各業務執行者が組合員を代理して組合の業務を執行するには，業務執行者の過半数をもってした決定による代理権の授与を要するものとする。ただし，組合の常務に関しては，各業務執行者は，当然に組合員を代理してこれを行う権限を有するものとする。

(概要)
　組合は法人格を持たないので，法律行為の主体となることができないため，組合が第三者と法律行為を行うには，代理の形式を用いざるを得ないところ，民法には組合代理についての規定は特に設けられておらず，判例も，業務執行権と代理権とを厳密に区別することなく，民法第６７０条を組合代理にも適用していると見られている。本文(1)から(3)までは，業務執行権と代理権とを区別する観点から，業務執行権に関する前記４の規律とは別に，組合代理に関する規律を新たに設けるものであるが，その内容は，同条を適用することによって組合員の代理権を説明してきた判例法理を維持するものとなっている。組合員の過半数によって決定された業務（前記４(1)）を執行するための代理権の授与にも組合員の過半数による決定（本文(1)）を要することになるが，実際上は，両者を兼ねた一度の決議でこれを処理することが通常となると予想される。

　６　組合員の加入
　(1) 組合の成立後であっても，組合員は，その全員の同意をもって，又は組合契約の定めるところにより，新たに組合員を加入させることができるものとする。
　(2) 上記(1)により組合の成立後に加入した組合員は，その加入前に生じた組合債務については，これを履行する責任を負わないものとする。

(概要)
　本文(1)は，組合の成立後であっても新たな組合員の加入が可能であること（大判明治４３年１２月２３日民録１６輯９８２頁）を前提に，その要件について，一般的な理解を明文化するものである。
　本文(2)は，組合の債権者は各組合員の固有財産に対してもその権利を行使することができるとする民法第６７５条との関係で，新たに加入した組合員がその加入前に生じた組合債務についても自己の固有財産を引当てとする責任を負うかどうかが明らかでないことから，これを否定する一般的な理解を明文化するものである。

　７　組合員の脱退（民法第６７８条から第６８１条まで関係）
　　組合員の脱退について，民法第６７８条から第６８１条までの規律を基本的に維持した上で，次のように改めるものとする。
　(1) 民法第６７８条に付け加えて，やむを得ない事由があっても組合員が脱退することができないことを内容とする合意は，無効とするものとする。
　(2) 脱退した組合員は，脱退前に生じた組合債務については，これを履行する

責任を負うものとする。この場合において、脱退した組合員は、他の組合員に対し、この債務からの免責を得させること、又は相当な担保を供することを求めることができるものとする。

(概要)
　本文(1)は、民法第６７８条について、やむを得ない事由がある場合には組合の存続期間の定めの有無に関わらず常に組合から任意に脱退することができるという限度で強行法規であるとする判例法理（最判平成１１年２月２３日民集５３巻２号１９３頁）を明文化するものである。
　本文(2)第１文は、組合員が脱退した場合であっても、その固有財産を引当てとする責任は存続することを定めるものである。組合の債権者は各組合員の固有財産に対してもその権利を行使することができるとする民法第６７５条との関係で、脱退した組合員が脱退前に生じた組合債務について自己の固有財産を引当てとする責任を負い続けるかどうかが明らかでなかったことから、この点に関する一般的な理解を明文化するものである。他方、脱退した組合員が脱退前に生じた組合債務について自己の固有財産を引当てとする責任を負い続けるとしても、組合は、その組合債務を履行したり、債権者から免除を得たりするなどして、脱退した組合員の固有財産を引当てとする責任を免れさせるか、相当な担保を供して脱退した組合員が不利益を被らないようにしなければならないと解されている。本文(2)第２文はこれを明文化するものである。もっとも、脱退した組合員に対する持分の払戻しに際して、その組合員が固有財産を引当てとする責任を負うことを考慮した計算がされていたような場合には、別段の合意があると考えられるので、本文(2)第２文は適用されない。

８　組合の解散事由（民法第６８２条関係）
　民法第６８２条の規律を改め、組合は、次に掲げる事由によって解散するものとする。
(1) 組合の目的である事業の成功又はその成功の不能
(2) 組合契約で定められた存続期間の満了
(3) 組合契約で定められた解散事由の発生
(4) 総組合員による解散の合意

(概要)
　組合は、民法第６８２条に規定する場合（本文(1)）のほか、組合契約で定められた存続期間が満了した場合（本文(2)）、組合契約で定められた解散事由が生じた場合（本文(3)）、組合員全員が解散に同意した場合（本文(4)）にも解散するという一般的な理解を明文化するものである。

９　組合の清算
　組合の清算について、民法第６８５条から第６８８条までの規律を基本的に

維持した上で，同法第686条に付け加えて，清算人は，清算事務の範囲内で各組合員を代理する権限を有するものとする。

（概要）
　組合の清算人は，民法第688条所定の清算事務の範囲内で全ての組合員を代理する権限を有するという判例法理（大判大正14年5月2日民集4巻238頁）を明文化するものである。

第45　終身定期金

　　終身定期金契約に関する民法第689条から第694条までの規律を基本的に維持した上で，同法第691条第1項前段の規律を改め，終身定期金債務者が終身定期金の元本を受領した場合において，その終身定期金の給付を怠り，又はその他の義務を履行しないときは，終身定期金債権者は，債務不履行の一般原則に従い契約を解除して，元本の返還を請求することができるものとする。
　（注）終身定期金契約を典型契約から削除するという考え方がある。

（概要）
　終身定期金契約に関する規定は基本的に現状のまま存置することとしている。その場合であっても，民法第691条第1項前段は，終身定期金債務の不履行があった場合に，終身定期金契約を解除することによって元本の返還を請求することができることを認める規定であるが，契約の解除を伴うことが同条の見出しからしか窺われないという問題がある。そこで，これを条文上明らかにすることによって，ルールの明確化を図るものである。
　これに対して，終身定期金契約が利用されていない実態に鑑み，終身定期金契約を典型契約から削除すべきとの考え方があり，これを（注）で取り上げている。

第46　和解

　　和解によって争いをやめることを約した場合において，当事者は，その争いの対象である権利の存否又は内容に関する事項のうち当事者間で争われていたものについて錯誤があったときであっても，民法第95条に基づく錯誤の主張をすることはできないものとする。
　（注）このような規定を設けないという考え方がある。

（概要）
　和解によって争いをやめることを約した場合には，その争いの対象である権利の存否及び内容に関する事実について当事者が誤信していたときであっても，錯誤の主張をすることができないと解されている。このようなルールは，判例・学説によって概ね認められているが，条文からはそのことが必ずしも読み取ることができないので，ルールの明確化を図るものである。これに対して，適切な要件を設定することが困難であり，規定を設けず，解釈に委ねるべきであるという考え方があり，これを（注）で取り上げている。

新法シリーズ試案編2
　　　② 民法改正中間試案〔確定全文〕+〔概要付き〕
2013(平成25)年6月30日　第1版第1刷発行

　　　　編　集　　信山社編集部
　　　　発行者　　今井 貴　稲葉文子
　　　　発行所　　株式会社　信山社
　　　　〒113-0033 東京都文京区本郷6-2-9-102
　　　　　　　Tel 03-3818-1019　Fax 03-3818-0344
　　　　　　　　　info@shinzansha.co.jp
　　　　笠間才木支店　〒309-1611 茨城県笠間市笠間515-3
　　　　笠間来栖支店　〒309-1625 茨城県笠間市来栖2345-1
　　　　　　　Tel 0296-71-0215　Fax 0296-72-5410
　　　　　　出版契約2013-7042-6-01010　Printed in Japan

　　　　　©信山社, 2013　印刷・製本／東洋印刷・渋谷文泉閣
　　　　　ISBN978-4-7972-7042-6 C3332 P224/324.000-e001 法律立法
　　　　　　　7042-01011：012-080-020《禁無断複写》

　　　　JCOPY 〈(社)出版者著作権管理機構 委託出版物〉
　　　本書の無断複写は著作権法上での例外を除き禁じられています。複写される場合は、
　　　そのつど事前に、(社)出版者著作権管理機構(電話03-3513-6969、FAX 03-3513-6979、
　　　e-mail: info@jcopy.or.jp)の許諾を得てください。

学術選書 109

森村 進 著（一橋大学大学院法学研究科教授）

リバタリアンはこう考える
－法哲学論集－

A5変・上製・512頁　定価：本体10,000円（税別）　ISBN978-4-7972-6709-9 C3332

政府がはたすべき役割は何か？

J. ロック, T. ジェファーソン, R. ノージック, J. ナーヴソンなどの議論を取り上げながら、人格的自由・経済的自由を最大限に尊重する思想・リバタリアニズム libertarianism を力強く擁護する。
〈何がリバタリアニズムの典型的な形態か〉でなく、〈何がリバタリアニズムの望ましい形態か〉をめぐる論究の書。福祉国家論、コミュニタリアニズムを批判的に検討し、政府の存在理由を根本的に問う。

【目　次】
　第１部　リバタリアニズムの理論的基礎
1　リバタリアニズムの人間像
2　コミュニタリアニズムの批判的検討
3　リバタリアンな正義の中立性
4　リバタリアンが福祉国家を批判する理由
5　「みんなのもの」は誰のもの？
6　自己所有権論を批判者に答えて擁護する
7　分配的平等主義を批判する
8　ナーヴソンの契約論的リバタリアニズム
9　自由市場グローバリゼーションと文化的繁栄
　第２部　自由の法理
10　アナルコ・キャピタリズムの挑戦
11　国家と宗教の分離
12　政府の活動はどこまで民間に委ねられるべきか
13　サンスティーンとセイラーのリバタリアン・パターナリズム
14　「大地の用益権は生きている人々に属する」
　　　──財産権と世代間正義についてのジェファーソンの見解
15　権利主体としての子供
16　リバタリアニズムから見た犯罪への責任
17　リバタリアニズムと刑罰論

ブリッジブックシリーズ

先端法学入門／土田道夫・高橋則夫・後藤巻則 編
法学入門／南野 森 編
法哲学／長谷川晃・角田猛之 編
憲　法／横田耕一・高見勝利 編
行政法（第2版）／宇賀克也 編
先端民法入門（第3版）／山野目章夫 編
刑法の基礎知識／町野 朔・丸山雅夫・山本輝之 編著
刑法の考え方／高橋則夫 編
商　法／永井和之 編
裁判法（第2版）／小島武司 編
民事訴訟法（第2版）／井上治典 編

民事訴訟法入門／山本和彦 著
刑事裁判法／椎橋隆幸 編
国際法（第2版）／植木俊哉 編
国際人権法／芹田健太郎・薬師寺公夫・坂元茂樹 著
医事法／甲斐克則 編
法システム入門（第2版）／宮澤節生・武蔵勝宏・上石圭一・大塚浩 著
近代日本司法制度史／新井勉・蕪山嚴・小柳春一郎 著
社会学／玉野和志 著
日本の政策構想／寺岡 寛 著
日本の外交／井上寿一 著

〒113-0033　東京都文京区本郷6-2-9-102　東大正門前
TEL:03(3818)1019　FAX:03(3811)3580　E-mail:order@shinzansha.co.jp

信山社
http://www.shinzansha.co.jp

松浦好治・松川正毅・千葉恵美子 編

加賀山茂先生還暦記念

市民法の新たな挑戦

新書判・並製・112頁　定価：本体800円（税別）　ISBN978-4-7972-1985-7 C3332

市民法がもつ現在の理論的課題を考察

既存の枠にとらわれない自由な発想と徹底した考察により、幅広い領域で法学理論を築いてきた明治学院大学教授加賀山茂先生の還暦をお祝いする論文集。法情報学・民事手続法・消費者法・民法・会社法の各法分野の専門家による論考24篇を収録。情報の電子化、消費者被害、債権法改正、生殖補助医療などの最先端のテーマも含み、現在の社会で市民法が有する理論的課題に対する見解を示す。

【目 次】
◇Ⅰ 法情報学◇
比較法と法情報パッケージ〔松浦好治〕
◇Ⅱ 手 続 法◇
ドイツのレラチオーンステヒニクと民法教育——要件事実論との比較を見据えて〔福田清明〕
仲裁合意の法的性格と効力の主観的範囲〔大塚 明〕
当事者の視点に立った調停技法〔平田勇人〕
◇Ⅲ 消費者法◇
オーストラリアにおける消費者被害救済のあり方〔タン・ミッシェル〕
適合性原則違反の判断基準とその精緻化〔宮下修一〕
シ・プレ原則に基づく集団的消費者被害救済制度の構築〔深川裕佳〕
金融取引における不招請勧誘の禁止〔上杉めぐみ〕
◇Ⅳ 物 権 法◇
土地区画整理による所有権制限の根拠〔伊藤栄寿〕
物上保証人の事前求償権と免責請求権〔渡邊 力〕
被担保債権の弁済期後における不動産譲渡担保権者・設定者の法的地位
——譲渡担保論のパラダイム転換を目指して〔千葉恵美子〕
◇Ⅴ 債権総論◇
無権利者に対する預金の払戻しと不当利得返還請求・損害賠償請求の意義〔中舎寛樹〕
倒産手続における弁済者代位と民法法理——代位取得された財団債権・共益債権と求償権の関係〔潮見佳男〕
◇Ⅵ 契 約 法◇
契約解除との関係における「危険」制度の意義〔山田到史子〕
契約締結上の過失責任の法的性質〔久須本かおり〕
転借人の不法投棄による土地の毀損と賃借人の責任〔平林美紀〕
役務提供契約の法的規律に関する一考察〔山口幹雄〕
複合契約取引論の現状と可能性〔岡本裕樹〕
シンジケートローン契約におけるエージェントの免責規定はどこまで有効か〔野村美明〕
◇Ⅶ 不法行為法◇
医療における「相当程度の可能性」の不存在とさらなる保護法益〔寺沢知子〕
◇Ⅷ 家 族 法◇
貞操義務と不法行為責任〔松川正毅〕
性同一性障害者の婚姻による嫡出推定〔水野紀子〕
事実に反する認知の効力〔床谷文雄〕
◇Ⅸ 会 社 法◇
株式の内容の事後的変更〔吉本健一〕

現代民法学習法入門　加賀山茂 著
A5変・上製・288頁　定価：本体2,800円（税別）　ISBN978-4-7972-2493-1 C3332
民法学習のための戦略的方法論を提供

現代民法担保法　加賀山茂 著
A5変・上製・738頁　定価：本体6,800円（税別）　ISBN978-4-7972-2684-3 C3332
人的担保・物的担保の総合理論を提唱

判例プラクティス民法Ⅰ 総則・物権　松本恒雄・潮見佳男 編
B5変・並製・424頁　定価：本体3,600円（税別）　ISBN978-4-7972-2626-3 C3332
効率よく体系的に学べる民法判例解説

〒113-0033　東京都文京区本郷6-2-9-102　東大正門前
TEL：03(3818)1019　FAX：03(3811)3580　E-mail：order@shinzansha.co.jp
信山社
http://www.shinzansha.co.jp

岩沢雄司・中谷和弘 責任編集
Edited by Yuji Iwasawa・kazuhiro Nakatani

国際法研究 創刊第1号

菊変・並製・180頁　定価：本体2,900円（税別）　ISBN978-4-7972-6561-3 C3332

国際法に関する研究
実務の総合的検討

国際法の研究者や実務家による、国際法学の一層の発展を目指す、新しい研究雑誌。信頼ある編集・執筆陣が、国際法学の基底にある蓄積とその最先端を、広範かつ精緻に検討。待望の創刊第1号。

〈目　次〉
◆外交的庇護をめぐる国際法と外交…中谷和弘
　Ⅰ　はじめに
　Ⅱ　国際司法裁判所判決、萬国国際法学会決議、国際法協会条約草案
　Ⅲ　諸国家の一般的見解
　Ⅳ　省　察
　Ⅴ　おわりにかえて：陳光誠事件及びJulian Assange事件
◆19世紀の「人道のための干渉の理論」の再検討…中井愛子
　はじめに
　Ⅰ　問題の所在
　Ⅱ　人道のための干渉をめぐる19世紀の学説状況
　Ⅲ　「人道のための干渉の理論」
　Ⅳ　人道のための干渉の実行
　おわりに
◆枠組条約の規範発展の機能―その意義と限界…坂本尚繁
　序
　Ⅰ　学　説
　Ⅱ　枠組条約の概念の本質
　Ⅲ　枠組条約の規範発展機能の意義と限界
　結　語
◆国際司法裁判所「国家の裁判権免除」事件判決の射程と意義…坂巻静佳
　はじめに
　Ⅰ　国家免除に関する規制
　Ⅱ　「域内不法行為原則」
　Ⅲ　「イタリア裁判所における請求の主題と事情」
　おわりに
◆通過通航制度と海峡沿岸国の渡航規制…石井由梨佳
　序
　Ⅰ　海峡沿岸国の立法管轄権の射程
　Ⅱ　具体的な措置に関する分析
　Ⅲ　氷結水域と通航権
　結　語

〈執筆者紹介〉
岩沢雄司（いわさわ・ゆうじ）
　東京大学大学院法学政治学研究科教授
中谷和弘（なかたに・かずひろ）
　東京大学大学院法学政治学研究所教授
中井愛子（なかい・あいこ）
　東京大学大学院法学政治学研究科博士課程
坂本尚繁（さかもと・なおしげ）
　東京大学大学院総合文化研究科研究生
坂巻静佳（さかまき・しずか）
　静岡県立大学国際関係学部講師
石井由梨佳（いしい・ゆりか）
　防衛大学校人文社会科学群国際関係学科講師

〒113-0033　東京都文京区本郷6-2-9-102　東大正門前
TEL：03(3818)1019　FAX：03(3811)3580　E-mail：order@shinzansha.co.jp

信山社
http://www.shinzansha.co.jp

坂元茂樹・薬師寺公夫 編

普遍的国際社会への法の挑戦
―― 芹田健太郎先生古稀記念 ――

A5変・上製・896頁 定価：本体 20,000円（税別） ISBN978-4-7972-1967-8 C3332

研究者、実務家による国際法と国内法の対話

長く国際法学を先導してきた芹田健太郎先生の古稀を祝うべく、第一線で活躍する国際法や日本憲法の研究者、また、国際的に活躍する裁判官や弁護士等の実務家が一同に集まった論文集。「抽象的人間像から具体的人間像」や「具体的国家像」を主張してきた、芹田先生の研究を継いで、普遍的価値を追究し、現代の国際社会の課題を鋭く析出、検討する第一級の書。

【目次】
◆第1部◆　国際人権保障制度の実相と展望
1 普遍的定期審査の理想と現実―相互審査の内実―〔坂元茂樹〕
2 女性差別撤廃条約から見た民法750条―夫婦同氏制度―〔林 陽子〕
3 ILO基準適用監視制度再考〔吾郷眞一〕
◆第2部◆　ヨーロッパ人権保障制度の新展開
4 ヨーロッパ人権裁判所と国内裁判所の「対話」？
　―Grand Chamber Judgment of Al-Khawaja and Tahery v.the United Kingdom ―〔江島晶子〕
5 ヨーロッパ人権裁判所の受理可能性審査手続に関する改革について
　―第14議定書及びその後の発展を中心にして―〔大塚泰寿〕
6 欧州人権条約における個人申立権の濫用 ―人権裁判所の判例の検討を中心に―〔西片聡哉〕
7 EU基本権憲章上の庇護権 ―解釈と庇護関連指令を含む国内適用―〔佐藤以久子〕
◆第3部◆　人権保障を巡る憲法と条約の相克
8 障害者権利条約の国内実施をめぐって〔棟居快行〕
9 日本国憲法における「法律に対する条約優位」と「人権」条約の適用
　―憲法制定過程及び大日本帝国憲法の解釈における条約の地位の検討から―〔建石真公子〕
10 緊急事態における人権の制限〔初川 満〕
◆第4部◆　国内人権訴訟の諸相
11 受刑者の選挙権と比例性の原則〔武村二三夫〕
12 難民訴訟事件における迫害の解釈と退去強制の執行停止〔安藤由香里〕
13 障害者の権利に関する条約とサリドマイド被害者〔更田義彦〕
◆第5部◆　移行期正義の課題と対応
14 国際刑事裁判所における手続上の問題
　―いわゆる「証人テスト」を例として―〔尾崎久仁子〕
15 強制失踪条約における非国家主体の人権侵害行為と締約国の責任〔薬師寺公夫〕
16 国連人道問題調整事務所の機能と組織化 ―統合・調整機能とその正当性―〔川村真理〕
17 クラスター弾条約及び対人地雷禁止条約における除去・廃棄義務とその支援義務
　―非常設・非公式・非政府間組織を利用した履行確保の効果―〔林 美香〕
◆第6部◆　課題に挑む国際機構
18 国際機構の免除と国際公務員の身分保障
　―欧州人権裁判所Waite & Kennedy判決が及ぼした影響―〔黒神直純〕
19 国際再生可能エネルギー機関（IRENA）について〔酒井啓亘〕
20 リスボン条約体制下の構成国議会の役割
　―構成国議会による審査制度の促進の観点から―〔荒島千鶴〕
◆第7部◆　伝統的国際法概念の変容と発展
21 投資条約仲裁における国際法と国内法の適用と機能〔森川俊孝〕
22 韓国における未承認国家の法的地位
　―韓国の国内裁判における北朝鮮の著作権保護を中心に―〔呉 美정〕
23 グローバル・ガバナンス・ギャップと国際秩序形成に関する一考察
　―国連「（人権の）保護、尊重、救済の政策フレームワーク」と国家管轄権の域外適用に対する視座を中心に―
　〔大窪敦子〕
24 領域紛争における仮保全措置の新展開 ―最近の国際司法裁判所判例とその含意―〔李 禎之〕
25 非国家主体と自衛権 ―「侵略の定義」決議第3条(g)を中心に―〔浅田正彦〕

講座国際人権法 全4巻

1 国際人権法と憲法　芹田健太郎・棟居快行・薬師寺公夫・坂元茂樹 編
　A5変・上製・456頁 定価：本体 11,000円（税別） ISBN978-4-7972-1681-6 C3332
　憲法と国際人権の人権保護の法的内実

2 国際人権規範の形成と展開　芹田健太郎・棟居快行・薬師寺公夫・坂元茂樹 編
　A5変・上製・544頁 定価：本体 12,800円（税別） ISBN978-4-7972-1682-4 C3332
　国際法と国内法の人権保護の法的内実

3 国際人権法の国内的実施　芹田健太郎・戸波江二・棟居快行・薬師寺公夫・坂元茂樹 編
　A5変・上製 定価：本体 11,000円（税別） ISBN978-4-7972-1683-7 C3332
　国際人権法の国内実施に伴う、理論的・実務的課題を析出

4 国際人権法の国際的実施　芹田健太郎・戸波江二・棟居快行・薬師寺公夫・坂元茂樹 編
　A5変・上製 定価：本体 12,800円（税別） ISBN978-4-7972-1684-4 C3332
　更なる展開をみせる近年の国際人権法の現状

〒113-0033　東京都文京区本郷6-2-9-102　東大正門前
TEL：03(3818)1019　FAX：03(3811)3580　E-mail：order@shinzansha.co.jp

信山社　http://www.shinzansha.co.jp

園尾隆司（東京高等裁判所部総括判事）・須藤英章（第二東京弁護士会所属弁護士）監修

■民事再生書式集〔第4版〕■

B5判・並製・450頁　定価：本体5,600円（税別）　ISBN978-4-7972-5482-2 C3332

個人再生書式を収録してますます充実

圧倒的信頼度で好評だった「民事再生法書式集第3版」の全面改訂。巻末に「個人再生法書式」も収録してますます充実した。

第二東京弁護士会
倒産法研究会編集

上床　竜司	髙井　章光	古里　健治
江木　晋	髙木　裕康	松村　昌人
大城　康史	長沢美智子	三森　仁
野崎　大介	長谷川卓也	権田　修一
山本　正		

【目　次】
第1章　申立の前後
　第1項　注意事項・スケジュール等
　第2項　申立前後の検討資料
第2章　再生手続開始申立関係
　第1項　申立時の債権者対応書類
　第2項　その他申立時準備書類
　第3項　保全処分その他財産保全の手続関係
　第4項　再生手続開始申立関係書類
　第5項　監督委員関係
　第6項　保全管理人関係
　第7項　調査委員関係
第3章　開始決定の前後
　第1項　開始決定に関する書類
　第2項　再生債権の弁済及び監督委員の同意書の関係
　第3項　文書の閲覧
　第4項　財産評定関係
　第5項　役員に対する責任追及等
　第6項　事業譲渡・会社分割制度
第4章　債権届出・調査・確定関係
第5章　再生計画およびその決議関係
第6章　担保権関係
第7章　債権者集会終了後の諸手続
第8章　管財人関係
第9章　簡易再生・同意再生関係

民事再生 QA500 プラス300 〔第3版〕

B5判・並製・600頁　定価：本体6,800円（税別）　ISBN978-4-7972-6065-6 C3332

企業再建の細部まで民再法に準拠して解説

須藤英章　監修
企業再建弁護士グループ　編

上床竜司・髙木裕康・三森　仁・江木　晋・長沢美智子・村田由里子・大城康史
野崎大介・山本　正・髙井章光・古里健治・渡邊光誠・松村昌人　編集

民事再生実務に役立つ好評書籍、待望の改訂第3版。新たに300のQ&Aをプラスし、計883の疑問点にQ&A方式で答えたわかりやすい形式の民事再生ハンドブック。倒産法制、会社法制の改正の運用成果を折り込み、民事再生法に関する典型的な項目を、「申立前」「申立て」「申立後の対応」という手続の時間の流れに沿って配列し、再生債務者や申立代理人のみならず、監督委員や債権者等の関係者にも役立つ情報満載の実務書。

〒113-0033　東京都文京区本郷6-2-9-102　東大正門前
TEL：03(3818)1019　FAX：03(3811)3580　E-mail：order@shinzansha.co.jp

信山社
http://www.shinzansha.co.jp

ブリッジブック 法学入門 〔第2版〕

南野 森 編

A5変・並製・200頁　定価：本体2,200円（税別）　ISBN978-4-7972-2640-9 C3332

刑法を加えアップデイトした第2版

好評を博した"一風変わった"法学入門の第2版。各分野の動向にあわせた情報をアップデイトしたほか、刑法分野を新しく加えた。法学の基礎から"今"を語る最新のテーマまでを、信頼の執筆陣が語りつくし、法学の魅力を案内します。法学って何が面白いの?と感じている人に読んで欲しい入門書です。

【目　次】
Ⅰ　法学の基礎
　第1章　法と法学
　第2章　法と法学の歴史
　第3章　法律と法体系
　第4章　裁判制度とその役割
　第5章　判例の読み方
Ⅱ　法学の展開
　第6章　違憲審査制と国法秩序
　第7章　保証人とその保護
　第8章　会社とその利害関係者
　第9章　民事訴訟における主張共通の原則
　第10章　刑罰権の濫用防止と厳罰化
　第11章　刑事訴訟の存在意義
　第12章　社会保障法による医療の保障
　第13章　著作権保護と表現の自由

ブリッジブックシリーズ

先端法学入門／土田道夫・高橋則夫・後藤巻則 編
法学入門／南野 森 編
法哲学／長谷川晃・角田猛之 編
憲　法／横田耕一・高見勝利 編
行政法（第2版）／宇賀克也 編
先端民法入門（第3版）／山野目章夫 編
刑法の基礎知識／町野 朔・丸山雅夫・山本輝之 編著
刑法の考え方／高橋則夫 著
商　法／永井和之 編
裁判法（第2版）／小島武司 編
民事訴訟法（第2版）／井上治典 編
民事訴訟法入門／山本和彦 著
刑事裁判法／椎橋隆幸 編
国際法（第2版）／植木俊哉 編
国際人権法／芹田健太郎・薬師寺公夫・坂元茂樹 著
医事法／甲斐克則 編
法システム入門（第2版）／宮澤節生・武蔵勝宏・上石圭一・大塚浩 著
近代日本司法制度史／新井勉・蕪山嚴・小柳春一郎 著
社会学／玉野和志 編
日本の政策構想／寺岡 寛 著
日本の外交／井上寿一 著

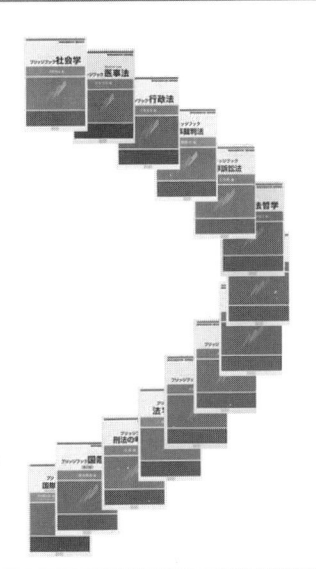

〒113-0033　東京都文京区本郷6-2-9-102　東大正門前
TEL：03(3818)1019　FAX：03(3811)3580　E-mail：order@shinzansha.co.jp

信山社
http://www.shinzansha.co.jp

丸山雅夫 著
■■■ブリッジブック少年法入門■■■

四六変・並製・512頁 定価：本体2,600円（税別） ISBN978-4-7972-2344-6 C3332

少年司法システムの基本を学ぼう

少年司法システムの全体像を、シンプルな叙述で図表を用いながら分かりやすく概説しており、家裁調査官や社会福祉士など子どもに関する仕事の資格試験にも最適。また、ひろく非行少年問題に興味をもつ人が、近年の少年犯罪の凶悪化・厳罰化議論をより深く知り適切な批判の素材を得られるよう、少年法特有の考え方を丁寧に案内している。

【目次】
はしがき
序　章　少年司法システムの特殊性
　Ⅰ　成人刑事司法と少年司法
　Ⅱ　少年司法における2つの潮流と少年法制
第1章　日本の非行現象
　Ⅰ　日本における少年非行の現状
　Ⅱ　社会における厳罰化への動きとその背景
　Ⅲ　犯罪少年の実名報道への傾斜
第2章　少年法制の独立と少年司法システム
　Ⅰ　欧米の近代化と少年法制
　Ⅱ　日本の近代化と少年法制
　Ⅲ　旧少年法から現行少年法へ
第3章　少年法の基本構造
　Ⅰ　少年法の法的性格と関連法令
　Ⅱ　少年法の目的と理念
　Ⅲ　少年法の特徴
第4章　少年法の対象
　Ⅰ　少年法が扱う「少年」
　Ⅱ　少年法が扱う「非行」
　Ⅲ　少年法が扱う事件
第5章　非行少年の発見と家庭裁判所の受理
　Ⅰ　発見活動の意義と発見主体
　Ⅱ　発見活動の実際
　Ⅲ　家庭裁判所による事件受理
第6章　少年保護事件手続Ⅰ──観護と調査
　Ⅰ　観護措置
　Ⅱ　調査の意義と種類
　Ⅲ　家庭裁判所調査官の社会調査
　Ⅳ　調査を経た事件の扱い
第7章　少年保護事件手続Ⅱ──少年審判
　Ⅰ　審判の意義と特徴
　Ⅱ　審判の方式
　Ⅲ　特殊な審判形態
　Ⅳ　試験観察
　Ⅴ　審判を経た少年保護事件の扱い
　Ⅵ　事後手続
第8章　処遇（保護処分）過程
　Ⅰ　保護処分の選択と付随措置
　Ⅱ　保護観察処分
　Ⅲ　児童自立支援施設・児童養護施設送致
　Ⅳ　少年院送致
　Ⅴ　準少年保護事件
第9章　少年の刑事事件
　Ⅰ　少年の刑事事件の意義と要件
　Ⅱ　少年の刑事事件手続
　Ⅲ　少年の刑事処分とその執行
終　章　少年法の動向
　Ⅰ　少年法の改正と国際的動向
　Ⅱ　少年法の将来と課題

ブリッジブックシリーズ

先端法学入門／土田道夫・高橋則夫・後藤巻則 編
法学入門／南野 森 編
法哲学／長谷川晃・角田猛之 編
憲　法／横田耕一・高見勝利 編
行政法（第2版）／宇賀克也 編
先端民法入門（第3版）／山畑招章夫 編
刑法の基礎知識／町野 朔・丸山雅夫・山本輝之 編著
刑法の考え方／高橋則夫 編
商　法／永井和之 編
裁判法（第2版）／小島武司 編
民事訴訟法（第2版）／井上治典 編
民事訴訟法入門／山本和彦 著
刑事裁判法／椎橋隆幸 編
国際法（第2版）／植木俊哉 編
国際人権法／芹田健太郎・薬師寺公夫・坂元茂樹 著
医事法／甲斐克則 編
法システム入門（第2版）／宮澤節生・武蔵勝宏・上石圭一・大塚浩 著
近代日本司法制度史／新井勉・蕪山嚴・小柳春一郎 著
社会学／玉野和志 著
日本の政策構想／寺岡 寛 著
日本の外交／井上寿一 著

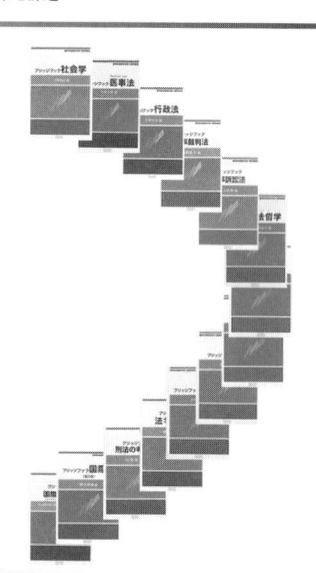

〒113-0033　東京都文京区本郷6-2-9-102　東大正門前
TEL：03(3818)1019　FAX：03(3811)3580　E-mail：order@shinzansha.co.jp
信山社　http://www.shinzansha.co.jp

フランス憲法判例研究会 編
編集代表 辻村みよ子
フランスの憲法判例 II

B5判・並製・440頁　定価：本体5,600円（税別）　ISBN978-4-7972-3348-3 C3332

フランス憲法判例集第2弾

フランス憲法はどこへ向かっているのか。政治的機関から裁判的機関へと揺れ動くフランス憲法院の代表的な判例を体系的に分類して収録。『フランスの憲法判例』刊行以降に出されたDC判決のみならず、2008年憲法改正により導入されたQPC（合憲性優先問題）判決をもあわせて掲載。総計78件、本邦唯一のフランス憲法判例集。憲法研究に役立つ資料・文献一覧付き。

【目　次】
　序　文〔樋口陽一（東京大学名誉教授）〕
　はしがき〔辻村みよ子〕
　総合解説〔辻村みよ子〕
　第Ⅰ章　「一にして不可分の共和国」と欧州連合
　　第1節　欧州統合の進展と国民主権　解説〔辻村みよ子〕
　　第2節　EUの国内法秩序への組込み　解説〔大藤紀子（獨協大学）〕
　　第3節　国際条約と共和国原理・国民主権　解説〔菅原　真（名古屋市立大学）〕
　特別寄稿1　共和国思想を現代に〔三浦信孝（中央大学）〕
　第Ⅱ章　人権総論
　　第1節　外国人の人権　解説〔菅原　真〕
　　第2節　私生活の尊重を受ける権利　解説〔建石真公子〕
　　第3節　生命倫理　解説〔小林真紀（愛知大学）〕
　　第4節　生命に対する権利と身体の完全性　解説〔建石真公子〕
　　第5節　平等原則 vs. パリテ　解説〔糠塚康江〕
　特別寄稿2　「憲法か民法か」ではなく「憲法も民法も」〔大村敦志（東京大学）〕
　第Ⅲ章　人権各論（基本的権利・自由）
　　第1節　精神的自由　解説〔清田雄治（愛知教育大学）〕
　　第2節　経済的権利　解説〔多田一路（立命館大学）〕
　　第3節　個人的自由　解説〔山元　一〕
　　第4節　社会的権利　解説〔多田一路〕
　第Ⅳ章　統治機構・権力分立
　　第1節　国民主権と普通選挙　解説〔只野雅人（一橋大学）〕
　　第2節　政府と議会　解説〔新井　誠（広島大学）〕
　　第3節　財　政　解説〔木村琢磨（千葉大学）〕
　　第4節　司法と権力分立　解説〔福岡英明（國學院大學）〕
　第Ⅴ章　地方自治・地方分権
　　第1節　「分権国家」の地方自治原理の本質　解説〔大津　浩（成城大学）〕
　　第2節　財政自主権の保障　解説〔小沢隆一〕
　　第3節　住民投票の保障　解説〔市川直子（城西大学）〕
　　第4節　海外自治体と地域的多様性の保障　解説〔長谷川　憲（工学院大学）〕
　第Ⅵ章　憲法判断の手法と審査機能　解説〔今関源成（早稲田大学）〕
　第Ⅶ章　QPC判決の展開
　　解説〔南野　森（九州大学）・曽我部真裕（京都大学）・井上武史（岡山大学）・池田晴奈（近畿大学）〕

◆**フランスの憲法判例**
B5判・並製・484頁　定価：本体4,800円（税別）　ISBN978-4-7972-2229-6 C3332

フランス憲法院の重要判例67件を収録

◆**ヨーロッパ人権裁判所の判例**
B5判・並製・600頁　定価：本体6,800円（税別）　ISBN978-4-7972-5545-4 C3332

80判例と充実の解説・資料

◆**ドイツの憲法判例〔第2版〕**
B5判・並製・672頁　定価：本体6,500円（税別）　ISBN978-4-7972-1907-4 C3332

ドイツの主要憲法判例94件の解説

◆**ドイツの憲法判例Ⅱ〔第2版〕**
B5判・並製・568頁　定価：本体6,200円（税別）　ISBN978-4-7972-3344-5 C3332

1985-1995年の重要ドイツ憲法判例の解説

◆**ドイツの憲法判例Ⅲ**
B5判・並製・656頁　定価：本体6,800円（税別）　ISBN978-4-7972-3347-6 C3332

1996〜2005年の主要86判例を掲載

〒113-0033　東京都文京区本郷6-2-9-102　東大正門前　　　　　信山社
TEL：03(3818)1019　FAX：03(3811)3580　E-mail：order@shinzansha.co.jp　　http://www.shinzansha.co.jp

柳原正治・森川幸一・兼原敦子 編
YANAGIHARA MASAHARU　MORIKAWA KOICHI　KANEHARA ATSUKO

演習 プラクティス国際法

A5変・並製・200頁　定価：本体2,200円（税別）　ISBN978-4-7972-2640-9 C3332

待望の国際法の演習書。各種論述試験対策に。

【論点】→《各章》【事例演習】→《巻末》【総合演習】という流れで段階的に学べる待望の国際法演習書。各章のテーマに絞った【事例演習】で、答案を執筆する要点を学び、巻末の各章横断的な視野からの【総合演習】で、各種試験にも対応できる応用力を養う。また、本書単体でも学べるよう、各章冒頭には【論点】を置き、テーマごとの重要ポイントの把握も容易。『プラクティス国際法講義』との姉妹編で、2冊で国際法の学習を、学部授業から論述試験合格レベルまで効率的にサポート。

【目　次】
はしがき
★論点・事例演習★〜〜〜〜〜〜〜〜〜〜〜〜〜〜〜〜〜〜
◇第1章　国際社会と法 ── 国際法規範と社会規範
◇第2章　国際法の法源
◇第3章　条　約　法
◇第4章　国際法と国内法の関係
◇第5章　国際法の形成と適用と解釈
◇第6章　国際法の主体(1) ── 国家
◇第7章　国際法の主体(2) ── 準国家団体・国際組織・個人・その他
◇第8章　国家の基本的権利義務
◇第9章　国家管轄権
◇第10章　外交・領事関係法
◇第11章　国家の国際責任
◇第12章　国家領域
◇第13章　海洋利用に関する国際法(1)
◇第14章　海洋利用に関する国際法(2)
◇第15章　その他の地域および空間
◇第16章　国際法における個人
◇第17章　人権の国際的保障(1)
◇第18章　人権の国際的保障(2)
◇第19章　国際経済法
◇第20章　国際環境法
◇第21章　国際紛争処理
◇第22章　武力行使の規制
◇第23章　平和と安全の維持
◇第24章　武力紛争法
★総合演習★〜〜〜〜〜〜〜〜〜〜〜〜〜〜〜〜〜〜〜〜〜
◆総合演習1　◆総合演習2　◆総合演習3　◆総合演習4　◆総合演習5

〈編集代表〉
柳原正治（九州大学大学院法学研究院教授）
森川幸一（専修大学法学部教授）
兼原敦子（上智大学法学部教授）

〈執筆者〉
柳原正治（九州大学大学院法学研究院教授）／第15,6,16章【総合演習4】
森川幸一（専修大学法学部教授）／第1,22,23,24章【総合演習5】
兼原敦子（上智大学法学部教授）／第8,9,11,13,14章
江藤淳一（上智大学法学部教授）／第2,3,7章【総合演習3】
児矢野マリ（北海道大学大学院法学研究科教授）／第10,20章【総合演習2】
申ヘボン（青山学院大学法学部教授）／第17,18章
髙田 映（東海大学法学部教授）／第4章
深町朋子（福岡女子大学国際文理学部准教授）／第12,15章【総合演習1】
間宮 勇（明治大学法学部教授）／第19章
宮野洋一（中央大学法学部教授）／第21章
＊『プラクティス国際法講義』と同一執筆者、章構成・担当

プラクティス国際法講義〔第2版〕

A5変・上製・472頁　定価：本体3,800円（税別）　ISBN978-4-7972-2408-5 C3332

基礎から発展までをサポートする好評テキスト

好評テキストの3訂版。国際法の学習に不可欠の歴史的背景と国際的原則の形成過程を丁寧に解説し、基礎的体系的理解を定着させる各章末にある【確認問題】により重要ポイント各論点を再度確認、知識の定着を図る次の段階としては本書に準拠した演習書の演習プラクティス国際法も同一の章構成で執筆陣で編集され、2冊を合わせて学部授業から各種論述試験合格レベルまで国際法の効率的な学習をサポート。

〒113-0033　東京都文京区本郷6-2-9-102　東大正門前
TEL：03(3818)1019　FAX：03(3811)3580　E-mail：order@shinzansha.co.jp

信山社
http://www.shinzansha.co.jp

谷口民事訴訟法学の理念と方法を整理

谷口安平 著

民事手続法論集　第1巻（上）
民事手続法の基礎理論 I

A5変・上製・394頁　定価：本体11,000円（税別）　ISBN978-4-7972-2641-6 C3332

〈本書の構成〉〔収録論稿著者解題〕第1部　民事訴訟法学方法論－比較民事訴訟法の課題・序説／民事訴訟法における歴史研究の意義／日本法と外法／WTOの貿易紛争処理手続　//　第2部　民事手続法における手続と実体－アメリカ民訴における新しい権利の生成／民事訴訟の目的／手続保障の基礎理論／民事裁判とフェアネス／権利概念の生成と訴えの利益／弁護士と法・事実／ほか18編。

民事手続法論集　第1巻（下）
民事手続法の基礎理論 II

A5変・上製・388頁　定価：本体11,000円（税別）　ISBN978-4-7972-2642-3 C3332

〈本書の構成〉第3部　民事証拠法－監査人の責任の挙証責任転換／証明責任論／鑑定人の民事賠償責任　//　第4部　司法改革・法曹論－女子大学法学部論／司法研究所の教育／少数エリートとしての弁護士／欧米のロースクール事情／司法改革／〈書評〉田中英夫著『ハーヴァード・ロースクール』ほか11件　//　第5部　判例評釈20件　//　既刊第3巻・第4巻〈解題〉　//　外国語著作タイトル一覧

「若い頃に読んだ文献などに、民事訴訟法は技術的な方であるから商法などとともに他国への移植が容易であると、いった記述があった。その後この考えは全く誤りであることを確信するようになり、反対に民事訴訟法など、土着的な法はないと思うようになった。」（著者）

〈著者紹介〉
谷口安平（たにぐち　やすへい）
　1934年　京都市生まれ
　1957年　京都大学法学部卒業
　1959年　京都大学法学部助教授
　1971年　京都大学法学部教授
　1998年　帝京大学法学部教授
　現　在　東京経済大学現代法学部教授・弁護士・京都大学名誉教授

谷口安平著作集〔全6冊〕

第1巻（上）民事手続法の基礎理論 I
　　　（下）民事手続法の基礎理論 II
第2巻　多数当事者訴訟・会社訴訟
第3巻　民事紛争処理
第4巻　民事執行・民事保全・倒産処理（上）
第5巻　民事執行・民事保全・倒産処理（下）

〒113-0033　東京都文京区本郷6-2-9-102　東大正門前
TEL:03(3818)1019　FAX:03(3811)3580　E-mail:order@shinzansha.co.jp

信山社
http://www.shinzansha.co.jp

東京大学新聞社 編

東大教師・青春の一冊

新書判・並製・292頁　定価：本体820円（税別）　ISBN978-4-7972-8111-8 C3332

今を生きる「若者」たちに向けて、約八〇名の東大教師が感銘を受け、みずからの血や肉としてきた本を紹介する。研究者としての進路を決めた本から、青春時代独特の葛藤の癒しとなった本まで。その語り口からは、一人の人間として悩み苦しみながら生きてきた、東大教師の等身大の姿が浮かびあがってくる。老若男女問わず、今なお青春時代を生きるすべての人たちにおくる一冊。

悩める青年達におくる！

東大教師の人生を変えた本

東大教師も悩んでいた──。
そんなときに出会った、
人生の道しるべとなった本を紹介。

第一章
『発生生理学への道』／『職業としての学問』／『物理学はいかに創られたか（上・下）』／『マルクス主義の地平』／『言語にとって美とはなにか』／『原点中国近代思想史（第三冊）洋務運動と変法運動』／『考えるヒント』／『月と六ペンス』

第二章
『チャランポランのすすめ』／「バタフィールド対フォレスター事件」『英米判例百選［第３版］』／『山麓集』／『戦前期日本経済成長の分析』／『国文学五十年』／『阿Q正伝』／『ソラリスの陽のもとに』／『歴史を学ぶ心』／『東洋史と西洋史のあいだ』／『キリスト教の修練』／『牧歌・農耕詩』／『塔の思想』／『生化学の夜明け』

第三章
『法の哲学』／『灯台へ』／『性の歴史Ⅰ 知への意志』／『忘れられた日本人』／『ラテン・アメリカ──文化と文学』／『幕末社会論』／『無文字社会の歴史』／『砂丘が動くように』／『ソロモンの指環』／『どくとるマンボウ航海記』／『遺伝学重複による進化』

第四章
『君主論』／『経済原論』／『神　曲』／『視覚新論』／『存在と時間』／『マッハの恐怖』

第五章
『日本人とユダヤ人』／『共同研究 転向（上・中・下）』／「秋刀魚の歌」『殉情詩集 我が一九二二年』／『ショパン練習曲』／『Das Kapital』／『The Constitution of Liberty』／『響きと怒り』／『現代数学概説Ⅰ』／『意思決定の基礎』／『民藝四十年』

第六章
『魔の山』／『他人の顔』／『資本論』／『世界をゆるがした十日間』／『チボー家の人々』／『アウトサイダー』／『正義とは何か』

第七章
『ユダの窓』／『南回帰線』／『未成年』／『感情教育（上・中・下）』／『高村光太郎』／『人間的な、あまりに人間的な』／『宮柊二歌集』／『わが西遊記／鈴屋答問録』／『晩　年』／『うひ山ふみ』／『氷川清話』／『John Lennon／Plastic Ono Band』

第八章
『ツァラトゥストラ（上・下）』／『三色菫・溺死』／『背教者ユリアヌス（上・中・下）』／『戦争と平和（１～４）』／『ソロモンの指環』など／『音楽入門』／『生きがいについて』／『世界の終りとハードボイルド・ワンダーランド』／『記号論への招待』／『精神としての身体』／『丸元淑生のシステム料理学──男と女のクッキング８章』／『暗い青春・魔の退屈』／『青春の門』／『甘さと権力』／「青春の一冊」と出会わなかった幸せ／無数の書物が現在の精神を作る

〒113-0033　東京都文京区本郷6-2-9-102　東大正門前
TEL：03(3818)1019　FAX：03(3811)3580　E-mail：order@shinzansha.co.jp

信山社
http://www.shinzansha.co.jp